50 pour 100

50 POUR 100

ROMAN D'AUJOURD'HUI

PAR

Henri ROCHEFORT

QUATRIÈME ÉDITION

PARIS
ED. MONNIER ET Cie, ÉDITEURS
16, RUE DES VOSGES, 16

1885

50 pour 100

I

LE DÉPUTÉ D'AFFAIRES

Il pouvait être une heure vingt-cinq de l'après-midi. Cotignat, le député de la deuxième circonscription de la Basse-Garonne, se nouait méthodiquement et ministériellement une cravate neuve autour du cou, pour se rendre à la Chambre, lorsqu'un domestique d'un âge moyen, aux joues luisantes, au ventre étoffé et qui semblait avoir pris la rotondité élastique de la pelote qu'il avait certainement

faite dans la maison, remit à son maître une carte
ainsi libellée :

> EUSÈBE MOLYNEUX
>
> CHANGEUR
>
> 17, galerie d'Orléans.

Ce mot « changeur » détermina Cotignat à recevoir l'inconnu. Qui dit changeur dit une rangée de sébiles débordantes de rondelles d'or français et étranger, qui éveillent dans l'esprit des idées hospitalières.

— Faites entrer, dit-il.

Le visiteur se tint un instant comme foudroyé par le respect sur le seuil du cabinet où on daignait l'introduire ; si bien que le député de la Basse-Garonne eut ce qu'on appelle le « temps moral » de l'examiner. Ce changeur, dont l'aspect général accusait quarante à quarante-deux ans, appuyait sur des épaules construites pour porter des seaux d'eau, la musculature d'un cou formidable, surmonté d'une caboche de dimension cyclopéenne. A quinze pas, on l'aurait pris pour un de ces types qui dansent le ballet des grosses têtes dans les féeries du Châtelet.

Sa chevelure d'un noir bleu, courte et crépue, donnait la sensation d'une perruque. Des dents blanches éclairaient un teint hâlé de montagnard. Sa redingote neuve se brillantait aux rayons du soleil d'avril, qui traversait les carreaux. Sa poitrine était barrée par une chaîne énorme, dont le poids faisait bâiller la poche de son gilet.

Un élu serait indigne de son mandat s'il restait insensible aux marques de la vénération que sa seule vue inspire à un électeur. Par politesse, Cotignat arrêta dans ses doigts son nœud de cravate en cours de formation, et de sa voix la plus melliflue :

« Mais entrez donc, je vous prie », dit-il.

Et il avança lui-même un fauteuil.

L'homme à la grosse tête y pénétra discrètement, comme s'il avait eu peur d'en user le damas. Il débuta d'une voix salivante :

— Monsieur le député, je suis né dans la ville de Thiers, à trente-deux kilomètres de Clermont-Ferrand.

Cotignat n'attacha pas d'importance à cette déclaration d'origine, beaucoup de gens, avant de vous demander quelle heure il est, ayant la manie de vous raconter leur existence, depuis leurs premiers vagissements jusqu'à nos jours.

— Ce n'est pas tout, ajouta-t-il — et en effet ce n'était guère — j'ai pour camarade d'enfance, nous sommes même un peu cousins, Etienne Moriseau, qui s'appelle en religion frère Bonaventure, et qui a été envoyé dans la mer des Indes par le supérieur de l'ordre de Saint-Joseph. Voilà quatre ans qu'il y est, dans la mer des Indes.

— C'est-à-dire, fit le député, voyant son interlocuteur sur le point de barboter, que votre camarade d'enfance est missionnaire et qu'il exerce là-bas son sacerdoce. Et où l'exerce-t-il ? Est-ce sur la côte d'Afrique ?

— Non, c'est dans l'île Barberigan, à ce qu'il m'a écrit du moins.

— Au nord-est de Madagascar, je sais, je sais, dit Cotignat, qui regardait la pendule et se voyait menacé de manquer la lecture du procès-verbal qu'on fait semblant de lire.

— Pour vous finir, poursuivit le visiteur, qui venait de commencer, il paraît que Moriseau, qui est chef de la mission établie à Barberigan, vient de faire une découverte. Tenez, regardez-moi ça !

Et, se soulevant à demi, il glissa la main dans la poche postérieure de sa redingote, d'où il retira une boîte en bois blanc de la dimension d'un in-18, qu'il passa au député.

Celui-ci l'eut à peine ouverte qu'il poussa un cri :

— Mais c'est du minerai d'argent ! dit-il.

— Vous croyez que c'est de l'argent parce que vous n'êtes pas de la partie, reprit le changeur. Moriseau le croyait aussi ; mais c'est du nickel. L'argent ne se présente pas sous cette forme. Voyez un peu.

Et il tira de la boîte un morceau de quartz, aux couleurs crues et chatoyantes du plomb fraîchement coupé, qu'il fit miroiter devant Cotignat.

— C'est Moriseau qui m'a envoyé ces échantillons pour les analyser, continua-t-il. J'ai là une lettre de lui qui vous expliquera ça mieux que moi.

Il exhuma des profondeurs de sa poche un papier qui devait avoir été souvent déplié, car le jour passait à travers les brisures.

Le député, après avoir ouvert délicatement ce squelette, de peur de le désagréger complètement, y lut ceci :

« Barberigan, 3 mars.

« Cher cousin et très cher frère en J.-C. »

Cotignat retint un sourire à cette idée d'un homme qui était à la fois le frère et le cousin d'un autre, puis il poursuivit à haute voix :

« Décidément Dieu est pour nous. Il vient de me récompenser par une découverte magnifique du peu que j'ai souffert pour lui.

« Il s'agit de biens périssables, il est vrai ; mais, sagement et chrétiennement dirigés, ils peuvent en procurer d'éternels. »

— Tout ça, c'est des mots du métier, interrompit le changeur. A l'école, il n'y avait pas plus païen que lui. Il jurait à faire dresser les cheveux sur la tête. C'est sa mère qui l'a mis dans les ordres pour qu'il ne fasse pas de service militaire.

Le député, jugeant inutile de traiter la question de l'impôt du sang, poursuivit la lecture :

« Dernièrement j'allais dans la montagne porter le viatique à un indigène qui se mourait ; et comme pendant la route j'avais les yeux au ciel, je donnai du pied contre un bloc de minerai, à moitié hors de terre, qu'à sa blancheur et à son éclat, je supposai d'abord être un lingot d'argent. Tout le long du chemin j'en rencontrai d'autres de même espèce et, tout en appliquant les saintes huiles au moribond, je trouvai moyen de l'interroger sur la provenance de ce précieux produit. Il m'apprit alors que toute la partie sud de Barberigan en était couverte. En échange de cette révélation, je lui promis le séjour des bienheureux, où il doit être maintenant ; et dès qu'il eut rendu son âme au Créateur, j'allai explorer le sud de l'île, où presque personne avant nous n'avait pénétré.

» J'ai pensé à toi qui, naturellement, t'y connais en métaux. Si les deux exemplaires que je t'adresse ont la valeur que je leur suppose, va immédiatement trouver le député de notre circonscription. Il fait partie de la Droite catholique et comprendra l'immense portée de ma trouvaille. Qu'il obtienne du ministre la concession au profit de la mission de toute la partie sud de l'île, et il aura mérité, une fois de plus, la bénédiction de notre sainte Église, à laquelle il a déjà rendu tant de services... »

Le changeur reprit la lettre des mains du député, les onze pages qui suivaient n'ayant trait qu'à des choses indifférentes.

Cotignat était devenu pensif.

— Eh bien ! fit-il, pourquoi, comme vous l'indiquait le frère Bonaventure, n'êtes-vous pas allé trouver le député de votre circonscription ?

— J'y suis allé, répondit naïvement l'homme à la grosse tête, mais on m'a répondu qu'il était à sa campagne du Morvan et qu'il n'avait pas mis les pieds à la Chambre depuis trois mois. C'est d'autant plus étonnant qu'hier encore il était porté comme ayant pris part à trois votes.

Le député de la Basse-Garonne, négligeant d'expliquer à ce profane les mystères de la multiplication des bulletins, reprit son interrogatoire :

— Et qui vous a donné l'idée de vous adresser à moi ?

— C'est l'autre député de notre département, celui de l'Extrême-Gauche. Comme je commençais à lui raconter toute l'histoire, il m'a arrêté aux premiers mots :

— Je vois ce que c'est, m'a-t-il dit en riant ; ces sortes de choses ne me regardent pas. C'est Cotignat qui s'en occupe. Il a la spécialité de ces questions-là. Alors, je suis venu vous trouver.

Le changeur ne remarqua pas la légère grimace du député, à l'énoncé de cette opinion d'un de ses collègues sur ses aptitudes politiques. Il n'en dit pas moins gracieusement au solliciteur qui l'honorait de sa confiance :

— Il y a là, en effet, une idée à creuser. Laissez-moi la lettre du père Bonaventure. Je la montrerai au ministre. On ne sait pas.

Ce mot « ministre » contracta fortement l'épigastre du changeur, délicieusement troublé à la pensée que la même main qui tenait le timon de l'Etat allait toucher ce papier que lui-même tripotait depuis quatre jours. Il le reprit délicatement dans sa poche entre le pouce et l'index et le remit au représentant de la Basse-Garonne comme une hostie consacrée. Puis il sortit en pétrissant son énorme chaîne de montre pour cacher son émotion, laissant Cotignat achever son nœud de cravate, interrompu par cet incident.

Dans une assemblée comme dans un théâtre, chacun a son genre tellement défini qu'on le croirait consacré par quelque engagement avec dédit, passé dans le cabinet du directeur. Le personnel d'une Chambre législative ou constituante se compose généralement d'une troupe dont les éléments sont à peu près invariables. En dehors des sept ou huit politiciens qui s'y partagent les premiers rôles, on compte :

Le « gesticuleur », qui se dresse à son banc, montre le poing à l'orateur, agite en sens divers ses bras désespérés, puis se rassied, et dont l'*Officiel* dit le lendemain :

« M. X... se lève et prononce quelques paroles qui se perdent au milieu du bruit. »

Le « chatouilleur », dont le rire, ironique quand c'est un opposant qui parle, approbatif quand c'est un ministre, excite la gaieté de ses voisins ;

Le « pupitrard », dont l'éloquence bruyante,

quoique muette, consiste en ceci : ouvrir et fermer violemment son pupitre jusqu'à ce que l'orateur, ahuri par ce claquement aigu, renonce à la parole. Le pupitrard n'est qu'un interrupteur qui n'ose pas s'adresser directement à celui qui occupe la tribune, de peur de se faire « ramasser » ;

Le « clôturier », qui, au hasard, sans savoir, avant même que celui qui parle ait terminé sa première phrase, crie : La clôture ! pour retomber ensuite dans son immobilité ;

« L'escaladeur », qui, dans les bagarres, monte précipitamment deux par deux l'escalier des rostres et le redescend presque immédiatement sans avoir ouvert la bouche ;

Le « chef d'attaque », qui, à demi soulevé sur son banc, enveloppe tout son orchestre d'un regard circulaire, et donne, selon les nécessités de la situation, le signal des *Très bien!* des *Allons donc!* des *Aux voix!* des trépignements, des hurlements, des grognements et des rugissements. Un ministère qui, avant de se présenter devant les Chambres, ne se serait pas précautionné d'un chef d'attaque, ne verrait pas deux jours de suite le soleil mordorer le chagrin de ses portefeuilles.

Au milieu de ces différentes espèces, et comme ayant la secrète mission de les relier entre elles, se dessine le « député d'affaires ». Cotignat passait, au Palais-Bourbon, pour le représentant le plus autorisé de cette dernière catégorie. Très conciliant et très « peloteur », il avait consenti, moyennant des

1.

réciprocités inavouées, à prêter son intermédiaire dans les petits compromis que deux hommes osent rarement se proposer face à face. Tel centre gauche récalcitrant avait senti fondre son opposition, laquelle n'avait rien de systématique, au contact d'une recette générale ou simplement particulière décernée à un neveu d'un placement difficile, et à qui cette manne ministérielle assurait un beau mariage.

Il avait su obtenir pour plusieurs sociétés en déconfiture des concessions inespérées. Très familier avec les ministres, qui tous avaient plus ou moins recours à lui, il était l'homme des marchandages, des politesses pécuniaires et des règlements d'indemnités.

Quoiqu'il ne parlât jamais et qu'il ne votât guère, les membres du cabinet lui auraient sacrifié leurs plus chauds défenseurs et déployaient, pour le succès de sa réélection, toutes les ressources de la candidature la plus scandaleusement officielle. Un imprudent libéral s'étant un jour présenté contre lui, dans la Basse-Garonne, le journal de la localité s'était permis, au sujet de cette concurrence téméraire, ce mot d'un mauvais goût à double détente :

« L'adversaire de M. Cotignat n'a absolument rien à espérer. C'est la lutte du pot de terre contre le pot-de-vin. »

Les six pièces de l'appartement qu'il occupait rue Royale regorgeaient de bronzes modernes, qui en faisaient une sorte de succursale des magasins de Barbedienne. Depuis la pendule jusqu'à la suspension de la salle à manger, tout y exhalait le cadeau. Le nombre des figurines de commerce étant limité, deux donateurs s'étaient rencontrés sur un même objet : le *Chanteur florentin* de Dubois, dont deux exemplaires placés sur des meubles italiens imitation Renaissance, établis dans le salon vis-à-vis l'un de l'autre, se regardaient en bronzes de faïence.

Il possédait même un *Thésée terrassant le Minotaure* quelque peu compromettant par l'inscription burinée sur le socle : *A notre défenseur, à notre ami, le conseil d'administration de la Société franco-bulgare.*

Tout en roulant dans sa voiture vers la salle des séances, qu'il aurait pu appeler son atelier, le député de la deuxième circonscription de la Basse-Garonne ruminait et la visite du changeur Molyneux et la trouvaille du père Bonaventure. L'île Barberigan était d'une dimension telle que la France aurait dansé dedans. Sous le sceptre d'une jeune reine de couleur, âgée d'environ vingt-quatre ans, elle demeurait indépendante, autant que des naturels peuvent l'être sous la domination des missionnaires catholiques qui avaient jeté le harpon sur toute la partie sud de l'île, tandis que les missionnaires protestants en avaient accaparé la partie nord.

Les prêtres de ces deux religions rivales s'entendaient, d'ailleurs, parfaitement pour se faire remettre intégralement le produit de la pêche des perles, à laquelle ils forçaient les indigènes sous peine des flammes éternelles. Le clergé est tellement habile qu'il parvient à dépouiller jusqu'à ceux qui vont tout nus.

Les missionnaires ayant un coup d'œil spécial pour toiser les combinaisons productives, Cotignat se fit la réflexion que du moment où la concession d'une portion du territoire de Barberigan était réclamée par les Pères de Saint-Joseph, il avait tout intérêt à l'obtenir pour lui.

Il s'aboucha donc immédiatement avec le ministre, qui, après avoir lu, pendant une suspension de séance, la lettre du père Bonaventure, glissa dans l'oreille du plus intime de ses familiers ces mots, d'un vague étudié :

« En effet, on pourra voir. Nous en recauserons. »

II

GALERIE D'ORLÉANS

LA galerie d'Orléans, où rentrait le changeur, semble avoir été construite par un architecte qui aurait été pâtissier. Les colonnes farineuses, style Restauration, ou plutôt restaurateur, sur lesquelles elle appuie sa charpente, éveillent le souvenir d'un de ces temples en sucre de pomme, habités par un Amour ailé, tenant une rose qu'on offre, au dessert, à l'invité dont c'est la fête. La boutique de change où vivotait Molyneux était encastrée entre un café, généralement à court de consommateurs, et un magasin de parapluies où le débit devait être mince, car l'étalage ne s'en modifiait presque pas.

Molyneux habitait dans cette espèce de boîte de dominos, derrière un comptoir grillagé, avec sa femme Victoire, d'un an plus âgée que lui, et sa fille Adeline, qui marchait sur ses dix-huit ans, car il s'était marié fort jeune. Fils d'un ouvrier coutelier de la petite ville de Thiers, en Auvergne, il disait volontiers de l'auteur de ses jours :

« Mon père était un homme bien intelligent, allez ! Il savait tout. Il n'y a qu'une chose qu'il n'est jamais parvenu à apprendre : c'est à lire et à écrire. »

On devine ce qu'avec un père aussi rebelle au mouvement littéraire, lui-même avait absorbé d'instruction. La vérité est qu'il était, à vingt-quatre ans, parti pour Paris, traînant sa femme, enceinte à pleine ceinture, sans autre ressource qu'une envie démesurée de ne pas mourir de faim, et trois cents francs péniblement extraits de la succession paternelle.

En attendant que la vocation lui vînt, il montait dans les hôtels qui lui avaient été signalés comme recélant des étudiants en train de jeter leur gourme, et leur achetait pour cent sous des paletots et des pantalons qu'il revendait dix francs à d'autres étudiants dont la gourme était déjà jetée.

Deux ans plus tard, il avait son petit carré au Temple et prêtait sur des reconnaissances de vêtements qu'il allait, après un délai déterminé, dégager dans les bureaux du Mont-de-Piété, pour les recéder ensuite, quelquefois à ceux mêmes de qui il les tenait.

Des pardessus et des gilets il passa peu à peu aux chaînes de montres, aux bracelets et aux bagues, ce qui élargit considérablement le cercle de ses relations commerciales. Il s'établit alors rue de Rambuteau, non loin de l'établissement d'utilité publique, mais contestable, appelé le « Grand-Mont ». Il happait ainsi au passage les nécessiteux, qui souvent laissaient chez lui la reconnaissance qu'on venait de leur délivrer.

Le besoin de voir clair dans ses comptes, qui allaient se compliquant, lui fit bientôt comprendre tout ce que sa situation d'illettré devait lui susciter d'embarras. Il prit donc un jour la suprême résolution de se faire initier par des adeptes spéciaux aux mystères de la lecture et de l'écriture. Un vieil instituteur sans institution avait fondé dans son quartier une classe du soir, pour les ouvriers attelés toute la journée, sans évasion possible, à la conquête du pain quotidien. Molyneux s'y rendit courageusement, malgré les rires étouffés des jeunes apprentis, qui regardaient en dessous cet homme de trente-cinq ans suer sang et eau à dessiner des déliés et des pleins, tirant la langue, comme pour imprimer plus de force à son coup de plume, quand il fallait appuyer sur le ventre d'une lettre particulièrement rebondie.

Enchanté de ses progrès et fier d'être arrivé, au bout de trois mois, à déchiffrer le titre d'un journal, il proposa à madame Molyneux de trinquer de l'encrier ; mais l'excellente femme déclara qu'elle avait d'autres chiens à fouetter et que, d'ailleurs, tout ça, c'était des « gribouillages ».

Après huit mois, il se vit de force à correspondre

avec les premiers diplomates de l'Europe, et les révélations que lui apporta cet état nouveau l'enthousiasmèrent au point qu'il s'arrêta au projet de vouer sa fille à la science.

« Quand je devrais manger sa dot à lui payer des professeurs, se dit-il, elle passera ses examens à l'Hôtel de ville ! »

Adeline, déjà âgée de près de douze ans, avait croupi jusque-là dans une ignorance tout auvergnate. On se mit à la bourrer, au point de faire éclater son cerveau encore embryonnaire. Une demoiselle Goubiau, sèche comme une latte, passait des après-midi entières penchée sur elle, dans l'arrière-boutique sans fenêtres et, conséquemment, sans jour, où l'air respirable était ordinairement remplacé par la fumée de la cuisine.

De mince qu'elle était, la petite Molyneux devint transparente. Cette enfant offrait une particularité bizarre : elle ne ressemblait ni à son père ni à sa mère. Comme taillée avec un eustache dans un bloc de pain d'épice, madame Molyneux avait la taille informe, la peau rugueuse, les cheveux d'un noir gras. Quant à Molyneux, camus et prognat, avec son teint bistré et sa toison de caniche, il évoquait l'image d'un de ces bonshommes en bois colorié dont se compose le *jeu de massacre*.

Adeline, elle, avec son épiderme velouté, ses cheveux d'un blond poli qui accrochait la lumière, se dressait comme une jolie statuette de Tanagra entre deux poussahs du Japon. Soumise à la cruelle nervosité que donne l'anémie, elle se faisait, comme disait sa mère, un « monstre de tout ». Des tendresses violentes se succédaient chez elle à des répulsions irraisonnées. Elle embrassait sa mère pendant des demi-journées ; puis, sans motif appréciable, elle la boudait pendant une semaine. Madame Molyneux, dans sa candeur, répétait souvent, sans se rendre compte de l'énormité de cet aphorisme :

« Elle n'a rien de ses père et mère. Il faut pourtant qu'elle soit au moins d'un de nous deux. »

Quand leur fille marcha sur ses quatorze ans, les Molyneux se séparèrent de mademoiselle Goubiau, dont les connaissances grammaticales étaient épuisées, et firent admettre Adeline à un cours payant, où sa maman la conduisait ponctuellement de dix heures à midi et de deux heures à quatre. Le coudoiement qui s'ensuivit entre l'héritière du prêteur sur reconnaissances et des jeunes filles du monde, rieuses, délurées et déjà initiées à la vie, eut pour résultat de développer chez Adeline un dangereux esprit d'examen à l'égard de sa famille. Elle apprit là à rougir du châle-tapis sous lequel sa mère dissimulait ses quatre-vingt-dix-huit centimètres d'envergure, la bonne femme ayant toujours soutenu que les corsets « c'était bon pour déformer les tailles ».

Les pataquès maternels commencèrent aussi à choquer douloureusement l'enfant qui, naguère encore, les subissait sans broncher. Quand madame

Molyneux disait : « au jour d'aujourd'hui » et
« tâcher moyen », sa fille se serait crue lardée par
un cent d'épingles. Elle essaya de ramener sa mère
à une observation plus rigide des usages de la
langue française, en affectant de répéter normalement les mots que la brave femme prononçait de
travers. Mais son éducation d'Auvergne était indéracinable, et les locutions les plus fleuries glissaient
sur son front sans pénétrer dans son cerveau.

Un matin, le prêteur de la rue Rambuteau
reçut la visite, bientôt suivie des confidences, d'un
changeur en déconfiture, qui avait successivement
transporté tous les objets qui garnissaient sa maison de change dans les magasins du Mont-de-Piété.
Le pauvre homme avait eu l'imprudence de prêter,
lui aussi, mais sur des valeurs à lots, dont les lots
et la valeur étaient aussi problématiques les uns
que l'autre. Bref, il sombrait. Il proposa à Molyneux de lui vendre ce qui restait dans le fond de
ses sébiles, y compris le comptoir grillagé qui en
défendait les approches.

De mercanti c'était, pour le père d'Adeline,
presque passer banquier. Manier de l'or monnayé,
entamer des rapports avec des Anglais qui viendraient lui demander de l'argent français contre
des banknotes — pour les petites classes, il n'y a
de riches que les Anglais — constituait pour lui
un avancement social dont la perspective le mordit
au cœur. Il creusa un fort trou dans la dot de sa
fille, avec l'espoir de le combler sous peu, et fit

son entrée sous la coupole de la galerie d'Orléans, avec la fierté naïve d'une demoiselle qui fait son entrée dans le monde ; ajoutant, toutefois, une clause au marché : c'est que son prédécesseur viendrait passer tous les jours, pendant trois mois, quatre heures à ses côtés, afin de le mettre au courant de la marche de ce nouveau commerce, des connaissances techniques qu'il exige et des tours de bâton qu'il permet.

On lui laissait, d'ailleurs, en qualité de lieutenant, un employé blanchi dans le métier, et qui n'avait pas son pareil pour rendre aux étrangers une pièce de vingt sous contre un shelling, qui vaut un franc vingt-cinq.

Il vivait là depuis quatre ans, soutenu par la clientèle des restaurants d'alentour, quand les morceaux de nickel de l'île Barberigan tombèrent, comme autant d'aérolithes, dans sa vie monotone. Son entrevue avec le député Cotignat le remplit d'enthousiasme pour les représentants de sa nation qui, avec un salaire d'à peine vingt et quelques francs par jour, trouvaient moyen d'habiter, rue Royale, des appartements de six mille francs, tout ruisselants de bibelots. Avant d'avoir seulement enlevé son chapeau, il cria à sa femme, en s'engouffrant dans la boutique :

« Il est charmant ! Il a manqué pour moi la lecture du procès-verbal. Et encore très jeune. Trente-cinq ans tout au plus. Il m'a dit qu'il parlerait de l'affaire au ministre. »

Et Molyneux accrocha son couvre-chef à la patère, avec la crânerie d'un plénipotentiaire qui vient d'apposer sa signature au bas du traité de Francfort.

Huit jours plus tard la maison se réveillait sur une espèce de branle-bas de combat. On avait reçu la veille au soir ce billet fulgurant, encastré dans un en-tête portant la mention : *Chambre des députés :*

« Le ministre nous attend demain à dix heures. Venez me prendre chez moi. Surtout pas d'habit noir ! »

Cotignat avait facilement deviné en Molyneux un de ces contribuables qui se croient tenus de s'habiller en marié, dès l'aurore, pour se rendre chez un fonctionnaire un peu important, et il voulait éviter ce ridicule tant pour son compagnon d'audience que pour lui-même.

A cinq heures du matin madame Molyneux était debout. Rien n'encombre une maison comme la présence d'un grand homme, et, subitement, son mari venait d'atteindre à des hauteurs réputées inaccessibles. Elle tournait autour de lui, soufflant sur les grains de poussière incrustés dans les coutures de ses vêtements, enlevant un cheveu sur la manche, un brin de fil sur l'épaule, et entrecoupant ces investigations de questions qui faisaient lever au ciel les yeux bleus d'Adeline Molyneux.

— Comment dit-on à un ministre : « Monseigneur » ou « Votre Altesse ? »

Lui, ne répondait pas ; au fond, très intimidé d'avoir à dialoguer avec un homme d'État qui, la veille encore, avait soutenu le choc de toute l'Extrême-Gauche. Tout en s'habillant, il se recueillait, s'approvisionnant, à tout hasard, de deux ou trois phrases qu'il ferait avancer en cas de besoin.

Sa femme le suivit des yeux jusqu'aux confins de la galerie d'Orléans, l'encourageant de son enthousiasme et prête à lui crier comme ce saint à son compagnon marchant au supplice :

« Surtout, n'oublie pas ton auréole ! »

Le ministre donna son audience, au Palais-Bourbon même, dans une vaste pièce désignée par cette mention écrite sur la porte : 6ᵉ BUREAU, et au milieu de laquelle s'allongeait une grande table recouverte d'un drap vert, comme si les députés jouaient à la bouillotte les destinées de la France.

Le ministre, qui tenait à la main la lettre du père Bonaventure, entra de plain-pied dans le sujet :

— Je me suis fait renseigner, fit-il. Nous avons des droits sur Barberigan. En 1735, La Bourdonnais y planta le drapeau de la France, ce qui constitue pour le moins un protectorat.

Puis, s'adressant directement au changeur :

— Maintenant, vous dites que le frère Bonaventure a été molesté ?...

— Il n'en parle pas dans sa lettre,... répondit timidement l'interpellé.

— Pardon ! il doit avoir été molesté, car j'y lis expressément

« Dieu vient de me récompenser, par une découverte magnifique, du peu que j'ai souffert pour lui. »

Or, s'il a souffert, ce ne peut être que par le fait soit des indigènes, soit des autorités du pays. C'est la lutte éternelle de la barbarie et de la civilisation.

Cette phrase éminemment coloniale remua profondément Molyneux, qui fit de la tête un mouvement d'acquiescement. Le député de la Basse-Garonne semblait distrait comme un homme qui a entendu ces choses-là plusieurs fois.

— Il serait donc extrêmement important, continua le ministre, que le frère Bonaventure qui, m'a assuré Cotignat, est votre cousin, — établît, par une simple déclaration, qu'il a été en butte aux persécutions de plusieurs des tribus qui se disputent cette grande île, ce qui, pour moi, n'est pas douteux. Sa réclamation donnerait lieu à une réparation pécuniaire, que la reine ne pourrait pas payer, et en échange de laquelle nous nous ferions concéder l'exploitation du nickel de toute la partie sud de Barberigan.

Et, après un moment de concentration, comme pour s'interroger lui-même, il conclut :

— C'est un minerai plein d'avenir. Vous savez, Cotignat, que j'ai depuis longtemps l'intention de supprimer la monnaie de billon pour la remplacer, comme en Belgique, par de la monnaie de nickel. Il y aurait là une source de...

Il allait dire : de fortune. Il y substitua cet équivalent : « de développement industriel considérable ». Et comme il y avait conseil à onze heures, il renvoya Molyneux avec ces instructions :

— Écrivez dès aujourd'hui à votre cousin, pour lui demander des détails précis, et sur sa découverte, dont le gouvernement apprécie toute l'importance, et sur les vexations dont il a été l'objet. Car vous savez ma devise : Partout où se trouve un Français, il représente la France.

Molyneux mesura sa révérence de congé à la profondeur de son admiration, c'est-à-dire que son front alla presque heurter ses genoux.

— Eh bien ! comment le trouvez-vous ? demanda Cotignat, en le reconduisant à sa voiture.

— Vous le voyez : je pleure ! répliqua Molyneux en montrant ses yeux mouillés.

— A présent que vous tenez l'affaire, ne la lâchez pas ! fit le député, dégageant brutalement le côté positif de l'entrevue.

III

DÉBORAH

Otignat, le député de la Basse-Garonne, était de ceux dont on répète volontiers « qu'on ne sait pas à quoi ils dépensent leur argent ». Juste assez correct dans sa tenue pour avoir le droit de passer la moitié des séances à caresser du regard les dames groupées dans les tribunes; militairement serré à la taille dans une redingote qu'il boutonnait jusqu'au haut, les cheveux s'arrondissant presque jusqu'aux sourcils sur son front légèrement fuyant, il n'avait rien du viveur. Ce n'en était pas moins, tous les jours, dans la maison, une fricassée de billets de banque et une grêle d'autres billets dont il n'arrivait pas toujours à éviter les grêlons. Bien qu'il exécutât rarement les engagements qu'il prenait envers ses électeurs, il tenait encore moins les promesses qu'il faisait à ses créanciers.

Pour tout enterrement, il y a deux fossoyeurs :

celui qui creuse la fosse et celui qui la bouche. La fosse, ou plutôt le gouffre que Cotignat s'exténuait à combler, était obstinément recreusé par la boulimie argentifère de l'inapaisable Déborah, une grande Juive qui avait autrefois couru les ateliers, où elle posait les Judith, et qui aurait eu raison d'un nombre illimité d'Holophernes.

Le député avait eu la mauvaise chance de voir, un soir, cet ancien modèle se modeler, sous des jets de lumière électrique, dans un ballet de l'Éden-Théâtre. Cette électricité avait subitement passé dans les veines de Cotignat, qui au moyen d'un bouquet habilement transmis par le canal navigable d'une ouvreuse, n'avait pas tardé à opérer ce qu'on appelle en balistique un choc en retour.

Les épaules pleines, d'une blancheur pimentée de bistre, la tête éclairée par des yeux d'antilope et noyée dans le flot de ses cheveux noirs, cette Déborah avait empoigné le député d'affaires précisément par ce qui désarçonne les gens à illusions : par la rapidité avec laquelle l'affaire s'était conclue. A neuf heures un quart, on ne se connaissait même pas de vue. A minuit moins cinq, on se tutoyait. La belle Juive, qui avait posé « l'ensemble », c'est-à-dire toute nue — jamais un modèle ne conviendra qu'elle pose nue; elle dira : « Je pose l'ensemble » — avait achevé de captiver, ou plutôt de capturer son nouveau « type » par son incroyable sans-gêne de femme dont c'est le métier de tout montrer. Il y a des créatures privées de tout esprit, de toute orthographe et de tout sens moral, qui, cependant, vous séduisent par la chair. Appliqué à Déborah, ce mot était encore trop noble. Elle avait séduit Cotignat par la viande.

Les pudeurs même relatives, les réticences, les verrous tirés à certaines heures, les : « N'entrez pas ! » elle appelait tout ça « des manières ». Et quand le correct Cotignat, choqué de tant de désinvolture, la priait de fermer au moins les fenêtres, à cause des voisins, pendant qu'elle se débarbouillait, elle lui répondait en les ouvrant toutes grandes :

« Ah ! tu sais, moi, j'ai posé, mais je ne suis pas poseuse ! »

A Trouville, où elle avait absolument exigé qu'il la menât, car elle ne « connaissait pas la mer », elle avait offert de parier qu'elle prendrait son bain sans aucun costume, et son compagnon tremblait toujours que quelqu'un ne tînt le pari. Néanmoins, ce déshabillé perpétuel n'empêchait pas cette cariatide vivante de dépenser des sommes disproportionnées en harnachements, qu'elle s'ingéniait à rendre tous les jours plus bizarres ; en jupes, dont les bouillonnements exigeaient des mètres d'étoffe par vingtaines ; en corsages d'autant plus chers qu'ils étaient plus échancrés.

A travers ce débraillé et ce dégingandage, le sang israélite n'avait rien perdu de son activité. Dans un moment de famine, elle s'était fait embaucher à l'Éden pour y jouer les *collants;* elle avait eu parfois, quand la peinture ne donnait pas, des compromis qu'elle se gardait de rappeler ; mais, à ses heures les plus sombres, elle n'avait jamais cessé d'avoir confiance dans l'étoile qui, pour sa race, brille toujours sur le Sinaï. Elle attendait un Cotignat, elle était sûre qu'il viendrait ; et une fois tombé entre ses mains, elle était décidée à le tordre de façon à n'en rien perdre.

La rencontre d'un mandataire du peuple était une bonne fortune pour une femme qui ne demandait qu'à profiter des avantages de toute nature qu'un député industrieux sait tirer de son mandat. Elle mit son petit nez dans les rues projetées, dans les terrains à exproprier, dans les maisons à acheter aux particuliers pour les revendre à la Ville. Deux ou trois spéculations heureuses pour elle — car, si c'était Cotignat qui achetait, c'était Déborah qui revendait — les engrenèrent l'un et l'autre dans une série d'opérations qui, après deux ans de quasi-cohabitation, se soldèrent, pour elle, par la création d'un petit capital qu'elle plaça en reports, et, pour lui, par de continuels embarras d'argent.

Il essaya de rompre. Elle le menaça. Elle était coulée dans le moule de celles qu'on appelle des femmes à scandale. Un soir qu'il formulait quelques observations à propos d'une note de tapissier dont le payement excédait ses moyens, elle brisa trois carreaux en criant : « A l'assassin ! » Toute la rue se mit aux croisées, et il trembla pendant huit jours que les journaux hostiles ne racontassent la scène. On ne se doute pas de ce que la peur des esclandres a réduit d'hommes à l'état d'ilotes.

Les seules folies que se permît Déborah étaient consacrées au bien-être de sa chienne Follette, un terrier mâtiné jaune et noir, et rond comme un cochon d'Inde. Elle n'aurait pas donné dix centimes à un pauvre et elle passait pour avoir confié aux soins nourriciers de l'hospice des Enfants-Trouvés un enfant qu'elle avait eu à dix-huit ans — par maladresse. Elle n'en abandonnait pas moins des perdreaux de quatre francs à Follette, qui aimait le gibier. On avait capitonné pour cette variété de l'espèce porcine, non une niche — ce mot ayant quelque chose de blessant pour la dignité de Follette — mais un véritable boudoir piqué de satin bleu et dont il fallait renouveler tous les mois la tenture, sur laquelle elle bavait sans discrétion. Follette d'abord, l'univers ensuite. Une bonne qui aurait parlé irrévérencieusement à cet animal, plus sacré que le bœuf Apis, n'aurait pas traîné une minute de plus ses pantoufles dans la maison.

Aussi Mikaële, la femme de chambre, que Déborah avait choisie mulâtresse pour se faire le teint plus blanc, affectait-elle pour la chérie de sa patronne une sollicitude attendrissante. C'étaient des « Viens, ma mignonne ! Prends garde d'attraper froid, ma belle ! » et des baisers, et des caresses, qui faisaient passer sur des gonflements de notes que

Déborah eût, sans cela, impitoyablement dégonflées. Mais, comme pour les nourrices, de qui on tolère tout à cause de la santé des enfants, l'amour sincère que la noire Mikaële témoignait pour la véritable maîtresse de la maison la préservait de toute algarade.

Dès que « Madame » avait le pied dehors, il est vrai, le sort de Follette s'assombrissait subitement. La jeune femme de chambre se dédommageait de ses platitudes obligées par des coups de pied à lui défoncer le crâne et des « Crève donc, sale bête ! » qui, jusqu'au retour de Déborah, maintenaient son idole, la queue entre les jambes, dans un tremblement convulsif.

En revanche, madame n'était pas plutôt rentrée que la servante lui criait du fond de l'appartement :

« Venez donc voir ! Voilà plus d'une heure que la pauvre petite dort sur mes genoux ! »

Ce qui démontre que, pour éviter d'être trompé, il ne suffit pas toujours de tromper les autres.

Déborah, qui répétait sentencieusement : « Une femme qui n'aime pas les animaux est une femme sans cœur », n'en aurait pas moins mis sans scrupule tout un quartier sur la paille.

Cependant, cette rongeuse avait aussi son ver rongeur. Dans les brumes froides de son passé besogneux se dessinait la silhouette d'un personnage étrangement coiffé, à chaussures intermittentes, grand, efflanqué, avec une mâchoire de crocodile et des sourcils châtains qui, à de certains moments, se croisaient l'un sur l'autre, comme deux fleurets qui se cherchent.

Aux heures difficiles qu'elle avait traversées, cet être avait été délégué auprès d'elle pour lui faire comprendre qu'une femme n'est pas faite pour marcher seule dans la vie, surtout quand elle marche beaucoup; qu'elle a besoin d'un appui, d'un protecteur qui, moyennant un prix débattu, la défendrait contre les insolences de celui-ci, la mauvaise volonté de celui-là et, s'il le fallait, contre l'hostilité de tous.

Elle avait tenté de se rebiffer; mais le grand Félix, qui avait alors vingt-deux ans, une cravate rouge et une casquette bleue, lui avait expliqué qu'il avait jeté son dévolu sur elle; qu'elle lui avait été adjugée en conseil par ses excellents collègues des boulevards extérieurs; qu'en conséquence, elle lui appartenait aussi légitimement que s'il l'avait achetée sur le marché de Constantinople, et qu'à la moindre tentative d'évasion, elle s'exposerait bien inutilement à goûter d'un certain couteau à virole qui n'en était pas à ses premières armes, et qu'il portait toujours sur lui.

Elle avait néanmoins tout risqué pour dérouter cette surveillance et couper la chaîne de ce boulet. Elle avait passé les ponts, teint en rouge de cuivre sa nappe de cheveux noirs, détérioré son état civil : tous ces déguisements avaient échoué. A la minute psychologique, apparaissait la face blafarde du grand Félix, exact comme un concierge qui vient toucher ses loyers.

En dernier ressort, elle s'était résignée et avait même fini par s'habituer à ce compagnon de fatigue, qui la suivait d'un œil placide dans ses pérégrinations; que rien n'étonnait; qui, la retrouvant sous un manteau de reine, l'aurait tutoyée comme aux soirs où il la conduisait nu-tête au bal de la Boule-Noire. L'entrée de Déborah dans le monde politique et financier, par la porte que lui avait ouverte le député Cotignat, n'avait en rien modifié le traité. D'ailleurs, plus elle se détachait des nouvelles couches pour entrer dans les anciennes, plus elle ressentait de temps en temps l'envie de jaboter un peu avec le seul homme devant qui elle pût s'exprimer sans être obligée de chercher ses mots.

En compagnie de Cotignat, elle était devenue presque parlementaire. En tête à-tête avec l'autre, elle « se payait » de dévider le plus infect argot des rues basses et des comptoirs de mastroquets. Des jeunes gens d'une distinction irréprochable, et dont l'éducation a été particulièrement soignée, s'étonnent en apprenant par la rumeur publique que leurs maîtresses les trompent avec des individus qu'ils ne voudraient pas toucher avec des pincettes. Cette contradiction, simplement apparente, vient de ce que l'amour demande à n'être gêné ni dans ses mouvements ni dans son langage.

La contrainte est, pour lui, le réfrigérant par excellence. On se ferait difficilement une idée de l'autorité que prend sur la femme qui aime à tout dire l'homme qui peut tout entendre.

Aussi, depuis l'entrée en scène du député d'affaires, le grand Félix était-il luisant et reverni comme un tableau fraîchement rentoilé ; les doigts chargés de bagues, arpentant l'asphalte dans un pantalon sanglé aux genoux, et ses yeux d'acier — à virole — abrités sous un chapeau lustré à se placer devant pour se faire la barbe. Il profitait des séances parlementaires pour aller de temps à autre, comme un propriétaire qui vient inspecter son immeuble, « tailler une bavette » avec Déborah dans le joli appartement-bonbonnière que Cotignat avait loué pour elle à portée de chez lui, et où il avait déversé une partie des gages de reconnaissance dont il regorgeait.

Mais ce luxe gênait l'homme aux bagues, qui préférait aller s'asseoir dans la cuisine et y provoquer la dame du logis à un bezigue auquel prenait part la mulâtresse. A moins qu'il ne passât là son après-midi à dresser la chienne Follette sur les obstacles ou à lui apprendre l'exercice.

Si rutilant qu'il fût, d'ailleurs, il ne dédaignait pas, connaissant l'inconstance de cette fantaisiste qu'on appelle la Fortune, d'emporter les paletots défraîchis et les gilets démodés du mandataire de la Basse-Garonne ; et quand celui-ci demandait à sa Juive ce qu'était devenue cette cargaison d'effets hors de service, elle répondait négligemment, comme une femme qui se refuse à insister sur le bien qu'elle fait :

« Je les ai donnés à des pauvres. »

Ce qui faisait dire à Cotignat, désarmé :

« Elle est violente, mais elle n'a pas mauvais cœur. »

IV

LE CONSEIL DE SURVEILLANCE

LE marasme général qui avait succédé à des culbutes financières retentissantes avait fâcheusement déséquilibré le budget de la France d'abord, celui de Cotignat ensuite. Plusieurs combinaisons, d'apparence solide, venaient de lui claquer successivement dans les mains. La haute banque semblait atteinte d'une phtisie de plus en plus galopante; et devant les caisses vides, où le vent seul s'engouffrait, les conseils de surveillance dont le député de la Basse-Garonne faisait partie, figuraient des gendarmes chargés de garder une prison dont tous les détenus se seraient évadés.

Comme le gibier pour les bons chiens de chasse, les affaires ont pour certains hommes un fumet qui leur monte aux narines et les fait malgré eux tomber en arrêt. Cette grande île encore peu connue, ce missionnaire — molesté — découvrant des pyrites de nickel, le métal à la mode, à la surface même du sol, ce qui indiquait la richesse du gisement, tout ce drame au fond de la mer des Indes flattait son odorat de limier de finance. On y trouvait le pittoresque nécessaire pour enguirlander les porte-monnaie aventureux qu'attire la poésie des pays lointains.

Les coffres-forts catholiques étaient également sollicités par ce quasi-miracle opéré par Dieu même en faveur d'un missionnaire qui, au moment où il se dévoue pour aller porter le saint viatique à un sauvage récemment converti, reçoit immédiatement ici-bas la récompense qu'il n'attendait que là-haut.

Le changeur Molyneux tomba dans un étonnement qui tenait de l'extase, lorsque, une semaine après le jour à jamais mémorable où il avait traversé l'enceinte auguste du palais législatif pour se rencontrer avec le ministre, il lut à la première page, troisième colonne, du journal auquel il laissait le soin de lui confectionner une opinion, cette information palpitante :

« Nous recevons de Barberigan, une des îles les plus vastes et les plus luxuriantes de la mer des Indes, des nouvelles d'une gravité exceptionnelle, et sur lesquelles nous appelons de toutes nos forces l'attention du gouvernement. Bien qu'un traité parfaitement en règle, en mettant toute l'île sous le protectorat de la France, ait été passé autrefois par La Bourdonnais — le même que Bernardin de

Saint-Pierre a mis en scène dans *Paul et Virginie*, son chef-d'œuvre — la jeune reine de l'île, cédant à des influences et à des conseils dont, avec un peu de bonne volonté, le ministère anglais nous indiquerait facilement la source, a organisé une véritable persécution dioclétienne contre nos compatriotes.

« Un missionnaire de l'ordre de Saint-Joseph, le Père Bonaventure, y a été traité d'une façon indigne. Tous les Français établis là-bas demandent qu'en guise de représailles, nous fassions enfin valoir nos droits sur Barberigan, dont la fertilité est merveilleuse et qui contient, notamment dans la partie sud, du fer, du nickel et, dit-on, de l'argent en très grande quantité. »

Huit jours plus tard, autre ballon d'essai :

« Comme nous l'avions prévu, le gouvernement s'est préoccupé de la situation intolérable faite aux Français installés à Barberigan. Le contre-amiral Panoyaux est, dit-on, chargé de faire des représentations à la reine, et, en cas de résistance, de débarquer une compagnie de fusiliers marins sur la côte sud de l'île. »

Puis, un mois après, ce post-scriptum, qui résumait tout le reste :

« L'agitation que nous avons signalée à Barberigan menaçant d'amener le massacre de tous les Européens, l'amiral Panoyaux a dû agir. Il a, du reste, suffi de quelques obus lancés sur le palais de la reine pour amener une capitulation. Comme gage de la soumission des autorités du pays, l'amiral a mis la main sur les mines de nickel qui y abondent, et qu'il est déjà question d'affermer à une grande Compagnie industrielle. »

Cette dernière note indiquait que le ballon d'essai devenait aérostat dirigeable. Le modeste changeur, tout glorieux de songer qu'une simple lettre à son adresse provoquait des complications coloniales et peut-être européennes, ne fit qu'un bond de la galerie d'Orléans à la rue Royale. Dans son ignorance des dessous de la politique, il était convaincu que le gouvernement avait reçu les détails les plus circonstanciés sur la persécution dont parlaient les feuilles dévouées ; car enfin, son cousin Moriseau, en religion frère Bonaventure, ne s'était plaint à lui d'aucun mauvais procédé des autorités de Barberigan à son égard. Molyneux n'avait même que très imparfaitement compris l'insistance du ministre à soutenir que le chef de la mission catholique avait été molesté.

Il s'était évidemment produit des faits nouveaux. Aussi, après avoir le premier fourni des renseignements au député de la Basse-Garonne, venait-il lui en demander.

— Je vous attendais presque, dit celui-ci, en lui

tendant la main avec une cordialité joviale. L'affaire a marché, depuis notre entrevue avec le ministre. Avez-vous lu les journaux?

— C'est pourquoi je viens, fit Molyneux. Je suis inquiet. Il paraît qu'on a reçu de très mauvaises nouvelles de là-bas?

— On n'en a pas reçu du tout, dit le député, heureux de constater le succès de ses opérations préliminaires. D'abord, le temps matériel aurait manqué. Barberigan n'est sur la route d'aucun navire. Les correspondances mettent plus de deux mois à parvenir ici.

— Mais vous n'avez donc pas lu? interrompit le changeur. On a craint un moment un massacre général des Français établis dans l'île.

— Que vous êtes drôle! C'est par induction. J'ai obtenu du ministre qu'il envoyât une dépêche au contre-amiral qui croise actuellement devant Nossi-Bé. Nous serions par trop bons enfants de laisser échapper les importantes mines de nickel dont votre cousin vous a adressé les échantillons et sur lesquelles, à défaut de la France, les Anglais mettront certainement la main dans un temps très rapproché.

Molyneux écoutait, émerveillé de tant de perspicacité unie à tant de patriotisme.

— Aussi, continua Cotignat, avons-nous décidé avec le ministre qu'afin de couper court à toute revendication et à toute chicane, les terrains miniers de la partie sud de l'île seraient concédés à des gens honorables et au courant de ces sortes d'exploitations. Nous aurons même à causer longuement à ce sujet. Vous êtes changeur, vous connaissez donc les métaux. Il ne tiendra qu'à vous de rendre un très grand service à votre pays.

L'ancien prêteur sur reconnaissances eut l'éblouissement des sommets. Il vit instantanément défiler devant lui tout son passé, avec les habits graisseux qu'il achetait aux étudiants endettés, les serviettes nouées aux quatre bouts dans lesquelles il rapportait au magasin les vieilles cuillères d'argent toutes bossuées, les montres « sans mouvement et sans voix », les boucles d'oreilles dépareillées et les médaillons disloqués dont il venait d'opérer le dégagement.

C'était bien à lui Molyneux qui, quatre années auparavant, ne savait ni lire ni écrire, qu'un représentant du peuple, jouissant en outre de la confiance du gouvernement, disait de la voix la plus encourageante, avec autorisation du ministre :

« Il ne tient qu'à vous de rendre un très grand service à votre pays. »

Le confident de cette Excellence mit le comble à ses gracieusetés en reconduisant son visiteur jusqu'à la porte, où il le quitta après ces derniers mots :

— Que faites-vous samedi ?
— Rien, Monsieur le député.
— Venez donc dîner ici. Vous vous y rencontre-

rez avec plusieurs personnes auxquelles je désire vous présenter. C'est convenu, n'est-ce pas? Cette fois, vous pourrez risquer l'habit noir.

Molyneux balbutia une acceptation inintelligible et, titubant d'émotion, disparut dans la cage de l'escalier.

« Voulez-vous trouver le temps court? faites des billets à ordre », a écrit un philosophe. Aussi le temps volait-il pour Cotignat, et il essayait de le rattraper à force d'activité. Qu'il y eût ou qu'il n'y eût pas de nickel à Barberigan, la question était secondaire, le point capital étant que le public eût la conviction qu'il y en avait. Les commentaires des feuilles quotidiennes inspirées aux sources les plus officieuses avaient d'ailleurs préparé l'opinion à quelque événement politique et financier. A la miraculeuse trouvaille du père Bonaventure mêler un peu de perfidie anglaise, un bout de drapeau français, la perspective d'un placement inespéré; battre le tout de façon à le faire suffisamment mousser, et servir chaud sous forme d'une société au capital d'un nombre de millions à déterminer ultérieurement : telle était la mixture chimique et chimérique qui s'était combinée comme d'elle-même dans le cerveau imaginatif du député d'affaires.

Afin de ne pas laisser refroidir ce mets composite, il s'était sans désemparer occupé du recrutement d'un conseil de surveillance, car cette sorte de gibier nécessite presque toujours une chasse longue et difficultueuse. A force d'enjôlement et de pelotage, il était arrivé à « lever » le sénateur Dutheil et le député Chanrenard, qui siégeaient tous deux sur les confins du Centre gauche, au point même de sa jonction avec le Centre droit. Grâce à cette situation à cheval, on évitait, en cas d'accident, soit une interpellation des Droites, soit une question des Gauches.

Après avoir battu le pavé et compulsé le Bottin des cinq dernières années, il avait fait une découverte qui, certainement, valait à elle seule toutes celles du père Bonaventure. Il avait déniché un ancien pair de France authentique, contrôlé à la monnaie orléaniste, avec ruban de commandeur de la Légion d'honneur, et dont la coiffure à la girafe rappelait les plus mauvais jours du ministère Villèle. Voûté au point de former en marchant un tunnel qui commençait à ses genoux pour finir à son menton, il bavait obstinément sur son linge. Mais, en le redressant un peu au moyen de bretelles américaines, il pouvait représenter encore très convenablement les voltigeurs de 1830.

Alléché par l'odeur des jetons de présence, ce vieux débris de nos luttes parlementaires n'avait opposé qu'une molle résistance aux tentatives d'embauchage pratiquées sur sa cupidité naturelle. Mais si un ex-pair de France était utile dans le conseil, un ecclésiastique y était indispensable. Qu'on le voulût ou non, la religion dominait toute l'affaire, née du pseudo-martyre d'un missionnaire de Saint-

Joseph. En second lieu, l'immixtion d'un prélat dans une opération de ce genre constitue la défense la plus efficace contre les indiscrétions de la justice. En outre, il n'y avait qu'un homme d'Eglise capable d'exploiter fructueusement le côté dramatique des aventures lointaines du père Bonaventure.

Mais si tous les prêtres ne sont pas absolument scrupuleux, la plupart d'entre eux sont extrêmement prudents. Ceux qu'il aborda le reçurent comme un député républicain, c'est-à-dire comme un ennemi avec lequel toute entente est interdite, ou comme un tentateur interlope chargé de compromettre le clergé français dans quelque combinaison torve où celui-ci laisserait de ses plumes — de séraphin.

Une circonstance fortuite le fit se rencontrer avec Mgr Benjoin, évêque *in partibus* de Samarcande, au moment où cette Eminence violette cherchait à pénétrer dans la salle des Pas-Perdus. Le député de la Basse-Garonne lui facilita l'accès de cette antichambre interdite aux électeurs, comme tout ce qui est réservé aux élus.

Il lia avec son obligé une conversation qui dévia tout naturellement, en apparence, sur les événements dont l'île de Barberigan était alors le théâtre. En remplaçant le mot « religion » par le mot « civilisation », on parvint tout de suite à s'entendre. Le diocèse de Samarcande, situé dans le Turkestan, et où Mgr Benjoin n'avait jamais aventuré un pied, lui créait des loisirs qu'il ne demandait qu'à consacrer à la propagation de la foi, qui confond volontiers la fin avec les moyens. C'était l'atout monarchique entre les doigts de Cotignat, et il savait par expérience que, dans les jeux de Bourse, quand on a la chance de retourner le roi, on est bien près de faire la vole.

Le terrain choisi, le personnel trié, il ne restait qu'à souder ensemble les différentes pièces de la machine. De là le projet de réunir dans un de ces repas où se cimentent les alliances tous les membres du futur conseil de surveillance. Toutefois, avant de lancer les invitations, Cotignat tenait à s'assurer le concours de l'homme qui devait rassembler dans sa main tous ces éléments de réussite, c'est-à-dire du directeur même de la Société. Ce directeur, il le lui fallait naïf — car il se promettait de le diriger; résolu — car son principal, son unique travail serait de tendre le dos à toutes les responsabilités; assez sûr pour ne pas trahir, dans un moment de panique, les hautes personnalités au nom desquelles il agirait; assez madré, cependant, ou assez confiant en lui-même pour inspirer confiance au public.

En revoyant le timide Molyneux, qu'il avait négligé dans ses calculs comme un coefficient sans valeur, Cotignat s'était tout à coup intérieurement écrié :

« C'est là qu'est Toulon ! »

La soumission passive du changeur lui était d'autant plus assurée que, transplanté de la pénombre d'une boutique dans un monde pour lui presque translunaire, il ne verrait rien que par les yeux des autres.

Ce qui perd généralement les entreprises, c'est le manque de conviction de ceux qui entreprennent. On ne se doute pas du nombre de gens à qui il n'a manqué qu'un peu de candeur pour faire fortune. La virginité financière de Molyneux faisait de lui le plus précieux des auxiliaires. D'ailleurs, le rôle d'initiateur qu'il avait joué dans la mise en lumière des richesses jusqu'alors inexplorées de Barberigan le désignait, en quelque sorte d'office, pour le poste élevé que lui réservait son protecteur improvisé. Ce manieur d'or et de paillon avait tout pour faire un homme de paille. Son dernier convive était trouvé. Rien n'empêchait plus Cotignat de lancer ses invitations.

V

BANQUET OFFICIEL

LA composition du dîner par où devait s'ouvrir cette vaste campagne exigeait une étude spéciale et un tact particulier. Il le fallait plantureux, afin de donner aux convives une idée de l'abondance qui allait subitement succéder aux sept vaches maigres (de nos jours : vache enragée) dont on avait dû se contenter depuis si longtemps. Il eût été cependant inadmissible que ce dîner dégénérât en ripaille, où il aurait semblé qu'on absorbait d'avance les souscriptions des futurs actionnaires. Il essaya de se rappeler le menu du festin qui avait inauguré la fondation d'une Société internationale d'assurances — laquelle avait d'ailleurs sombré avant le dessert. Mais si Cotignat était joueur et libertin, il n'était pas gourmand, et il lui fut impossible d'évoquer le souvenir des fricassées qui avaient passé devant lui.

Il commit, pour se tirer d'affaire, la grave imprudence de consulter Déborah. Celle-ci prit cette demande d'avis pour une invitation et parla tout de suite d'une magnifique robe de grenadine noire, décolletée en cœur, avec une bouffette rouge sur l'épaule droite, qui irait admirablement « à la couleur de sa peau ».

Il se mit alors en devoir de lui faire sentir ce qu'il y aurait d'insolite dans la présence d'une femme à une solennité culinaire organisée en l'honneur d'un évêque et d'un ancien pair de France. Mais plus il lui présentait la table comme inabordable, plus elle s'obstinait à vouloir l'aborder.

« Ton évêque et ton pair de France, avec ça que je ne les vaux pas ! répétait-elle en se montant. Est-ce que tu veux me faire croire qu'ils ne savent pas ce que c'est qu'une femme ? »

Elle ne démordait pas de ces deux arguments, et, connaissant sa violence, il n'osait se risquer à lui expliquer que c'était précisément parce qu'elle valait peut-être le pair de France et le prélat, qu'il tenait à ne pas leur infliger la honte de la comparaison. Mais, très fine sous ses brutalités de langage, elle lui montra qu'elle l'avait deviné :

« Oui! fit-elle, si je m'apppelais la comtesse de n'importe quoi, tu saurais bien me trouver une place au milieu de tes ostrogoths. Eh bien ! je dînerai avec eux, ou ils ne dîneront pas. Tu me connais : aussitôt le potage, j'entrerai comme une bombe, je prendrai la nappe par les deux bouts et j'enverrai tout bastringuer dans la salle à manger : les assiettes, la soupière, les radis, tout ! »

Et elle riait à l'idée de cette bousculade. Cotignat dut se rendre, tout en crispant les poings et en serrant les dents. Il fut convenu qu'elle passerait pour une dame étrangère, venue là aux lieu et place de son mari, qui portait un vif intérêt à l'affaire. L'invraisemblance était palpable, mais le député comptait que la bonne éducation de ses convives leur interdirait d'en demander davantage.

Il recommanda seulement à l'ancien modèle de modeler son attitude sur celle du reste de la société, en un mot, d'être réservée et convenable.

« Mais puisque je serai en noir ! » répondait-elle.

Pour beaucoup de femmes, en effet, le noir constitue un brevet de distinction, de correction et de pudeur. La même qui, en bleu clair ou en rose tendre, se permet des choses innomables, devient subitement, dans une robe couleur deuil, la statue de la Pénélope antique.

Enchantée d'entrer ainsi de plain-pied dans le monde de la finance, de la politique et du clergé, Déborah s'attela de tout cœur au succès de la soirée où elle devait être « seule de femme ».

Elle adjoignit Mikaële, la mulâtresse, à la vieille cuisinière de Cotignat et aux garçons de renfort, pour lesquels elle acheta tout exprès des gants de coton blanc. Un faisan truffé et doré, dont on devait admirer la dorure avant de savourer les truffes, leur coûta une peine énorme, à cause de l'arrangement des ailes et du dressage de la queue.

Au jour désigné, Mᵍʳ Benjoin, évêque de Samarcande, parut le premier sous les feux croisés de plusieurs lampes et d'une suspension à vingt-quatre bougies. Les joues rasées et le menton bleu d'un acteur encadrant le sourire d'une actrice, il entra d'un pas bénisseur, dans une lévite noire imperceptiblement soutachée de violet, qui tenait de la soutane, de la redingote et de la robe de chambre.

A quelques instants de là, les portes du salon s'ouvrirent pour le sénateur Dutheil, raide comme un diplomate qui aurait avalé le congrès de Vienne ; puis pour le député Chanrenard, qui se glissa dans le groupe de l'air embarrassé d'un homme qui manque de renseignements sur la société où on l'introduit.

Quand on annonça Molyneux, Cotignat s'élança vers la porte, tenant évidemment à le présenter lui-même à ses invités sous une rubrique arrêtée d'avance :

« Monsieur Molyneux, chimiste distingué, à qui nous devons l'idée de la grande affaire ! » dit-il.

Le changeur, qu'on qualifiait ainsi de chimiste, eut un geste de protestation, qu'on prit pour une révolte de modestie, et, le cœur battant sous l'empois de son plastron de toile, boutonné par trois perles qu'il avait achetées la veille à un comédien gêné, il alla se ranger derrière les autres convives, en dehors de la zone lumineuse du salon.

Le pair de France arriva le dernier, remorqué par un domestique qui le cala dans le coin d'un canapé, où il demeura plié comme une serviette. De son corps délabré on ne voyait saillir que ses genoux, qui pointaient en avant avec des protubérances d'échaudés. La folle avoine de ses quelques cheveux se balançait au-dessus de son crâne, comme soulevée par un courant d'air mystérieux. De temps en temps il essuyait avec un mouchoir de batiste les coins de ses lèvres suintantes.

Son ruban de commandeur traçait, à la naissance de son cou gélatineux, une ligne de carmin qui tranchait violemment sur le parchemin de sa face exsangue. Ce n'était même plus un vieillard : c'était une vieillerie.

Cependant Cotignat n'était pas tranquille, Déborah n'ayant pas encore donné signe de vie. Elle avait attendu que tout le monde fût là, afin de se faire une entrée. Elle franchit alors la porte du salon sans s'être fait annoncer, tout son état civil se composant de deux prénoms. Son protecteur respira, en constatant qu'elle avait tenu toutes ses promesses. Non seulement sa robe de grenadine était noire, mais une espèce de tulle à pois espacés couvrait, sans le cacher pourtant, l'espace contenu entre l'attache des épaules et le milieu de la gorge.

La présentation fut plus que sommaire :

« Madame.., fit le député de la Basse-Garonne, escamotant un nom qui ne lui vint pas, madame, dont un proche parent s'intéresse particulièrement à votre découverte, imagina-t-il instantanément en se tournant vers Molyneux, comme pour invoquer son témoignage, et qui a bien voulu être des nôtres, afin de pouvoir rapporter à son proche parent, appuya-t-il, ce dont nous conviendrons ici. »

Le proche parent passa sans encombre, l'étiquette étant généralement bannie des aventures financières ; car si l'amour rapproche les distances, l'argent les diminue encore davantage.

La présentée se composa la silhouette d'une Rébecca à la fontaine, qu'elle avait posée l'année précédente, et attendit timidement que le maître de la maison lui offrît son bras pour passer dans la salle à manger.

On installa le pair de France dans un fauteuil à bras arrondis, qui, comme celui du marquis de Sade, lui prenait le corps de façon à le maintenir dans une position verticale. Il ne pouvait ainsi tomber ni en arrière ni de côté et, en cas de malheur, était tout au plus exposé à une chute en avant dans le creux de son assiette, ce qui constituait un danger insignifiant.

Les premières bouchées furent langoureuses, chacun évitant d'attaquer la question à propos de laquelle ces personnages s'étaient réunis sans se connaître. Personne ne tenait à paraître se jeter comme un glouton sur le numéraire. Déborah, dont la contenance distinguée et la beauté plastique émerveillaient Molyneux, parqué jusque-là dans les débordements charnus de madame Molyneux, Déborah eut le bon sens d'amuser le tapis en amenant la conversation sur la peinture, dont elle avait retenu un certain nombre de formules pour les avoir entendu émettre dans les ateliers. Elle affecta de se remémorer certaines dates au moyen de ces points de repère :

« Je me rappelle : c'était au moment où Bonnat me faisait mon portrait ; »

Et, un moment après :

« Ah ! oui, il y a deux ans. J'en suis bien sûre ; à cette époque-là, j'allais tous les jours chez Baudry, à qui j'avais demandé mon profil. »

« Diable ! réfléchissait le changeur, j'ai lu que ces messieurs faisaient payer leurs portraits dans les vingt mille. Il faut que cette dame jouisse d'une fortune réellement exceptionnelle pour se permettre des fantaisies aussi onéreuses. » Il aurait roulé de stupéfaction sous la table si on lui avait conté à l'oreille que, loin de lui réclamer vingt mille francs pour leur travail, c'était, au contraire Bonnat et Baudry qui, à la fin de chaque séance, lui glissaient cinq francs dans la main.

Tout en écoutant la belle causeuse, dont il n'était peut-être pas dupe, Mgr Benjoin s'introduisait béatement les morceaux dans la bouche, comme s'il faisait ses Pâques. Cependant, il n'avait pas osé dire le *Benedicite* en se mettant à table. C'eût été trop raide.

Quant au pair de France, il avait déjà inondé de potage l'émail de sa croix de commandeur.

Mais il est rare que les femmes restent « à la hauteur », comme on dit vulgairement. Quand elle eut conscience d'avoir produit son effet, Déborah céda à sa manie de narrer les exploits de sa chienne Follette, ce qui provoqua une discussion sur l'intelligence des animaux.

— Eh bien ! moi, s'écria-t-elle tout à coup, je parierais que Follette a une âme. Oui, Monseigneur, insistait-elle, devant les hôchements de tête de l'évêque, elle en a une. Ainsi, j'ai une femme de chambre qui passe sa journée à soigner ma chienne, qui lui donne sa nourriture, qui la mène promener ; qui l'embrasse et la caresse continuellement : eh bien, Follette sait que sa maîtresse c'est moi et non cette fille, qui est cependant la douceur même. Dès qu'elle la voit, elle montre les dents comme pour la mordre ; et moi, je n'ai pas plutôt mis la clef dans la serrure, qu'elle accourt me lécher en poussant de petits cris de joie.

Et, s'adressant à un des domestiques en gants de coton blanc :

— Allez donc dire à Mlle Mikaële d'apporter un instant Follette ici. Vous allez voir.

Cotignat n'osa pas s'opposer à l'expérience, bien qu'il pût sembler assez extraordinaire qu'une dame, représentant simplement un proche parent, eût apporté ses bêtes chez son amphitryon. Mikaële entra, tirant par la laisse la chienne, qui se faisait traîner sur le parquet. Déborah la prit sur ses genoux, sans souci de sa robe neuve, et présenta Follette à la femme de chambre, qui précisément venait de lui caresser le dos à coups de pelle. La chienne fronça son groin et exhiba ses dents pointues.

— Mikaële adore pourtant cette pauvre petite bête, expliqua la juive. Eh bien, rien n'y fait. Sitôt que je l'ai sur moi, elle ne connaît plus personne.

— C'est drôle, dit la mulâtresse, elle est si gentille avec moi quand Madame n'est pas là. Allons, viens, ma chérie; il y a du bon nanan pour toi à la cuisine.

Et, prenant la laisse, elle remorqua de nouveau Follette, qui résistait désespérément et reçut de sa tourmenteuse ordinaire une nouvelle trépignée pour cet acte de rébellion.

Cotignat, estimant que le tapis avait été suffisamment amusé par ce prologue bizarre, se décida à ouvrir le feu. Il commença par faire ressortir les garanties qu'offrait une Société remise entre les mains d'un conseil de surveillance aussi profondément honorable — il n'osait pas dire illustre.

— Au surplus, ajouta-t-il avec un sourire gros de promesses, je vais vous prouver immédiatement que vous aurez quelque chose à surveiller. »

Et il fit signe au domestique d'apporter une sorte de compotier fermé par un couvercle, et que celui-ci posa au milieu de la table comme une « surprise » du Jour de l'An. Alors le député de la Basse-Garonne se pencha, étendit la main, enleva presque solennellement le couvercle et démasqua, sous un cri d'admiration de ses convives, les échantillons de nickel que frère Bonaventure avait, du fond de la mer des Indes, envoyés au changeur, tout à l'heure qualifié de chimiste.

Molyneux crut remarquer que le compotier en contenait plus qu'il n'en avait reçu de son cousin ; mais il s'abstint de chercher les causes de cette multiplication spontanée.

On se passa de main en main les morceaux de minerai. Tous s'extasièrent sur leur éclat et leur qualité, comme si ceux qui les examinaient y avaient connu quelque chose.

— Et il paraît, fit Cotignat, lancé sur le railway de l'enthousiasme, qu'il n'y a littéralement qu'à se baisser pour en prendre.

Le pair de France approcha une des pépites de son œil pleurard et la remit dans le compotier, après s'être marmotté à lui-même quelques paroles indéchiffrables.

Ce fut à Molyneux que revint tout l'honneur de la découverte du trésor. Cotignat ne fit aucune difficulté d'attribuer ce beau résultat aux recherches patientes du savant modeste à qui, selon lui, revenait de droit la direction de la Société. Il était trop juste qu'on l'arrachât malgré lui à l'obscurité où il semblait se complaire.

Molyneux saluait, violet d'émotion, se demandant ce qu'il avait donc fait d'exceptionnel pour qu'on le mît ainsi en avant.

Déborah, dans son ignorance rudimentaire,

avait été fort estomaquée par ce mot de « trésor » dont Cotignat affectait d'émailler ses descriptions. Elle avait eu beau se plier à certaines conventions sociales et relever son niveau intellectuel par des fréquentations moins inavouables que celles d'autrefois, elle gardait un fond d'inexpérience qui l'égarait souvent. Molyneux, au milieu de ses montagnes de nickel, lui apparut comme une espèce de Monte-Cristo, dont les coffres devaient être inépuisables. Elle l'avait, d'ailleurs, tout de suite jugé tel, sur la seule vue de sa chaîne de montre, qui était au moins trois fois plus volumineuse que celles des autres invités.

Elle se mit à le considérer avec une fixité pénétrante, comme ces idoles de l'Inde qu'on montre en disant :

« Ce n'est pas beau. Seulement, c'est en or massif. »

Elle s'évertuait à provoquer son attention, en le priant de lui passer la salière, de lui verser à boire. Pendant toute la seconde moitié du dîner, elle eut l'air de le prendre à son service, fiction à laquelle il se prêtait avec autant de plaisir que de candeur. Il la trouvait, ma foi ! superbe, cette femme du monde, dont les peintres les plus célèbres se disputaient le masque, et il se sentait tout fier d'être admis à remplir la coupe qu'elle allait vider.

Déborah était un bourreau d'argent. Or, il n'y a pas de bourreau sans victime. Cotignat avait eu déjà quelques mouvements d'impatience devant la production de notes, additions et factures exagérément salées. L'état pécuniaire du député n'était pas brillant : sans quoi il ne se précipiterait pas avec cette avidité sur une affaire dont il avait évidemment besoin pour équilibrer ses comptes.

Eh bien ! puisque c'était à ce monsieur Molyneux qu'il s'adressait, pourquoi ne suivrait-elle pas dans cette voie son aventureux amant, qu'elle ruinerait peut-être, mais qu'elle ne tiendrait jamais, et qui, un beau soir, ne se ferait probablement aucun scrupule de la planter là, avec le grand Félix sur les bras ?

Elle se dressait à elle-même cet inventaire, tandis que Molyneux la regardait avec son sourire bonhomme. Quand on passa au salon pour le café, elle lui prit le bras, bien qu'elle n'eût dû accepter que celui du maître de la maison, sous la protection duquel la convenance était de se placer. Cotignat ne sembla, du reste, concevoir aucune inquiétude de ces symptômes foudroyants. Déborah n'avait pas fait de scène : c'était plus qu'il n'espérait d'elle.

Entre la fine champagne et le marasquin, on causa de la rédaction des statuts, comme aussi du titre à donner à la Société. Dutheil, le sénateur, opinait pour un nom ayant une terminaison en *ar* : Malabar, Zanzibar, Macassar. Il soutenait que les mots en *ar* éveillent dans les imaginations un peu rêveuses des idées luxueuses dont la souscription publique ressentirait certainement l'heureux contre-coup.

C'était tomber dans les *Mille et une Nuits*, et surtout dans le charlatanisme. On décida donc que la Compagnie fondée pour l'exploitation des mines de nickel de l'île Barberigan s'intitulerait simplement :

SOCIÉTÉ AFRICAINE.

Elle serait anonyme, avec un directeur-gérant responsable et un conseil de surveillance, dont chaque membre percevrait un certain nombre de parts de fondateur comme entrée de jeu. Le capital en était provisoirement fixé à soixante millions, et pourrait être porté à cent vingt.

Indépendamment des statuts qui, pour obéir à la loi, paraîtraient dans les *Petites-Affiches* et autres journaux jouissant du bénéfice des annonces judiciaires, on conviendrait de la confection d'un prospectus à envoyer aux souscripteurs présumés, dont on puiserait les adresses dans divers annuaires. Cotignat, qui avait paré à tout, tira d'un dossier le brouillon de cette circulaire. Il se plaça au milieu du salon et en entama la lecture à haute voix, comme pour solliciter les observations du conseil de surveillance, dont le rôle commençait.

C'est fort de l'appui du gouvernement, y expliquait-on en substance, et dans la certitude que la monnaie de billon, si encombrante, si dangereuse même — à cause du vert-de-gris — allait être à bref délai remplacée par la monnaie de nickel, que la *Société africaine* appelait le public à l'exploitation des admirables mines de Barberigan. Les créateurs de cette grande opération auraient gagné trop d'argent, s'ils étaient restés seuls à l'accomplir. Aussi, par patriotisme, avaient-ils résolu d'y associer la nation tout entière.

D'après les calculs les plus modérés, en effet, ce n'était ni vingt ni vingt-cinq, mais CINQUANTE POUR CENT au moins que devait rapporter l'affaire.

Enfin, comme l'avait dit une voix autorisée et qui n'avait jamais retenti en vain dans le pays, c'était par excellence un « placement de père de famille ».

Ce morceau d'éloquence politico-financière était signé : « Molyneux, directeur-gérant de la *Société africaine*. »

Le changeur, qui n'avait rien écrit de pareil, ressentit comme une secousse électrique en voyant son nom associé, dans une page d'impression, à la « voix autorisée qui n'avait jamais retenti en vain ». Il voulut répondre, mais il ne put que battre l'air avec ses bras, tandis que tous les membres du conseil de surveillance l'applaudissaient comme un chanteur qui vient de quitter le piano. Le pair de France, seul, dont les conduits auditifs étaient vraisemblablement détériorés par l'âge, garda dans cette tempête de bravos le calme d'un dignitaire qui attend paisiblement l'invitation de passer à la caisse.

Cet effet d'orchestre produisit particulièrement sur Déborah une violente commotion. Elle crut voir déjà Molyneux pataugeant à même dans les soixante et même les cent vingt millions auxquels serait nécessairement porté le capital social, en vertu de cet axiome que quand il y en a pour soixante, il y en a pour cent vingt.

Toutes les avidités de sa race remontèrent aux yeux de la juive. Ce gros homme à la tête bistrée et crépue lui apparut dans un soleil d'or, comme un Bouddha sur son trône. Et timidement, presque chastement, avec le respect qu'on doit à un dieu, elle s'approcha de lui et lui coula ce reproche dans l'oreille :

— Vous n'êtes pas gentil : vous vous éloignez toujours de moi. »

Les regards qui accompagnèrent cet acte d'accusation convainquirent Molyneux qu'ils s'adressaient à lui et non à un autre. Une rougeur moite l'envahit au point qu'il s'épongea le front, et sa langue s'épaissit subitement dans sa bouche, qu'elle ferma à toute réplique. Par bonheur, à ce moment même, Cotignat le tirait par sa manche et l'amenait presque de force dans un angle désert du salon, où il lui fit, d'un ton bref et à voix très basse, cette recommandation expresse :

— Il faut que dès demain vous vendiez votre maison de change. Vous ne pouvez plus être maintenant que M. Molyneux, directeur de la *Société africaine*. »

Et comme un domestique entrait pour emmener coucher le pair de France, Cotignat demanda son chapeau, afin de reconduire la jeune dame qui lui avait fait l'honneur d'assister, aux lieu et place de son proche parent, à ce repas où elle n'avait pas dû s'amuser, car on n'y avait guère que parlé chiffres.

Déborah répondit prétentieusement :

— Vous vous trompez, monsieur le député, je suis enchantée de ma soirée. Mais ne vous dérangez donc pas, je vous prie. J'ai là ma femme de chambre, qui m'accompagnera. D'ailleurs, M. Molyneux voudra peut-être bien me mettre à ma porte.

M. le député ne fit aucune objection à ce plan, qui lui épargnait trois étages. Il eut même un sourire tant soit peu méditatif en regardant sa panthère, tout à coup changée en brebis, se prêter doucement aux maladresses de Molyneux, qui l'aidait à endosser sa pelisse, et s'appuyer sur le bras de ce fils de l'Auvergne, pendant qu'elle cherchait du bout de son pied décolleté et mignon la première marche de l'escalier.

VI

AMOUR ET FINANCE

CONTRAIREMENT à toutes les règles de la science ménagère, l'on s'enquit de la cage avant de savoir si on aurait jamais un oiseau à y loger. Cotignat avait, à diverses reprises, exploré les locaux de la *Banque zélandaise*, située alors rue de la Chaussée-d'Antin, et qui venait justement de faire faillite. On n'avait qu'à entrer, puisque les administrateurs de cette maison de confiance avaient mis la clef sur la porte. Des coffres-forts béants, qui n'attendaient qu'un peu de nourriture et dans lesquels, après constatation d'un passif de quatorze millions, le syndic avait découvert une pièce de cinquante centimes; des bureaux qui provenaient eux-mêmes de la débâcle d'un autre établissement; un salon meublé en palissandre et damas groseille des Alpes, dont les créanciers se disputaient chacune des chaises, qui leur revenaient à deux millions pièce :

enfin, on héritait de tout un agencement, dont on modifierait la physionomie pour ne pas donner l'éveil aux souscripteurs. C'est ainsi qu'on flambe les souricières et qu'on en renouvelle le lard, afin de dérouter les rats.

Après le salon, qui représentait comme le magasin où se font les étalages, avait été disposée une grande pièce — l'arrière-boutique — où l'on se montrait l'envers des étoffes. C'était dans ce laboratoire que s'étaient triturés les émissions louches et les appels de fonds.

Sans transition, comme si le lampiste qui avait fabriqué la lampe d'Aladin avait oublié un de ses ustensiles sur la cheminée du changeur, celui-ci se vit installé devant une table à bronzes dorés, dans une pièce aussi vaste et lumineuse que ses guichets de la galerie d'Orléans étaient étroits et sombres. Il céda son fonds à son premier commis, moyennant un prix dérisoire, dont le payement fut fixé à des échéances presque indéterminées. Il s'agissait avant tout de se débarrasser de cet humiliant boulet.

Mais ce qui, dans ce changement à vue, déconcertait particulièrement le fils du coutelier, c'était l'intérêt instantané qu'il avait inspiré à la jeune et charmante femme qui avait présidé, comme la déesse de la Finance, le repas d'où il était parti pour la fortune et presque pour la gloire. Au moment où il la quittait à sa porte, qu'il n'avait pas risqué de franchir, elle lui avait demandé avec une petite moue si pouponne : « Est-ce que vous êtes marié ? » que, malgré lui, l'image de la circonférence corporelle de madame Molyneux, du développement invraisemblable de son dos et de sa face, tuméfiée par la fréquentation des fourneaux, embrouilla sa conscience. Il lui sembla que cette belle jeune femme, à la fois si bien élevée et si émoustillante, l'interrogeait sur ses antécédents judiciaires ; et, honteusement, de la voix basse et troublée d'un homme qu'on accuse et qui répond : « Ce n'est pas moi ! » il balbutia : « Moi ! marié ! mais pas du tout ! »

Adeline et sa mère, installées du jour au lendemain dans un appartement avec balcon, boulevard Malesherbes, attribuaient tout naturellement à sa transformation sociale la transfiguration physique de l'ancien changeur, qui se faisait acheter tous les matins une cravate neuve et enfilait des gants gris-perle pour traverser la rue. Sa femme le considérait avec enchantement, comme on examine un cuivre terni par les années, qui, sous l'influence du tripoli, redevient tout à coup luisant comme une planète.

Quant à la jeune fille, élevée dans des cachettes, à la poussière des vieux paletots et, plus tard, dans la pénombre tamisée par des grillages, elle passait sa journée sur son balcon à respirer enfin le grand air, dans lequel ses poumons nageaient pour la première fois. Mais la mine riante de sa fille et l'admiration de sa femme laissaient Molyneux insensible. Le regard obsédant de Déborah pesait sur lui jusqu'à lui faire perdre la notion de ses responsabilités nouvelles.

Dans son ignorance des convenances comme des préjugés parisiens, il ne se demandait même pas à quel monde appartenait réellement cette femme qui ne se donnait ni comme mariée, ni comme fille, ni comme veuve, et qui se présentait délibérément au milieu d'une réunion politique et financière, sans autre recommandation ni accompagnement qu'une femme de chambre à couleur excentrique et une chienne qui ressemblait à un cochon d'Inde.

Cotignat avait ameuté toute la presse contre cette reine de Barberigan qui persécutait avec tant de cruauté nos excellents missionnaires. Un journal, plus lyrique que les autres, avait été jusqu'à la comparer à Justinien, pendant que cette jeune insulaire continuait à manger ses bananes, sans se douter que les feuilles européennes la tenaient ainsi sur la sellette. On annonça, en même temps, que le ministre venait d'accorder à une compagnie recommandable par ses moyens d'exploitation la cession des mines de nickel « les plus riches du monde », occupant la presque totalité de la partie sud de cette grande île.

Des ingénieurs étaient partis ou allaient partir. Le nickel étant entré dans les usages monétaires de presque tous les pays, c'était à la *Société africaine* que s'adresseraient désormais toutes les puissances civilisées. La Belgique avait, à elle seule, fait pour douze millions de commandes.

Pendant les huit jours qui précédèrent l'émission des cent vingt mille actions de cinq cents francs, ce fut un Longchamps dans les escaliers de la Société. Les actionnaires, comme c'est l'habitude, n'étaient obligés qu'au versement du quart de leurs souscriptions.

Les bourreaux chinois ont inventé un supplice, appelé là-bas « la mort lente ». On commence par couper les deux pieds du patient, puis on lui désarticule les genoux, les cuisses et on remonte peu à peu jusqu'à la tête, qu'on lui tranche pour finir. Les Sociétés à émissions se modèlent généralement sur ces tourmenteurs. Elles vous réclament d'abord cent vingt-cinq francs, bientôt portés à deux cent cinquante, à trois cent soixante-quinze et, comme dernier coup, à cinq cents. C'est alors l'expiation suprême. Les parents de la victime n'ont plus qu'à prendre la tête du convoi.

Sur les affiches, d'un jaune du plus bel or, se mariaient les noms des membres du conseil de surveillance. La croix de commandeur sur laquelle le pair de France avait bavé le jour du dîner d'ouverture, s'y détachait comme l'étoile qui guida les rois mages vers Bethléem, et qui, cette fois, les guidait vers la Chaussée-d'Antin.

Molyneux qui, le premier jour, avait à peine osé s'asseoir dans son fauteuil directorial dont le vernis l'aveuglait, y trônait maintenant avec la désinvolture d'un héritier présomptif né dans la pourpre. Cotignat venait souvent lui redonner du ton et le guider de sa propre expérience du public, auquel il faut savoir tenir la dragée haute. Le faire attendre et, au besoin, le faire revenir : le succès était là. Si l'on se jetait à sa tête, tout était perdu.

Cette même expérience avait promptement indiqué au député de la Basse-Garonne l'état où se débattait le cœur de l'ancien marchand d'habits. Il connaissait assez Déborah pour se douter qu'on n'agiterait pas impunément des millions devant elle, et que la main qui en remuerait le plus ne tarderait pas à entrer en contact avec la sienne. Elle n'était pas femme à tendre pour rien son bras potelé à la manche que lui avait présentée Molyneux, à l'issue du dîner du mois précédent. Mais de tous les services que le directeur de la Société africaine était appelé à lui rendre, celui de lui enlever cette beauté encombrante resterait un des plus signalés.

Depuis longtemps déjà, Cotignat avait par-dessus les épaules des débordements de bile et des notes inacquittables qui formaient le fond de leurs reactions. Il n'entrevoyait que dans l'azur de ses rêves un mortel capable de la lui disputer. Il n'osait rompre, de peur de voir passer instantanément par la fenêtre le mobilier qu'il avait mis si longtemps à compléter ; mais, à la suite d'un de ces tremblements de terre devenus plus fréquents à mesure que le foin manquait au râtelier, il avait murmuré entre les dents :

« Nom d'un tonnerre ! je ferais volontiers douze cents francs de rente à celui qui me débarrasserait de cette enragée-là. »

Seulement, pour accepter ces douze cents francs, il fallait ne pas les avoir, et, si on ne les avait pas, il devenait inutile de risquer sur Déborah la moindre tentative de détournement.

L'entrée de Molyneux dans ce ménage difficile en extirpait toutes les ronces. Le député laisserait pendant un certain temps « bouillir le mouton » ; puis, un beau jour, il s'achèterait une fausse barbe et ferait semblant de les surprendre. C'était pour lui la délivrance et, à moins que l'émission ne fût un four colossal, la fortune pour Déborah, qui, selon toute apparence, saurait se faire donner, sur les parts de fondateur de Molyneux, quelques parts de fondatrice.

Elle ne cherchait, du reste, que des prétextes pour monter les escaliers de la maison de la Chaussée-d'Antin. Elle s'offrait, avec un dévouement passionné, à porter au directeur toutes les communications du député. Alors, elle s'enfermait des demi-heures entières dans le cabinet de travail où Molyneux ne faisait rien, qu'attendre l'ouverture de la souscription, qui devait avoir lieu au siège même de la Société.

De deux heures à quatre, toutefois, le public était admis à venir palper, examiner et discuter les quartz nickelifères amoncelés sous globes dans les diverses pièces de l'établissement, comme les minerais et cristaux dans les vitrines du Muséum d'histoire naturelle.

Déborah profitait de cette exposition pour venir tournoyer dans le cabinet de Molyneux, qui ne se rendait même pas compte des motifs de cette assiduité. Elle traçait depuis quinze jours autour de lui des lignes de circonvallation, creusait des tranchées, l'investissait de toutes parts, lui et son fauteuil, qu'il en était encore à se demander de quelle façon il s'y prendrait pour lui expliquer l'impression qu'elle avait faite sur lui.

Il adorait de loin cette femme qui ne cherchait qu'à être adorée de près. Escalader le piédestal sur lequel il l'avait placée, lui apparaissait comme une témérité dont le châtiment ne se ferait pas attendre. D'abord, il n'était plus assez jeune pour elle, et si elle était bonne et engageante envers lui, c'était par une sorte de sympathie quasi filiale, d'une nature incomplètement définie.

Elle aurait ôté son corset en sa présence, qu'il se serait dit en baissant les yeux, de peur d'apercevoir quoi que ce soit :.

« C'est qu'elle a trop chaud. »

Ce qui ne l'empêchait pas de la couver perpétuellement du regard, comme un chasseur sans fusil suit de l'œil un gibier qu'il sait devoir lui échapper.

Un incident qui, pour l'inquiet Molyneux, confinaît à la catastrophe, hâta la solution. Vers les trois heures de l'après-midi, madame Molyneux, dont tout le temps avait été absorbé par son déménagement, voulut enfin jouir du spectacle de l'exaltation de son mari, comparable pour elle à celle du Saint-Sacrement. Elle coiffa un chapeau vert-bouteille, s'enveloppa d'un « quatre double » arborant la prétention de se faire prendre pour un cachemire des Indes, et dont les palmes, partant du bas des reins pour remonter jusque dans le cou, imitaient surtout un papier de chambre à coucher.

Victoire partit ainsi faite, à pied, quoiqu'il plût très fort, son parapluie d'une main et de l'autre retroussant sa jupe jusqu'aux jarretières. L'escalier lui sembla tellement vaste qu'elle se crut au pied de l'Arc de Triomphe, où elle était montée une fois. Elle franchit d'un air effaré le cercle des garçons de bureau et traversa le salon rouge avec la curiosité d'une provinciale qui s'aventure dans les salles du musée de Versailles.

La grande glace de gauche, dont le cadre, en verre de Venise, formait aussi miroir, la plongea dans l'extase.

« Voilà une glace comme j'en voudrais une », pensa-t-elle.

Quand elle tourna le bouton de la porte du cabinet de son mari et qu'elle apparut sur le seuil, dans sa carrure épaisse, maculant de ses souliers qui jutaient la moquette du tapis, Molyneux se sentit envahir par l'apoplexie de la honte. Précisément, il conférait à ce moment avec Cotignat, qui lui dictait une nouvelle note — la note des dernières prières, — tandis que Déborah, debout devant un guéridon, affectait de consulter des journaux de finance, dans l'attitude d'une étrangère en quête de renseignements.

— Ah! te voilà, Eusèbe, lui cria de loin sa Victoire, heureuse de trouver enfin à abriter sous l'aile maritale son embarras croissant. Tu sais, je t'avais toujours promis de venir. Dieu, que c'est beau, ici! La glace du salon, surtout. Je suis sûre qu'on n'en aurait pas une pareille pour deux cents francs. Il est bien, ton bureau. Tu es là assis comme un roi.

Et, apercevant une vitrine où reluisaient des échantillons de nickel, elle alla y appliquer son nez, en répétant :

— Ah! ce sont les petits machins! Est-ce drôle que ça vaille si cher!

Elle levait les bras, secouant son parapluie qui envoyait des gouttelettes s'épater en rosaces sur les murs. Le pauvre Eusèbe, désarçonné, répondait à toutes ses réflexions par un : Oui! oui! machinal. Tout à coup il surprit le regard étonné de Déborah attaché sur cette scène inattendue. Il saisit alors désespérément Victoire par la main et lui dit :

— Viens! que je te montre l'établissement.

Il rentra tout penaud, lançant sur la juive, qui n'avait pas bougé, des yeux interrogateurs. Le député lui glissa ces mots d'un air d'ennui :

— Quelle est donc cette femme? Votre nourrice? Vous ne devriez pas recevoir ici des gens d'une pareille tournure. Si on en rencontrait beaucoup comme ça dans nos bureaux, la souscription serait bien vite par terre.

Molyneux, qui avait dissimulé à Déborah sa situation d'homme marié, se remémora son mensonge. Elle ne le quittait pas du regard. Le moment était solennel : c'était son va-tout qu'il jouait vis-à-vi de cette femme unique, dont il ne retrouverait jamais l'équivalent, si le malheur voulait qu'il la perdît. Il passa une éponge coupable sur les dix-neuf années de sécurité conjugale, de soins assidus, de bonne gestion de ses deniers, qu'il devait au dévouement de madame Molyneux, et, d'une voix empâtée, il répondit à l'interpellation maussade du député de la Basse-Garonne :

— C'est une cousine à moi... qui arrive du pays. Vous comprenez; elle ne sait pas!

La pauvre Victoire ainsi jetée à l'eau, il ne lui restait qu'à faire disparaître le plus possible les traces du crime. Le soir, à dîner, il dit d'un ton ultra-gracieux à sa femme et à sa fille, comme un bon père qui exhibe un cadeau caché dans les plis de sa redingote :

— Voici l'été qui vient. J'ai pensé à une chose : vous envoyer toutes deux le passer à la campagne, tout près d'ici, pour que nous puissions nous voir tous les jours. J'ai découvert dernièrement, rue Perronnet, à Neuilly, une petite maison avec un jardin charmant, un jet d'eau au milieu et une grande volière, où Adeline pourra élever des centaines d'oiseaux. Avec le tramway, on y est en trente-cinq minutes. D'ailleurs, si notre affaire marche, j'espère bien avoir avant peu ma voiture. »

Un jardin, un jet d'eau et surtout une volière, c'était pour la jeune fille un panorama féerique dont l'éclat la fascinait. Madame Molyneux, que ses instincts portaient aux travaux de la campagne, se promit d'élever des poules. On serait sûr de ne pas mourir de faim, puisqu'on aurait toujours des œufs frais à la maison.

Le traître Molyneux se hâta d'exploiter cet enthousiasme. La villa qu'il avait cherchée pendant trois jours, et à peu près arrêtée avant d'en parler à sa famille, était encastrée dans des lotissements, tous de superficie égale, que le propriétaire du terrain total, pasteur évangéliste orthodoxe, avait découpés comme une pièce d'étoffe. On disait aux visiteurs :

— Combien en désirez-vous de mètres? Vous les faut-il en biais, en grande largeur ou en droit fil?

Il en résultait que les maisons construites sur ce terrain vendu au détail avaient l'air de danser un quadrille, les unes faisant un cavalier seul, les autres la « chaîne des dames. » Le bâtiment que s'était réservé le pasteur Coindet avait été ainsi adossé, sans aucun souci de la symétrie non plus que de l'arpentage, à celui qui avait flatté l'œil de Molyneux.

Quinze jours après l'ascension de l'innocente Victoire aux bureaux de la *Société africaine*, elle était installée avec sa fille rue Perronnet, au fond de Neuilly, laissant le champ libre aux projets vertigineux qui bouleversaient le cœur et le cerveau de son Eusèbe.

VII

DÉTOURNEMENT DE MAJEUR

A souscription dura cinq jours. Le menu public resta assez froid, mais les banquiers anglais et américains donnèrent passablement. Plusieurs même payèrent intégralement les actions souscrites par eux, afin de jouir de la bonification d'escompte. Des directeurs de métallurgies importantes adressèrent à Molyneux des commandes de nickel qui se chiffrèrent par quintaux.

En attendant que l'île de Barberigan eût expédié ses trésors, et afin de ne pas rester en affront, des commis furent chargés d'acheter en Belgique et en Allemagne tout le nickel nécessaire à la haute satisfaction des clients. Ceux-ci, en le recevant, n'auraient aucun soupçon sur sa provenance et n'iraient pas s'imaginer que la Société l'avait tout simplement payé à des tiers sur l'argent des souscripteurs.

En voyant les billets de banque s'engouffrer dans

des coffres dont M. le directeur avait les clefs, Déborah perdit patience. La réserve de Molyneux finissait par devenir blessante pour l'amour-propre de la juive. En outre, pendant qu'elle jouait à la grande dame, rien ne prouvait que quelque autre moins subtile n'allait pas se glisser entre elle et l'homme qu'elle convoitait. Comme ce serait amusant si, le jour où, feignant de céder à l'amour tenace de ce poursuivant, elle se présentait à lui dans une attitude suffisamment explicative de ses intentions, il l'accueillait par ces mots qui boucleraient à jamais leurs relations :

« Trop tard, belle dame, la place est prise ! »

Ce qu'on ne sait pas comment dire, on l'écrit. Il était quatre heures du soir, Molyneux, se levant de son fauteuil, se disposait à prendre une voiture pour aller à Neuilly dîner avec sa femme et sa fille, quand il reçut en pleine poitrine, comme un coup de fusil, un petit carré de papier du Japon, à peine effleuré par ces lignes :

« Je vous attends ce soir, chez moi, à neuf heures. J'ai absolument à vous parler.

« Déborah. »

L'inexpérience de ce quadragénaire était d'une telle épaisseur qu'il ne s'arrêta à aucune autre idée que celle d'une catastrophe ou d'un chagrin, à propos duquel elle l'appelait à son secours. Elle l'attendait : il ne pouvait plus être question des joies douces de la famille. Pour plus de tranquillité, il courut au télégraphe, qui transmit rue Perronnet cette dépêche :

« Impossible de venir dîner. Affaire de la plus haute importance. Ne rentrerai pas avant minuit. »

Après s'être promené de quatre à six heures dans tous les cafés d'alentour, lisant les journaux du soir et relisant ceux du matin, il alla s'asseoir à une table du restaurant Sylvain, place de l'Opéra, faisant traîner son potage, étudiant la carte de vins dont il n'avait pas la moindre envie. Il se fit servir des asperges de conserve, qu'il mit trois quarts d'heure à tremper une à une dans la sauce. Il retourna trois cent onze fois la petite cuillère dans sa demi-tasse, qu'il finit par boire à moitié.

Il eut ensuite la velléité d'entrer au théâtre des Bouffes-Parisiens et d'y rester jusqu'à neuf heures moins un quart; mais le spectacle commençait à huit heures et demie. Payer huit francs quinze minutes de représentation, c'était là un excès de luxe oriental que ses traditions auvergnates ne lui permettaient pas.

Cependant, par une de ces contradictions dont le cœur humain est littéralement pavé, après avoir trouvé que neuf heures c'était bien tard, il trouva que c'était bien tôt quand il les sentit approcher. Il devinait qu'il allait se passer quelque chose d'insolite et, sans se rendre un compte précis de ce dont il s'agissait, il s'épouvantait des résultats de ce tête-à-tête.

Il aurait aimé aller à pied jusqu'à la rue Boissy-d'Anglas, le mouvement automatique de la marche ayant la propriété d'amener généralement le calme dans l'esprit ; mais que penserait-elle de sa gentilhommerie si elle entendait sonner à sa porte cochère, avant d'avoir perçu le bruit d'une voiture s'arrêtant devant la maison? Il héla donc un fiacre dont l'allure pondérée répondait à son désir subit d'arriver le plus tard possible.

Déborah avait d'abord résolu de le recevoir dans un peignoir de dentelle blanche, uniforme ordinaire de la défaite. Elle prit à ce sujet l'avis du grand Félix, qui était d'excellent conseil et qui lui recommanda, au contraire, une tenue presque rigide, ainsi qu'une robe sombre, serrée à la taille.

« S'il te trouve sur ton canapé, en déshabillé de nuit, avec un bon feu dans la chambre, lui fit observer ce praticien, il verra tout de suite de quoi il retourne, et il te laissera, en s'en allant, cinq louis sur la cheminée. »

Elle s'ajusta une robe de cachemire, et poussa la précaution jusqu'à se chausser de bottines montantes, comme une femme surprise au moment où elle vient de rentrer. Toutefois, sa surprise devenait à chaque instant plus invraisemblable, car elle lui avait fixé le rendez-vous pour neuf heures, et il était déjà neuf heures dix.

« Ah ! ça, grommela-t-elle en commençant à serrer les dents, est-ce que cet Auverpin aurait le toupet de me faire poser? »

Un tintement timoré, et qui semblait craindre

d'être entendu, la rappela à ses devoirs de grand premier rôle ; et quand Molyneux entra sous la conduite de la mulâtresse, Déborah fut d'un bond auprès de lui, lui disant, en lui prenant les deux mains et le regardant fixement dans le blanc des yeux, lequel était chez lui légèrement jaunâtre :

— Je ne vivais plus ! Je croyais que vous ne viendriez pas. Vous voulez donc me rendre tout à fait folle ?

Ce « tout à fait » indiquait chez elle un commencement de démence dont elle rendait responsable le pauvre Eusèbe. Cet accueil, orchestré de armes aux paupières et de trémolos dans la voix, l'interdit au point qu'il ne put ébaucher que cette réplique :

— A quoi puis-je vous être utile ?

Alors, sans lui expliquer les motifs du rendez-vous si précis qu'elle lui avait fixé, elle entama un récit interminable d'histoires qui s'entre-croisaient, sans rapport entre elles. Elle était d'une excellente famille ; mais, toute jeune, elle avait dû se suffire à elle-même. Et elle ajoutait, après l'avoir obligé, presque de force, à s'asseoir auprès d'elle sur le canapé :

— Jamais je n'ai raconté ces choses-là à un autre, mais j'éprouvais le besoin de les dire à quelqu'un. »

Et, comme conclusion :

— Ah ! mon ami, je suis bien malheureuse et bien seule !

Molyneux, sans avouer qu'il avait imparfaitement compris l'enchaînement des faits, l'assura qu'elle pouvait compter sur lui comme sur un ami, un frère; et, comme si elle n'attendait que cette déclaration, elle entoura de ses deux bras langoureux le cou pléthorique de l'ex-changeur, dont elle abattit la grosse tête sur sa poitrine soulevée par l'émotion. Cette gymnastique provocante ne paraissant pas suffire à dénouer la situation, elle prit vivement la main de Molyneux et, l'appuyant avec force sur le renflement de son corset, elle lui dit en haletant de son mieux :

— Sentez-vous comme mon cœur bat?

Une fois sur cette pente arrondie, la glissade était inévitable. Déborah se défendit avec l'indignation d'une femme dont on trahit la confiance et qui se voit contrainte de repousser un assaut auquel elle était si loin de s'attendre. Elle répétait, dans cette lutte où, à l'imitation de certains maîtres d'armes retors, elle se laissait volontiers toucher :

— Ah! je n'aurais jamais cru ça de vous !

Mais la passion surchauffée du montagnard ne s'avoua vaincue que vers sept heures du matin, moment où il se réveilla à la fois exténué de félicités et bourrelé du remords d'avoir lâchement abusé du bouleversement cérébral de cette belle créature qui l'avait, sans défiance, appelé auprès d'elle pour lui narrer ses ennuis.

Cette affaire faite — on eût pu dire bâclée — il était essentiel pour Déborah d'empêcher Cotignat, son député ordinaire, d'en compromettre le fruit par ses indiscrétions. Il en aurait eu long à raconter sur son compte à Molyneux, qu'il voyait tous les jours ; et la tendresse expansive de ce nouvel amant, aussi novice dans les choses d'amour que dans les questions de finance, allait bientôt rendre leur liaison plus notoire que s'ils avaient publié leurs bans.

Malgré sa finessse, l'implacable juive ne s'était pas aperçue de la complaisance réellement remarquable que le député avait mise à favoriser les entrevues entre sa maîtresse et son associé. Dans leur amour-propre indélébile, les femmes prennent presque toujours pour de l'aveuglement ce qui n'est parfois que de la complicité. Elle n'avait aucun espoir d'arriver à mener en même temps ces deux intrigues qui se côtoyaient. Elles se seraient, dans leur marche parallèle, constamment heurtées l'une l'autre. Or, Molyneux était trop neuf pour accepter ce partage. L'option devenait donc indispensable, et n'était d'ailleurs pas douteuse, entre la fortune à la dérive d'un agioteur sur son déclin et la splendeur grandissante d'un nouveau venu, qui débutait par une danse de millions à donner à la moins ambitieuse l'envie d'entrer dans le quadrille.

Déborah ne s'occupa plus que de trouver la transition d'où sortirait la rupture. Elle avait bien à son service son procédé habituel : une scène et un esclandre ; enfoncer une fenêtre en criant : Au meurtre ! et jeter une ou deux pendules dans la rue ; mais ce système, excellent en principe, avait, dans l'espèce, l'inconvénient de provoquer une émeute dont le bruit arriverait probablement aux oreilles de Molyneux.

Il n'y avait guère d'espérance de surprendre en état d'adultère illégal Cotignat, qui était joueur et dans la vie duquel les femmes ne constituaient qu'un accessoire. Lui écrire, c'était s'exposer à ce qu'il montrât sa lettre à son remplaçant ; lui avouer la vérité, c'est-à-dire confesser qu'elle avait trouvé plus calé que lui, c'était bien gros comme cynisme. En outre, une femme peut s'arrêter à toutes les résolutions, excepté à celle de ne pas mentir.

Cotignat, qui suivait d'un œil en coulisse, sur le visage énervé de Déborah, ce petit travail de désagrégation, eut la gracieuseté de lui épargner la décision finale. Un soir qu'il était allé à une première du Théâtre-Français, il surprit la main gantée de celle qui n'était déjà presque plus sa maîtresse relevant la grille d'une baignoire d'avant-scène, mais pas si vivement qu'il ne vît saillir au fond de la loge, dans la pénombre d'un gaz crépusculaire, la tête noiraude de M. le directeur de la *Société africaine*. Cette constatation répondait à tout. Il poussa la condescendance jusqu'à quitter la salle après le premier acte, afin de ne pas les gêner.

Le lendemain matin, au moment où Déborah se mettait à table en face de son Auvergnat, qui ne rentrait presque plus rue Perronnet, sous prétexte,

5.

disait-il à sa femme, que la Société étant dans son coup de feu, il était obligé de passer la moitié des nuits, Mikaële lui remit ce billet ironique, qui aurait pu être signé : *P. P. C :*

« Ma chère,

« Puisque vous éprouvez le besoin de casser une autre vaisselle que la mienne, vous me permettrez de retirer ma porcelaine du jeu et de renoncer désormais à pénétrer les mystères de vos loges grillées. »

— En voilà un sale type ! fit-elle à demi-voix, pour toute oraison funèbre ; et elle ajouta un qualificatif qui, dans les bas-fonds sociaux, fait partie du vocabulaire usuel des maîtresses lâchées.

Car, eût-il mangé avec elle l'héritage de son père et celui de ses enfants, la femme considère toujours comme son obligé l'homme qui se ruine en son honneur. Qu'il la commandite de deux cent mille francs par an, elle lui prouvera, grâce à une comptabilité spéciale, qu'elle l'eût facilement remplacé par un autre commanditaire qui fût allé jusqu'à un demi-million. En donnant au premier la préférence, c'est donc trois cent mille francs qu'elle a généreusement sacrifiés et qu'il est tenu, sous peine d'entrer dans une catégorie inqualifiable, de lui restituer le jour où il la quitte.

C'est probablement à ces calculs différentiels

que faisait allusion Déborah en décochant à l'adresse de Cotignat une épithète de nul effet, du reste, puisqu'il n'était pas là pour l'entendre.

Au fond, elle était enchantée de pouvoir être désormais toute à Molyneux et à sa caisse; mais elle avait besoin de soulager son amour-propre.

Ses efforts se portèrent tout d'abord sur la question de la voiture. Le directeur de la *Société africaine* au capital de soixante millions, obligé de s'aboucher avec des cochers de l'Urbaine! Pourquoi pas tout de suite faire ses courses en tramways? Elle offrit de retenir un appartement au second avec écurie et remise, rue du Helder. Huit mille francs. C'était pour rien, comme l'avait fait observer le concierge; et si on le laissait à ce prix dérisoire, cela tenait à la manie de bâtir qui avait amené une incroyable baisse sur les loyers.

Eusèbe, entre deux baisers, tenta de lui expliquer qu'en se colloquant, au lendemain même de la souscription, des victoria, coupé et attelages, il aurait l'air de faire valser dès le début les écus des souscripteurs. Elle lui répondit que le moyen de les attirer n'était pas de se montrer courant après les omnibus, un parapluie sous le bras. Cependant, pour ne pas abuser de la contradiction, elle émit une idée conciliatrice sur laquelle Molyneux ne pouvait manquer de sauter.

Le logement serait loué; les voitures et les chevaux achetés sous son nom à elle, qu'elle prêterait volontiers, afin d'obliger son ami. Si, par hasard, dans une réunion d'actionnaires, où il s'en rencontre toujours de plus ou moins grincheux, quelqu'un lui reprochait son luxe, il établirait, factures en main, qu'il n'avait pas seulement ajouté un cabriolet à son ordinaire, et que la plus stricte économie présidait à sa vie privée comme à ses fonctions de directeur d'une banque publique.

Et, sans lui donner le temps de se débrouiller dans ces propositions superposées, elle signa la location de l'appartement de la rue du Helder ; puis, dès le lendemain, y fit transporter son mobilier de la rue Boissy-d'Anglas, lequel la fit rougir par sa mesquinerie. On aurait cru le voir danser dans ces grandes pièces qui avaient pris l'aspect d'un logement vidé par une saisie judiciaire.

Les anciens rideaux, trop courts pour les nouvelles croisées, ne cadraient plus comme couleur avec la tapisserie feuille morte, rehaussée d'or, du salon. Molyneux opinait pour qu'on les fit teindre. Elle lui démontra qu'il y aurait économie à en commander d'autres.

Quant à la carrosserie, il n'y avait pas à s'en préoccuper. Une « dame de ses amies », ruinée par le krach, était décidée à vendre ses voitures en même temps que ses chevaux, deux doubles-bais qui avaient coûté huit mille francs la paire, et qu'elle laisserait pour cinq mille. Car Déborah avait pris l'habitude de paraître ne rien acheter que dans des conditions exceptionnelles de bon

marché. Elle disait à tout bout de champ à son
Eusèbe, qu'elle tutoyait maintenant à la face du
soleil :

« Je n'aurais jamais eu l'idée de prendre ça, si ce
n'était pas une occasion comme il ne s'en présentera peut-être plus. »

Et d'occasions en occasions elle avait bourré son
second étage d'un stock de meubles qui finissaient
par rendre les pièces trop petites. Molyneux, fabriqué pour le travail, n'était ni joueur, ni buveur,
ni noctambule. Il dormait au théâtre et aimait à se
coucher de bonne heure. Il n'osait trop non plus
s'afficher au Bois avec une femme dont les toilettes exubérantes commençaient à faire sensation.
Car la parure est une sorte d'article de religion
pour les beautés juives qui, pour un oui, pour un
non, mettent tous leurs bijoux dehors, comme Thamar allant se prostituer à son beau-père.

Tous les encaissements auxquels il procédait
n'avaient donc pour lui d'autre charme que la
satisfaction d'en faire profiter sa Déborah. De temps
à autre, il filait sur Neuilly, dans une voiture à
l'heure, et apportait à sa femme et à sa fille quelque objet de bazar qui les mettait en joie. Le
député Cotignat, qui avait tout intérêt à augmenter
les frais et à charger les dépenses de l'entreprise,
afin que les siennes propres fussent autant que
possible noyées dans le coulage général, le député
Cotignat avait fait allouer au directeur par le conseil de surveillance des émoluments spéciaux pour

chacun de ses besoins. On lui payait une voiture, on l'indemnisait de ses déplacements, on lui tenait compte de tous les débours qui pouvaient, à l'aide d'une fiction quelconque, se rattacher à la marche des affaires de la Société.

Il avait également fait inscrire au budget un chapitre relatif aux « études » : voyages d'ingénieurs, opérations chimiques, inspection du matériel. Ces ressources, dont le contrôle est à peu près impraticable, ouvraient une large porte aux fantaisies pécuniaires des fondateurs de l'exploitation. Avouer qu'on n'avait jamais, pour la vérification des placers de nickel, fait appel à aucun spécialiste, c'était compromettre l'avenir même de la découverte. Or, si l'on avait employé un ingénieur, il aurait naturellement réclamé un salaire. Il était donc important que ce salaire fût porté sur les livres comme ayant été gagné et, conséquemment, soldé ; sans quoi, il se produisait un ébranlement général de la confiance publique.

VIII

COINDET PÈRE

Madame Molyneux avait toute sa vie rêvé un jardin pour y planter des capucines. Manger des salades de capucines, telle était son ambition, qu'elle voyait enfin réalisée. Elle piétinait toute la journée le long de ses bordures, les manches retroussées, mettant à nu ses bras rebondissants qui commençaient à se tanner au soleil.

Adeline, élevée jusque-là dans l'étouffement d'arrière-boutiques qui ressemblaient à des bocaux, se contentait d'absorber le plus possible d'air vital, comme une fée qui, ayant été enfermée pendant des siècles dans une urne scellée, reverrait tout à coup la lumière par la rupture de l'enchantement qui la retenait captive. Sa chlorose et sa langueur cédaient peu à peu aux forces nouvelles qui l'envahissaient, au point de la rendre parfois rêveuse. Elle tournait des heures entières autour de la maison, se récitant à elle-même des vers qu'on lui avait appris à son cours, et ne songeant pas à s'ennuyer de cette solitude, uniquement peuplée par les observations saugrenues et les fautes de français de son excellente mère.

Cependant, les rentrées intermittentes de son père qui, sous couleur de son fameux coup de feu, restait quelquefois trois jours sans paraître rue Perronnet, ses allures inquiètes et frétillantes, la rectitude de sa tenue, naguère si paysanne, et surtout un refroidissement progressif dans sa tendresse autrefois si caressante, avaient éveillé chez la jeune fille une suspicion imparfaitement définie.

Il arrivait les bras chargés de boîtes de fruits ou de conserves, posait le tout dans la salle à manger et repartait comme un employé de chez Potin qui fait sa tournée.

— Reste donc un peu avec nous ! lui disait sa femme.

— Il faut bien que j'aille gagner la dot de la petite, répondait-il en regagnant sa voiture d'un pas d'arpenteur.

Adeline devinait que quelque chose l'attirait et le retenait à Paris. De quelle nature était cet aimant, son instinct ne le lui révélait pas encore, mais elle souffrait de cette espèce de détachement qui s'accentuait chaque jour, comme si son père s'était créé ce qu'on appelle « une vie à côté ».

Quand madame Molyneux avait achevé la toilette de ses capucines, qui lui prenait plus de temps que la sienne, elle proposait volontiers à sa fille une promenade qui les menait quelquefois jusqu'au rond-point des Champs-Élysées. Un samedi, par une après-midi ensoleillée, madame Molyneux, fatiguée, demanda à s'asseoir, à l'entrée de l'avenue du Bois de Boulogne, sur une des chaises autour desquelles vont ordinairement se grouper les nourrices, les familles qui se consolent d'aller à pied en regardant passer les voitures, et où se rassemblent aussi les marcheuses de dernière marque, à qui la modicité de leurs recettes interdit la fréquentation des lacs.

Après une station de dix minutes, madame et mademoiselle Molyneux se levaient pour repartir, quand Adeline vit passer devant elle, comme un ouragan, un vaste landau découvert, capitonné de soie marron, emporté par deux magnifiques chevaux bai-brun, et sur les coussins duquel s'arrondissait mollement son père, à côté d'une dame dont l'œil démesurément noir lançait sur la foule des piétons des regards à demi protecteurs.

Le passage du landau fut si rapide que la jeune fille n'eut pas le temps de détailler le costume de cette déesse. Heureusement, sa mère, dont la jupe s'était prise dans la ferrure cannée de la chaise, et qui s'évertuait à la décrocher sans accident, n'avait remarqué ni la voiture ni son contenu.

Cette découverte, autrement authentique que celle de Barberigan, mit Adeline aux champs. Pour la première fois, elle fut prise de haine. Ce n'était pas en songeant qu'elles marchaient à pied, sa mère et elle, dans la poussière du landau où trônait cette femme : Adeline lui aurait avec joie laissé voiture et chevaux, mais elle lui prenait son père en même temps qu'elle l'arrachait à sa pauvre maman, qui n'y voyait goutte et, en tous cas, était hors d'état de lutter contre des séductions physiques et probablement intellectuelles qu'elle n'avait jamais eues, et dont elle avait, d'ailleurs, passé l'âge.

Adeline eut alors la clef de ces soi-disant travaux nocturnes auxquels Molyneux se livrait afin de lui amasser une dot; et elle avait un haussement d'épaules quand elle voyait sa mère éponger le front de son mari, toujours pressé et ruisselant, à qui elle disait avec une candeur qui faisait mal :

— Tu t'éreintes. Il ne faut pourtant pas se tuer pour ses enfants.

A partir de cette rencontre, la maison prit pour Adeline des teintes d'orphelinat. Elle essaya de faire entendre à sa mère qu'elle s'ennuyait à la campagne et qu'elle ne serait pas fâchée de se réinstaller à Paris. A quoi la bonne femme répondait :

— Tu sais pourtant bien que deux déménagements valent *une* incendie. Rien ne coûte plus cher que les déplacements. Enfin nous recauserons de ça à l'automne.

Cette dame, aux yeux comme des « pruneaux », se

disait Adeline, ne voulant pas s'avouer qu'ils étaient comme des diamants noirs, pouvait, après tout, s'être fortuitement trouvée dans une voiture à côté de son père. Une promenade à deux, en landau découvert, n'implique pas nécessairement l'intimité qui l'inquiétait. Mais il y a des apparences qui, comme démonstration, valent toutes les réalités. L'attitude nonchalante du directeur de la *Société africaine*, languissamment appuyé à l'épaule de cette flamboyante étrangère, constituait un flagrant délit indéniable.

Assez ordinairement Adeline allait confier ses préoccupations à un petit bouquet d'arbres planté sur un monticule qui soutenait le mur de séparation bordant la villa Coindet, qu'habitait le pasteur-propriétaire. D'une maigreur de cep de vigne, cravaté de blanc dès l'aurore et boutonné dans une de ces redingotes dont la coupe est spéciale au calvinisme, ce ministre d'un Dieu réformé se dénonçait par sa tournure, comme un prêtre se reconnaît à sa soutane.

Il appartenait à une dynastie de révérends fondée en 1566 et continuée jusqu'à nos jours sans interruption ni faiblesse. En dehors de ses prêches, sa besogne quotidienne consistait dans la composition de ces petites brochures que les évangélistes vous fourrent dans vos poches au moment où vous vous y attendez le moins. Il inondait les grands et petits hôtels de ces opuscules, auxquels il donnait des titres affriolants et dont quelques-uns même touchaient à la gaillardise afin de détourner les soupçons.

Un voyageur ouvrait, par exemple, le tiroir de sa table de nuit pour y chercher des allumettes et s'arrêtait à la vue d'une couverture bleue, sur laquelle il lisait : *Le véritable Art d'Aimer*. Il se croyait d'abord en présence de quelque prospectus de maison galante, et commençait un petit roman sentimental qui l'alléchait. Gaston et Francine s'aimaient, ils étaient fiancés. Ils s'étaient promis de faire un jour ensemble une promenade en bateau. Mais, une fois sur la rivière, Gaston avait fait tous ses efforts pour aborder à gauche, tandis que Francine voulait atterrir à droite. Et cette parabole concluait :

« Ce voyage, mes frères, n'est-il pas celui de la vie ? L'un marche vers le mal, l'autre se dirige vers le bien. Et Christ nous regarde, indulgent pour celui qui a fait naufrage, mais tenant sa récompense prête pour celui qui a achevé sa route sans se heurter aux écueils. »

Coindet rédigeait aussi des historiettes qui se publiaient en placards illustrés, et dont ses ouailles faisaient religieusement les frais. On y voyait un jeune soldat priant Christ au milieu de la chambrée sous les quolibets de ses camarades qui, touchés de la constance avec laquelle il supportait les railleries, finissaient tous par se convertir au protestantisme-orthodoxe, bien entendu, car toutes les autres sectes étaient vouées à la malédiction divine.

Cet apologue s'appelait : *Il soutient le feu!* et se terminait ainsi :

« Lecteur, le jour vient où le capitaine de notre salut apparaîtra avec une grande puissance et une grande gloire. Bienheureux serez-vous ce jour-là si l'on peut dire aussi de vous : Il soutient le feu ! »

Indépendamment des hôtels et des garnis, il « faisait » aussi les hôpitaux et les prisons. Un jour, il parvint à glisser dans la cellule d'un condamné à mort, qui attendait sa grâce à la Grande-Roquette, une de ses petites publications, au frontispice de laquelle brillait en grosses capitales cette formule inquiétante :

AUJOURD'HUI L'ENFER
DEMAIN LE CIEL.

Cette œuvre consolatrice, que le criminel avait trouvée un soir sous son traversin, débutait par ces mots :

« Tu vas enfin paraître devant Dieu. Ton crime est grand, mais sa miséricorde n'a pas de limites. »

Averti aussi inopinément de se préparer à une bonne mort, le condamné crut que son recours avait été rejeté et que l'exécution était pour le lendemain matin ; ce : « Tu vas *enfin* paraître devant Dieu » rappelant quelque peu le « *Enfin* nous avons fait faillite ! » qui est resté justement populaire.

Il passa une nuit terrible ; et quand, vers deux heures de l'après-midi, le directeur de la prison vint lui apprendre que sa peine était commuée, ce passage subit du froid de la mort au chaud de la vie détermina chez le malheureux une fièvre cérébrale qui l'emporta au bout du treizième jour.

Un soir que l'évangéliste attendait rue de Rivoli, à la hauteur des magasins du Louvre, l'omnibus de Neuilly, les poches de sa lévite bourrées de petites brochures que son éditeur venait précisément de lui remettre, il en glissa un paquet ficelé dans la main d'un monsieur qui arpentait le trottoir en amont et en aval, et qu'il jugea attendre le même omnibus que lui.

L'arpenteur était un agent de police, qui prit l'immaculé Coindet pour un débitant de cartes transparentes et appela immédiatement deux sergents de ville. On s'expliqua, et le pasteur, relâché après constatation de son identité, offrit cette mésaventure à Jésus que, comme tout orthodoxe, il prononçait *Jésusse*.

Son intimité avec le Seigneur tout-puissant ne l'empêchait pourtant pas de se montrer d'une rigueur extrême dans la perception de ses loyers. L'intercession de Jésusse lui-même n'aurait pas arrêté l'expulsion immédiate d'un locataire en retard.

On marie de bonne heure tous les futurs ministres de l'Évangile, afin de leur épargner des sensations charnelles susceptibles de leur faire jeter la lévite aux orties. Il avait donc épousé tout jeune la fille d'un commerçant qui lui avait apporté en dot les terrains de la rue Perronnet et qui, beaucoup moins pratiquante, était aussi remarquablement moins âpre que son mari. Quand une famille se trouvait à court au solennel moment du terme, madame Coindet n'hésitait pas à faire danser l'anse du panier et à compter six francs, sur le livre de cuisine, un poulet qu'elle avait payé quatre. Au moyen de cette gratte bienfaisante, ingénieusement pratiquée, elle comblait le déficit et permettait à ses locataires gênés de retirer leurs quittances.

Et le bon pasteur, qui n'avait aucune tendance à donner sa vie pour ses brebis, disait à sa femme, tant il était loin de se douter qu'il se payait avec son argent :

« Dès qu'ils se sont vus menacés d'expulsion, ils ont tout de suite trouvé ce qui leur manquait. »

Mais la digne femme n'avait pu résister longtemps à tant de paraboles. Elle était morte à trente et un ans, laissant comme flèche du Parthe à son époux un fils destiné à faire bientôt son désespoir. Ce terrible garçonnet avait les yeux bleu foncé de sa mère, les lèvres rouges et charnues de sa mère, les cheveux châtain mordoré de sa mère, ce qui n'eût fait de lui qu'un beau gars, s'il n'avait eu en même temps de sa mère l'indépendance d'idées et l'étrangeté de morale.

Après des études peu substantielles au lycée Condorcet, où sa force musculaire, jointe à sa générosité inguérissable, lui avait fait plus d'amis parmi les élèves que parmi les professeurs, il avait été, selon une tradition qui datait de trois siècles dans la famille Coindet, plongé dans la casuistique d'une école de théologie protestante. On l'y obligeait à des dissertations sans issue sur les vingt-sept façons dont a été interprétée la vision d'Ezéchiel ; et quand, après une sortie, il rentrait à l'école sans sa Bible, qu'il oubliait presque toujours, le directeur lui lançait cette apostrophe :

« Malheureux ! qu'avez-vous fait de votre divin bouclier ? »

Un samedi matin, on le ramena chez son père dans un fiacre hermétiquement fermé. Il avait encore l'œil en feu et les poings fermés, d'une trempe abominable qu'il venait de flanquer à un surveillant qui avait frappé brutalement le nommé Gouvieux, élève contrefait et rachitique que le jeune Coindet avait mis sous la protection de ses biceps. Les supplices corporels étant un des signes de la dévotion, les coups de règles sur les doigts étaient encore en honneur dans cette institution qui, pour être réformiste, n'en était pas moins fermée à un grand nombre de réformes.

Le petit papier qui accompagnait le révolté portait cette mention :

Renvoyé pour insubordination, scandale public et voies de fait.

« Nephtali, lui avait dit son père en recevant cette bombe, Nephtali, il ne te reste qu'à t'engager et à te faire tuer sur un champ de bataille. »

Mais Nephtali, que le rigide orthodoxe avait ainsi

nommé afin qu'il ne s'élevât aucune équivoque sur les destinées bibliques et pastorales de l'enfant, n'éprouvait pas le moindre besoin d'en finir avec la vie, surtout sur un champ de bataille, qu'on n'a pas toujours sous la main. Il avait pris la défense d'un être faible et scrofuleux contre un grand fainéant de cinq pieds huit pouces ; sa conscience lui reprochait si peu cette intervention qu'il se sentait tout prêt à taper de nouveau dans le tas.

D'ailleurs, il n'était pas précisément fâché d'avoir creusé ainsi — à coups de poings — un fossé entre lui et cette existence d'onction, d'homélies et de mensonges qui révoltait sa nature loyale. Il venait de passer ses dix-huit ans. Il était joli garçon et plein de santé. Il finirait bien par trouver sa voie, que diable ! En outre, une pensée le soutenait. Il savait parfaitement que, si elle avait été vivante, sa mère lui aurait dit tout bas en l'embrassant :

« Tu as joliment bien fait ! »

La moitié de la fortune de madame Coindet revenant à son fils, le bon pasteur, qui pouvait comme père excommunier Nephtali, était, comme tuteur, tenu de lui fournir tout ce dont son estomac robuste réclamait l'absorption. Il essaya de l'atteler à la rédaction de ses apologues. Nephtali aurait, en effet, aimé écrire, mais le style mystique réservé pour ce genre d'élucubrations lui donnait la danse de Saint-Guy.

Il se reposait de ces tortillements littéraires en lisant quelque nouvelle toute crue d'un auteur à la mode. Le besoin d'appeler les choses par leur nom le démangeait du matin au soir. Il en était arrivé à prendre le contrepied de tout ce que disait son père. Il s'amusait à l'exaspérer par des arguments qui troublaient l'homme de Dieu comme une vision de l'enfer.

— Puisque tu me parles constamment de ton Jésusse qui a sacrifié sa vie pour nous, dit un soir à table le jeune homme, pourquoi n'abandonnes-tu pas aux pauvres le prix de tes loyers, que tu touches si régulièrement ?

— Parce que, répondit l'orthodoxe, les pauvres n'en seraient pas plus riches et que je perdrais, moi, l'indépendance que m'assure ma petite aisance, et qui est si nécessaire à l'homme.

— Mais, insista Nephtali, les Jaugeard, à qui tu as donné congé le mois dernier parce qu'ils ne t'ont pas payé le dernier terme, ont tout autant que nous besoin d'indépendance. Or, en les renvoyant, tu leur enlèves le peu qui leur en restait.

— Les Jaugeard étaient parfaitement en état de solder leur quittance, répliqua Coindet. Ils ont spéculé sur la faiblesse qu'ils me supposaient. Dieu, qui nous ordonne d'être bons, ne nous ordonne pas d'être dupes. Tu verras que lorsqu'ils seront dûment convaincus de ma ferme intention de les expulser, ils sauront déterrer quelque part la somme voulue.

— Non ! riposta Nephtali, devenu tout triste, car

ma pauvre maman n'est plus là pour leur passer en sous-main ses économies.

Cette révélation inattendue dilata démesurément les pupilles du pasteur, qui en eut comme une seconde vision d'Ezéchiel. Que voulait dire son garçon par ces économies que sa mère passait clandestinement à des locataires embarrassés? De quelles économies s'agissait-il, puisque Coindet révisait et acquittait lui-même toutes les notes, depuis celles du boucher jusqu'à celles de la couturière? Sur quel argent madame Coindet, qui n'avait jamais eu le maniement des fonds, avait-elle donc opéré ces épargnes?

Alors Nephtali alla jusqu'au bout. Il raconta comment sa mère, qui l'emmenait souvent au marché avec elle quand il était petit, carotait sur la viande, la bougie, les légumes, qu'elle prétendait très augmentés; comment elle surchargeait les factures du fumiste, de la blanchisseuse et même de la laitière.

— Dame! fit-il observer, tu la laissais toujours sans le sou. Elle se procurait des ressources où elle pouvait.

Et il continua en fournissant les renseignements les plus précis sur les trucs au moyen desquels les Jaugeard étaient restés douze ans dans les trois petites chambres qu'ils occupaient au rez-de-chaussée d'une ancienne maison de paysan enclavée dans le terrain où le pasteur avait fait bâtir des maisons de rapport. Madame Coindet demandait à son mari la faveur de porter elle-même la quittance à ces gens, qui n'étaient jamais en mesure. Ah ! elle saurait bien les forcer à payer leurs dettes ! Si à trois heures au plus tard l'argent n'était pas là, elle s'offrait à aller en personne avertir l'huissier.

Un quart d'heure après, elle rentrait tenant à la main les soixante-quinze francs du terme, que son mari encaissait avec une confiance qui aurait dû désarmer la mère de Nephtali, mais qui ne la désarmait pas.

Le rigide Coindet apprenant que sa compagne devant Christ l'avait trompé toute sa vie avec le concierge du temple de l'Oratoire n'aurait pas été plus foudroyé. Un instant il essaya de croire à une criminelle plaisanterie de la part de son fils ; malheureusement, il y a des choses qu'on n'invente pas. Une foule d'indices accusateurs lui revinrent d'ailleurs en mémoire et se mirent à se culbuter dans son cerveau. Il se rappela notamment avoir surpris un jour la mère Jaugeard baisant furtivement les mains de sa femme. Or cette démonstration en l'honneur d'une personne qui vient vous réclamer soixante-quinze francs tous les trois mois était d'une rare invraisemblance.

Parfaitement fixé sur son cas, il se contenta de froisser convulsivement sa serviette en disant :

« Tout ce que je crains pour ta mère, c'est qu'une pareille série d'impostures n'ait compromis le repos de son âme. »

Et dans la façon dont il scanda ces mots, on

sentait que sa crainte n'était pas exempte d'une certaine envie. Elle lui avait fait tort d'une partie de ses loyers : il n'eût pas été fâché outre mesure qu'elle mijotât quelque temps en enfer — pour lui apprendre.

Les Jaugeard furent expulsés avec perte et fracas, malgré les supplications de Nephtali, qui emporta de cette exécution des ferments d'athéisme faciles à développer chez les hommes à qui l'on tente d'imposer une religion par autorité de justice.

IX

COINDET FILS.

Son volontariat terminé, Nephtali rentra chez son père, qui essaya vainement de le ressaisir. Le jeune homme était parti pour des mondes nouveaux. La fréquentation d'un engagé conditionnel, qu'il avait connu au régiment et qui le consultait continuellement sur des plans de vaudevilles, le tourna vers le théâtre. Tout ce qu'il promit à son père indigné, ce fut, le jour où on lui jouerait une pièce, de prendre un pseudonyme sur l'affiche.

La moyenne intellectuelle des foules est malheureusement si faible, que la scène française est devenue une simple amusette. Tout auteur qui essaye d'y exprimer une opinion un peu neuve ou seulement personnelle se heurte à des : « Oh ! oh ! » poussés par des obtus ou des plaisantins, et qui suffisent à faire tomber l'ouvrage.

Il ébaucha le plan d'un grand drame demihistorique dont l'action embrassait les prodromes de la Révolution française et se déroulait au milieu de l'état d'agitation et de malaise qui a précédé l'explosion. Son ami lui fit justement comprendre qu'il serait sifflé par les réactionnaires ou par les républicains, selon qu'il conclurait en faveur de la république ou de la monarchie ; qu'il était donc tenu, sous peine d'effondrement, de rendre également sympathiques ceux de ses personnages qui représenteraient soit les idées nouvelles, soit le bon vieux temps. Et encore, dans ces conditions, risquait-il d'être sifflé par tout le monde.

Exposer une thèse est donc impossible au théâtre, personne ne pouvant empêcher un, deux ou trois opposants de la réfuter en jetant des petits bancs sur la scène. Tout ce que l'intolérance du public permet aux auteurs, ce sont des intrigues purement imaginatives et terre à terre, comme les *Pattes de mouche* et le *Monde où l'on s'ennuie*.

Il se rabattit sur le roman, noyé aujourd'hui dans l'effrayante multiplicité des journaux, mais où du moins on ne relève que de soi. Adeline, qui, du haut de son monticule, plongeait par-dessus le mur dans les jardins de Coindet père, aperçut un jour Coindet fils arpentant les allées à la recherche d'une fin de chapitre. Deux esprits se rencontrent quelquefois comme deux trains engagés sur la même voie. Au moment précis où elle pensait à son père, dont elle était sans nouvelles depuis trois jours, il évoquait le souvenir de sa mère, morte depuis déjà sept ans. Il leva les yeux sur cette grande jeune fille blonde qui, montée sur le tertre, dépassait de tout le buste la crête de la muraille, et se révéla inopinément à lui comme une apparition.

Elle redescendit dans la partie basse de la villa, et ce fut lui qui alors se haussa sur le bout des pieds pour ne rien perdre de sa locataire, dont il connaissait à peine le nom.

Le lendemain, il aménagea négligemment le long du mur une vieille caisse à vins fins, sur laquelle il n'avait qu'à se hisser pour embrasser dans son ensemble la propriété occupée par les Molyneux. Il surprit plusieurs fois madame Molyneux, les bras nus, cueillant ses capucines, et la prit pour la bonne. Adeline éprouvait de cette surveillance une véritable gêne et n'osait plus aller rêver dans le « bois ».

Nephtali finit par s'intriguer du silence qui emplissait cette maison, où il n'y avait pas d'homme. Il s'ennuyait à mourir chez son père. La jeune blonde ne semblait pas s'amuser colossalement non plus. Il résolut d'avoir le cœur net de ce voisinage.

Une après-midi, vers quatre heures, il sonna à la grille des dames Molyneux, auxquelles il se présenta, en qualité de propriétaire, pour leur demander la permission d'envoyer un couvreur remettre sur leur toit deux ardoises qui manquaient. Au premier orage, l'eau pouvait filtrer à travers les solives et pénétrer jusque dans leurs chambres, ce qui serait très désagréable.

Madame Molyneux l'écoutait avec componction et reconnaissance, tout en essuyant ses mains à son tablier. Adeline, qui ne donnait pas dans l'ardoise, cherchait tous les prétextes pour se dérober, en tournant la tête tantôt d'un côté tantôt de l'autre, aux regards que le jeune homme attachait sur elle. L'entrevue eut lieu debout, car on n'avait pas offert à Nephtali de s'asseoir, ce qui l'obligea à prendre congé au bout de cinq minutes, en annonçant à ses voisines que si elles voulaient bien le permettre, il reviendrait le surlendemain avec le couvreur, car cette réparation, négligée depuis deux ans, devenait tout à coup indispensable et urgente.

Ce qui lui resta surtout de cette visite, ce fut un extrême étonnement de la différence d'allures et de langage qui distinguait la mère de la fille. Il ne s'expliquait pas cette grosse mafflue ayant donné le jour à cette fine patricienne. Il flaira là un mystère, quoiqu'il n'y en eût pas ; et, pour ne perdre aucun de ses avantages, il commença par faire porter par un domestique, de l'autre côté du mur où s'adossait le bouquet d'arbres cher à la jolie blonde, assez de pelletées de terre pour en former un observatoire d'où, à son tour, il pourrait communiquer avec elle, sans être obligé d'aller sonner à la grille.

La restauration du toit dura quatre jours et autorisa deux nouvelles visites. Nephtali suivait si attentivement le travail du couvreur, qu'Adeline lui demanda ingénument :

— Vous êtes architecte, Monsieur ?

— Non, Mademoiselle, fit Nephtali, n'osant pas lui confier qu'il n'était encore rien et qu'il ignorait s'il serait jamais quelque chose.

Il eut dès lors le droit de la saluer quand ils se promenaient tous deux dans leurs plates-bandes respectives. Ce rapprochement énerva d'abord Adeline. Elle ne pouvait cependant pas se priver d'air à cause de ce monsieur. Un matin, elle le vit tournailler pendant plus d'une heure en parlant tout seul et quelquefois tout haut. C'était sa fin de chapitre qui le tourmentait. Elle pensa, au premier moment, qu'il étudiait pour être acteur. Puis, elle réfléchit que le père, interdisant, en qualité de pasteur, le théâtre à ses fidèles, ne souffrirait jamais que son fils y entrât.

Elle songea aussi qu'il était peut-être bien un peu fou. Elle avait un jour surpris M. Coindet père levant les yeux au ciel après les voir tenus longtemps fixés sur son fils.

Or, toutes les femmes ont une peur instinctive des gens qui parlent tout seuls.

Donc, comme il se dirigeait vers le mur après une inclination de tête à son adresse, elle s'approcha vivement de son côté ; et quand il n'y eut plus entre eux que quelques centimètres de béton, elle lui dit avec une curiosité hésitante :

— Quand vous vous promeniez ce matin avant

le déjeuner, est-ce que vous récitiez des vers?

Nephtali rougit au point qu'Adeline s'imagina qu'il avait conscience de son état de démence et qu'il tenait à le cacher.

— Non, fit-il, je ne récitais pas de vers. Je cherchais quelque chose... qui ne venait pas.

— C'est très drôle, insista la jeune fille, quand j'entends quelqu'un parler tout seul, ça me fait une frayeur!

Nephtali, qui n'avait aucune envie de l'effaroucher, lâcha alors cette confidence :

— Ce n'est pas moi qui parlais, c'était un des personnages de mon roman.

— Ah! vous composez des romans, s'écria Adeline avec une sorte de respect, et sans se poser la seule question importante : à savoir, si le roman de M. Coindet fils était un chef-d'œuvre ou une ordure.

— Oui, répondit-il en ramenant le débat à ses véritables proportions; mon père voulait faire de moi un pasteur comme lui. Mais ce métier-là n'était pas dans mes goûts. Alors, j'écris... pour passer le temps.

La porte des confidences ainsi entre-bâillée, il fit quelques allusions aux projets qu'avait nourris son père de l'élever pour la confection de ses fabliaux évangéliques, dont l'insipide lecture faisait mal au cœur. Il expliqua comment ses aptitudes l'avaient porté vers une littérature moins enfantine, au point qu'il avait médité longtemps un drame sur les commencements de la Révolution.

Adeline, de son côté, n'était pas fâchée de lui faire savoir que, bien qu'elle n'écrivît aucun drame, elle avait depuis deux ans déjà conquis son diplôme à l'Hôtel de Ville.

— Ah ! fit-il, est-ce que vous voulez être institutrice ?

Cette question fit rire mademoiselle Molyneux, qui, à travers ses souvenirs d'école, ne voyait une institutrice qu'avec des cheveux gris ébouriffés, des lunettes d'or, une bavette et des manches de lustrine.

— Oh! non, s'exclama-t-elle.

Nephtali eut peur d'avoir dit une impertinence. Depuis que la fille d'un opulent financier israélite a tenu à honneur de passer ses examens du premier degré et d'obtenir des inspecteurs municipaux son brevet de capacité, c'est devenu, chez les demoiselles du monde, presque une obligation d'affronter cette épreuve. Les journaux s'étaient même tout récemment égayés de la déconvenue d'une jeune concurrente qui, bien que fille d'un ancien ministre de l'instruction publique, avait dû à son manque d'instruction privée d'être éconduite dans les conditions les plus humiliantes.

Le nom de Molyneux n'apprenant rien au fils du pasteur, il ignorait si la jolie blonde qui le portait sortait de souche bourgeoise ou aristocratique, si sa grâce de pensionnaire révélait une éducation particulièrement soignée : les manches continuellement retroussées dans lesquelles vaguait sa mère, laissant planer des doutes sérieux sur la distinction originelle de la famille.

Son imagination d'apprenti romancier l'amena même à croire que cette belle enfant avait été confiée par des parents anonymes à cette brave femme, qui passait indûment pour l'avoir mise au monde. Les entrées et sorties de Molyneux étaient si fugitives que Nephtali n'avait pas encore aperçu le maître de la maison, qui pour lui n'avait signé le bail qu'en qualité de prête-nom.

Telle qu'elle était, Adeline finit par s'installer à demeure dans le cœur de Nephtali. Tout en rejetant la religion protestante, il avait, sans s'en rendre compte, gardé les mœurs du protestantisme. Trois mois durant, il se borna, pour tout hommage, à offrir de temps en temps à la jeune fille un bouquet coupé dans un carré de rosiers formant corbeille au milieu du jardin paternel. Il se serait fait un crime de lui parler amour avant d'être absolument décidé à lui parler mariage. Et comme elle semblait éviter d'amener la conversation sur son père, dont la pensée l'attristait, le jeune Coindet en était réduit à aimer sans être au juste fixé sur la personnalité de celle qu'il aimait.

Son père lui demanda un jour à brûle-pourpoint :

— Savais-tu que le locataire d'à côté était un banquier très riche? J'ai appris seulement hier qu'il dirigeait une entreprise financière considérable : la *Société africaine*.

7

— Un banquier! c'est impossible, fit Nephtali. La mère n'a pas du tout la tournure d'une femme de banquier, et la jeune personne est toujours mise si modestement! La femme et la fille d'un banquier ne passent pas l'hiver à Neuilly, sans aller nulle part, ni au théâtre ni en soirée.

— On me l'a assuré, répondit le père, qui n'attachait pas autrement d'importance à cette découverte.

Le lendemain, dès dix heures du matin, quoique le froid pinçât dur, car on était en février, Nephtali descendit au jardin et grimpa sur son tertre, où Adeline, de sa fenêtre, comprit qu'il l'attendait. Elle descendit aussi, louvoya quelques minutes dans les allées, affectant de regarder si les arbres commençaient à bourgeonner, puis gravit avec une lenteur calculée les quatre pas du labyrinthe qui aboutissait au mur.

— Je vous demande pardon, mademoiselle, j'ignorais que vous fussiez la fille du directeur de la *Société africaine*, débuta Nephtali, s'excusant des suppositions qu'il avait faites ou pu faire.

— Mon père a été placé là, en effet, dit-elle, mais tout à fait par hasard.

— On assure que c'est une affaire superbe et qui rapportera des millions, interrogea le fils du pasteur, avec l'anxiété d'un homme qui voit chavirer sa barque.

— Plus tard, c'est possible, répliqua Adeline avec un air d'indifférence qui frappa Nephtali. Mais jusqu'à présent, nous ne nous en sommes pas beaucoup aperçues, maman et moi. Vous avez pu remarquer avec quelle simplicité nous vivons.

Elle avait mis dans sa réponse un reproche indirect à son père, car elle devinait assez que les bénéfices réalisés avaient surtout profité à la dame aux yeux noirs, qui se tenait si droite dans des voitures qu'elle ne s'offrait certainement pas elle-même.

Nephtali avait tremblé un moment que la disproportion des fortunes n'élevât entre eux deux un mur plus difficile à franchir que celui qui leur permettait de converser à leur aise. Le peu de cas qu'elle faisait de la situation pécuniaire des siens le rassura sur le résultat de la tentative qu'il préparait.

Puisqu'on causait argent, il ne jugea pas inutile de la renseigner sur les dix mille livres de rente qui lui revenaient du chef de sa mère, et sur lesquelles il se réservait de demander des comptes à son père, plus tard : par exemple, le jour de... son mariage.

Le rouge qui envahit Adeline du bas des joues à la racine des cheveux indiqua au jeune Coindet que ses paroles n'avaient pas été perdues. Extrêmement troublé lui-même, et les lèvres très sèches, il tira un à un de sa gorge ces mots, qui résumèrent la discussion :

— Il fait bien froid, pour rester ainsi nu-tête au grand air. Si vous ne vous y opposez pas, je prendrai la liberté de demander à madame Molyneux de vous voir quelquefois en famille. Dites, m'y autorisez-vous ?

— C'est cela ! c'est cela ! dit Adeline, qui redescendit précipitamment le labyrinthe et s'engouffra dans la maison, où elle tomba presque évanouie dans un fauteuil, tandis que sa mère lui demandait, tout en frottant les carreaux du salon :

— Qu'est-ce que tu penserais, pour ce soir, d'un bon pigeon aux petits pois ? Il y a des siècles que nous n'en avons mangé ?

Adeline ne savait au moyen de quelles circonlocutions pressentir sa mère, plus ignorante des choses du cœur qu'une fille de neuf ans. Les deux ardoises en souffrance avaient fourni l'occasion d'une première visite. On ne pouvait perpétuellement inventer des brèches dans la toiture pour établir des relations. Ce fut à Nephtali que revint le mérite de surmonter la difficulté. Il dit négligemment à son père :

— Sais-tu que nous ne sommes pas trop aimables ! Voilà près d'un an que nous avons les Molyneux pour locataires et pour voisins, et nous n'avons pas seulement mis les pieds chez eux. Quand on est, comme eux et nous, presque à la campagne, on se doit des politesses. Nous ne pouvons cependant pas attendre que ces dames viennent frapper chez nous, puisque le père n'est presque jamais là. Quand nous rendrons-nous à ce devoir ?

Le pasteur Coindet aurait peut-être accueilli assez froidement ces ouvertures, s'il n'avait pas appris, quelques jours auparavant, à quel remueur de millions il avait affaire. Mais il était de ceux qui considèrent la fortune comme venant d'en haut, ce qui lui donnait le droit de traiter avec le respect dû à des élus du Seigneur les veinards sur qui elle était tombée. D'ailleurs, David a prononcé, à ce qu'assure la Bible, cette phrase pleine d'obscurité :

« *J'ai pensé à mes voies et j'ai rebroussé chemin vers les témoignages.* »

En vertu du système d'interprétation usité chez les protestants, rien n'empêchait que cette sentence ne s'appliquât à leur entrée en rapport avec la famille Molyneux, recommandable entre toutes.

La bonne des Coindet vint donc avertir celle des Molyneux que ses maîtres demandaient à ses maîtresses si elles voulaient bien consentir à les recevoir, le jour même, entre trois et quatre heures.

A l'annonce de cette démarche du propriétaire, qu'elle appelait plus fréquemment le *popiétaire*, la mère d'Adeline crut à quelque proposition d'augmentation de loyer; mais celle-ci se hâta de répondre :

— Dites à MM. Coindet que nous serons très honorées de leur visite.

Et, sans désemparer, elle s'attela à la toilette de madame Molyneux, pour qui changer de robe équivalait aux apprêts du dernier supplice. Elle lui lissa les cheveux, la contraignit à épingler sur ses épaules un fichu de dentelle noire et à rabattre ses manches sur ses poignets.

Quant à elle-même, Adeline s'en inquiétait peu. Elle se savait toujours à peu près sûre de plaire, et sa timidité personnelle l'effrayait encore moins que l'exubérance de sa bonne femme de mère, dont les cuirs ne pardonnaient pas.

— Maman, lui dit-elle cauteleusement, est-ce que tu oseras seulement ouvrir la bouche devant ce M. Coindet, qui est un savant, un pasteur? Les savants, moi, d'abord, j'en ai une frayeur! Il me semble que je le laisserai parler tout le temps sans oser l'interrompre.

— A moins qu'il ne veuille nous augmenter! fit madame Molyneux. Oh! alors tu verras comme je lui riverai son clou. Deux mille cinq cents, c'est déjà assez cher pour une maison où l'eau coule des murs.

Au coup de trois heures, la sonnette et le cœur d'Adeline tintèrent en même temps.

Le pasteur entra comme un arbre d'espalier dont ses deux longs bras figuraient les branches, et précédant son fils, qui alla droit à madame Molyneux, dans l'intention évidente de se la rendre tout de suite favorable.

Adeline, qui tremblait comme une feuille, roula deux fauteuils, dans l'un desquels Coindet père adapta ses deux fémurs d'une maigreur de fumerons. Le premier mot de la dame de céans fut celui-ci :

— Voulez-vous prendre quelque chose?

Le pasteur fit le geste onctueux d'un homme qui, ayant communié le matin même, est suffisamment repu. Adeline guettait sa maman, sans la perdre un instant de vue, prête à la repêcher en cas de quelque plongeon grammatical, Nephtali se torturait la moustache, tout en lançant à la jeune fille des regards qui ne pouvaient guère signifier que ceci :

« Si nous étions tout seuls, ça irait bien mieux ! »

On parla d'abord de l'hiver, qui avait été doux mais humide. Puis le père Coindet s'informa de la santé de M. Molyneux, qu'il apercevait si rarement à Neuilly.

« Vous pensez, dit sa femme en levant le bras droit, qu'elle laissa retomber presque bruyamment sur sa cuisse ; il est si occupé ! »

Puis on discourut sur la campagne, qui était bien agréable l'été, mais bien triste pendant les froids. On s'étendit sur l'éloge de Neuilly, où on se croirait à cent lieues de Paris, bien qu'on en fût à un quart d'heure par l'omnibus, qui vous déposait à la place de la Concorde.

Mais la conversation ne pouvait se maintenir sur ce pied de banalité. Coindet père avait gonflé ses poches d'une réserve de petites brochures qu'il comptait bien faire donner au bon moment. Il dit tout à coup, sans y être autrement provoqué :

« Il est certain que le temps doit paraître ici un peu long à mademoiselle, à moins qu'elle n'ait trouvé moyen de le remplir par des lectures profitables.

— Oh! elle, la petite, appuya madame Molyneux, elle lirait toute la nuit si on ne l'en empêchait pas. J'ai toujours peur qu'elle ne mette le feu aux rideaux. Moi, par exemple, ce n'est pas la lecture qui.... »

Adeline devint pâle et glacée comme une porcelaine. Elle avait vu sa mère sur le point de confesser en quels termes elle avait toujours été avec les lettres de l'alphabet. La jeune fille, ahurie, se jeta sur un timbre placé sur un guéridon et en tira une vibration si éclatante que les trois interlocuteurs se regardèrent, surpris.

— C'est pour demander du thé ! expliqua-t-elle.

Et elle commanda à la bonne, accourue à ce vigoureux appel, de servir le thé et les gâteaux. Mais le pasteur ne se laissa pas détourner de sa mission par cet intermède. Il tira de tous les plis de son vêtement une nuée d'opuscules qu'il déposa les uns sur la console, les autres sous la pendule, et dont il jeta le reste sur la table du salon, où ils s'étalèrent en éventail.

— Puisque vous aimez la lecture, mademoiselle, dit-il, j'espère que vous trouverez dans tout cela des distractions fructueuses et des enseignements utiles. Il y a surtout deux paraboles, l'une intitulée : *La lettre de grâce*, et l'autre : *C'est aujourd'hui le jour du salut*, qui, je crois, vous intéresseront tout spécialement.

Cette diversion permit à mademoiselle Molyneux de prendre la parole et de dialoguer avec l'orthodoxe Coindet jusqu'à la fin de l'entrevue, qui se termina sans encombre. On promit de se revoir. Le pasteur prévint qu'il était toujours chez lui le mercredi, et quand la porte fut dûment et hermétiquement fermée sur les deux visiteurs, Adeline éprouva un tel sentiment de délivrance, qu'elle ne put se retenir d'embrasser sa mère sur les deux joues, en reconnaissance des énormités qu'elle était capable de dire et qu'elle n'avait pas dites.

Dès le lendemain, jugeant que l'impression était bonne, Nephtali dit à son père :

— Comment trouves-tu mademoiselle Molyneux?

— Tout à fait gracieuse, répondit le pasteur, pour qui le mot « joli » appliqué à une femme confinait au péché.

Il ajouta :

— Toute sa personne est empreinte d'une grande modestie, et sa conversation témoigne d'un discernement très rare chez une aussi jeune fille.

L'accueil empressé d'Adeline aux apologues du vieux protestant était probablement pour quelque chose dans cette bienveillance ; mais son fils ne la laissa pas refroidir :

— Eh bien, mon père, dit-il, puisque mademoiselle Molyneux te plaît à ce point, je n'hésite plus à te faire une confidence : je l'aime et je voudrais l'avoir pour femme.

Ce mariage avec une demoiselle dont le père dirigeait une entreprise financière de l'importance de la *Société africaine,* cadrait admirablement avec les vues du pasteur, qui dissimulait adroitement sa cupidité naturelle en affectant de confondre la fortune avec l'indépendance. Il ne disait pas : « Il est bon d'être riche », mais : « Il est bon d'être indépendant. »

De sorte que c'était au nom de la liberté qu'il cherchait à faire entrer le plus d'argent possible dans la famille.

Néanmoins, comme il est de tradition et d'usage qu'un père doit faire des objections à son fils quand celui-ci aborde le premier la question conjugale, il opposa à l'aveu de Nephtali cette objection toute pastorale :

— Mon enfant, tu viens de prendre là une résolution bien grave. Y as-tu mûrement réfléchi ?

Nephtali assura que ses réflexions étaient mûres à tomber de l'arbre, et le pasteur promit d'intervenir dans la mesure de ses pouvoirs paternels.

Ainsi armé pour l'attaque, le jeune homme ne songea plus qu'à faire son métier de prétendu. Le surlendemain du jour où il avait dégusté une tasse de thé noir chez les Molyneux, il se mit à fourrager dans son jardin avec un tel bruissement de feuilles et un tel piétinement dans le sable des allées, qu'Adeline fut bien obligée de répondre à cette invite :

— Mademoiselle, lui dit-il, sitôt qu'elle arriva à portée de sa voix, il est de toute nécessité que votre père veuille bien au moins rendre au mien une petite visite. Ils ont, je crois, des choses très importantes à se communiquer.

— Est-ce qu'il s'agit de nous ? fit-elle étourdiment, trahissant, malgré la surveillance qu'elle exerçait sur elle-même, la pensée qui l'obsédait depuis quelques jours.

— Oui, murmura le jeune Coindet; mais vous comprenez que mon père ne peut pas adresser la demande, si je ne connais pas d'avance la réponse.

— Dame ! monsieur Coindet, c'est papa qui répondra pour moi.

— Et que répondrait-il ?

— Je ne sais pas..., balbutia Adeline, mais je suis sûre qu'il ne voudra pas me faire de peine.

— Vous êtes un ange ! s'écria Nephtali avec conviction, bien que, n'ayant jamais vu d'ange, il n'eût aucun motif de choisir cette comparaison plutôt qu'une autre.

Et comme ils se trouvaient tous deux au faîte des petites buttes, qu'ils avaient aménagées pour ce que Molière appellerait la « commodité de la conversation », il lui saisit la main par-dessus la crête du mur et l'empourpra d'un baiser presque furibond, qui produisit sur Adeline beaucoup plus d'effet que s'il eût été timide : toutes les femmes, même les plus chastes, aimant à être tant soi peu bousculées.

A point nommé, le même jour, Molyneux arriva vers midi pour déjeuner. Déborah, qui avait probablement à faire, lui avait donné congé jusqu'à six heures du soir. On le fêta comme un voyageur retour de l'Inde. Il n'avait pas paru à la maison depuis quatre jours, sans même avoir pris la peine de rassurer par un télégramme sa femme et sa fille. Celle-ci, qui le boudait ostensiblement depuis l'affaire du landau, eut l'air d'avoir oublié tous ses griefs et le câlina à le faire saigner sous l'arme lancinante du remords, si le remords pouvait venir avant que l'amour fût passé.

A table, elle le combla de prévenances, lui remplissant son verre et se levant de sa chaise pour l'embrasser. Il avait apporté entre autres victuailles un pâté de foie gras. Elle lui en servit presque toutes les truffes, en lui disant avec tendresse :

— Encore une, papa, je t'en prie. Nous n'en mangeons jamais, et je sais que tu les adores.

Hélas ! ce qu'elle ignorait, c'est qu'il en mangeait au contraire tous les jours, et d'autrement épaisses, et d'autrement savoureuses, et d'autrement chères que ces petites rondelles noires qui ressemblaient à des morceaux de mérinos.

Elle n'avait pas soufflé mot à sa mère, dont elle redoutait les excentricités, du complot dont Nephtali et elle avaient jeté les bases le matin même. Le chef de la communauté avait seul, du reste, le droit d'entamer des négociations auxquelles son consentement était indispensable. Vers quatre heures, au moment où Molyneux consultait déjà sa montre — car, loin de sa juive, il était comme un véritable rat empoisonné — Adeline risqua le paquet :

— Ah ! au fait, fit-elle, comme se remémorant quelque chose qu'elle avait peur d'oublier, nous avons reçu la visite de M. Coindet, le propriétaire. Tu ne peux réellement te dispenser de la lui rendre. Tu verras, c'est un homme charmant... qui t'aime beaucoup.

— C'est que je n'ai plus beaucoup de temps à moi, fit observer Molyneux, à qui les pieds brûlaient.

— Oh ! répliqua Adeline, c'est l'affaire de cinq minutes, puisque sa maison touche à la nôtre. Au surplus, à cette heure-ci il est rarement chez lui. Tu laisseras ta carte, et la politesse sera faite.

— Comme ça, je veux bien, fit Molyneux en prenant son chapeau.

— Tu rentreras nous dire adieu ! insista madame Molyneux.

— C'est qu'on m'attend...... Enfin, je verrai.

Il franchissait le seuil quand sa fille, qui l'avait accompagné jusqu'à la porte de la rue Perronnet, lui sauta au cou et rapprochant sa bouche de l'oreille paternelle, y coula ces mots :

— Je crois que M. Coindet a une question à t'adresser. Si tu m'aimes, tu répondras : oui. N'est-ce pas !

— Quelle question ? interrogea Molyneux.

— Tu vas voir. Promets-moi seulement de répondre : oui !

— Si tu y tiens, je répondrai : oui, dit-il en riant.

Puis il sonna chez le pasteur, où Adeline le regarda entrer, pleine de confiance, mais n'osant cependant trop escompter la somme de bonheur que lui réservait ce tête-à-tête.

Elle se tenait dans sa chambre, où elle s'était enfermée, quand, au bout d'un quart d'heure à peine, son père rentra. Elle courut au-devant de lui, et à sa figure toute décomposée, elle devina quelque gros obstacle qui venait de surgir tout à coup.

— Eh bien? dit-elle.

— Eh bien, fit Molyneux en prenant un ton qu'il essaya de rendre gai, imagine-toi que ce pasteur m'a demandé ta main pour son fils.

— Oui, pour M. Nephtali. Tu te souviens que je t'avais prévenu. Et alors?

— Alors je lui ai répondu que, d'abord, tu étais trop jeune ; en outre, que si l'affaire continue à bien marcher, tu serais peut-être un jour millionnaire, et qu'enfin, mon intention était de te chercher un mari ailleurs que dans la bourgeoisie de Neuilly-sur-Seine.

— C'est bien, papa, dit simplement Adeline.

X

UN GRAND PROJET

CE n'était pas parce qu'elle était trop jeune ni parce qu'elle serait trop riche que Molyneux avait refusé les dix-huit ans de sa fille Adeline aux vingt-trois ans de Nephtali Coindet.

L'annonce, intelligemment exploitée, de la décision prise par le gouvernement de remplacer, à délai plus ou moins bref, les sous de cuivre par des pièces de nickel, avait eu pour effet d'accentuer le mouvement ascensionnel de la *Société africaine*. Au moyen d'un certain nombre de ventes fictives d'actions, que les intéressés faisaient semblant de céder très au-dessus du pair à d'autres intéressés, qui avaient l'air de les leur acheter, on était arrivé à ce résultat convoité par tous les lanceurs : obtenir la cote à la Bourse. Un premier coulissier criait à tue-tête :

« Cent *Société africaine* à 595, j'ai. »

Et un second coulissier glapissait :

« Cent *Société africaine* à 595, je prends. »

Personne n'avait et personne ne prenait, mais on n'en répétait pas moins dans les groupes que les *Société africaine* étaient sur le point de franchir le cours de 600 francs.

La situation avait été jugée des plus favorables par Cotignat pour convoquer une assemblée d'actionnaires à laquelle on annoncerait une distribution de dividende.

Celui-là ne serait pas fictif, bien que l'île de Barberigan n'eût encore expédié en Europe aucun de ses produits. En effet, on considérerait les commandes qui abondaient au siège de la Société comme ayant été livrées d'une part et payées de l'autre. Les lettres de demandes feraient foi, et en présence d'un premier intérêt de 10 pour 100 versé ès mains des souscripteurs, il faudrait qu'ils eussent le diable au corps pour se plaindre.

La convocation eut lieu. Molyneux, le directeur, dont l'éloquence aurait probablement failli en route, se fit remplacer au bureau par son principal comptable, qui rendit compte des « opérations » de la Société. Les assistants auraient peut-être voté une statue au fondateur de cette grande œuvre, si un actionnaire grincheux, comme il en surgit presque toujours dans les réunions financières, n'avait, du fond de la salle, soulevé cette réclamation :

— Mais vos prospectus promettaient *cinquante*

pour cent et vous nous en annoncez dix. C'est quarante pour cent que vous nous devez.

Cette plainte fut accueillie par des clameurs et les cris : « A la porte ! à la porte ! » En effet, un autre porteur d'actions n'eut pas de peine à faire comprendre à l'assemblée que la Société venait d'achever à peine sa première année d'existence ; que les frais d'études, d'envoi à Barberigan d'un ingénieur chargé d'étudier sur place les gisements miniers afin d'en adresser un rapport complet à la direction, d'affrétement de navires destinés au transport du minerai, avaient été considérables, et que l'affaire était bien véritablement merveilleuse puisque, malgré cette énorme mise de fonds, elle donnait encore, presque au début, un pareil dividende.

Mais l'actionnaire bousculé n'en avait pas démordu :

— Comment se nomme-t-il, votre ingénieur ? avait-il demandé de sa place.

Cette question, pourtant fort rationnelle, avait été couverte par les huées.

— C'est un homme payé pour amener la baisse sur nos valeurs ! avait opiné quelqu'un.

— C'est un agent de l'Angleterre ! avait crié un patriote.

Ainsi assimilé à Pitt et Cobourg, l'actionnaire défiant était rentré dans sa coquille. A mains levées on avait voté des remercîments unanimes tant au conseil de surveillance qu'à l'active direction de la Société.

Cotignat seul ne se laissa pas griser par ce succès. En voyant, à l'issue de la séance, Molyneux monter en voiture dans l'état de transpiration triomphale d'un acteur rappelé trois fois à la chute du rideau, il lui avait dit entre quatre-z-yeux :

— Défiez-vous, mon cher. Cet actionnaire récalcitrant, qu'on n'a pas voulu entendre aujourd'hui, on l'écoutera peut-être la prochaine fois. On saura alors que vous n'avez envoyé là-bas aucun ingénieur, et qu'on ne vous a conséquemment adressé aucun renseignement sur les richesses minières de Barberigan. Il est urgent de charger quelque ancien élève de l'Ecole polytechnique d'aller explorer l'île. C'est une dépense de cinq ou six mille francs à peine, et si vous hésitez, il pourrait vous en cuire.

On se mit en quête, et on découvrit bientôt un jeune homme récemment sorti de l'Ecole des Arts et Manufactures dans la métallurgie et qui, employé par l'administration de Montceau-les-Mines, avait dû quitter l'établissement à la suite d'un rapport où il réclamait pour les ouvriers du *fond* une diminution d'une heure de travail par jour.

Il partit, après avoir promis d'expédier dès son arrivée huit pages de détails circonstanciés sur le présent et l'avenir de l'exploitation, dont on pût donner lecture à l'assemblée suivante.

Cotignat conseilla même à Molyneux de ne pas en souffler mot et d'attendre une nouvelle interpellation de quelque actionnaire ombrageux. Alors le directeur de la Société tirerait de sa poche le manuscrit daté de Barberigan même et le communiquerait à la réunion. Ce coup de théâtre était d'un effet sûr.

Les bravos et les bénédictions qui avaient accompagné le chef de l'entreprise à la sortie de la salle l'avaient grandi d'autant aux yeux de Déborah, que cette épreuve victorieuse consolidait plus que jamais dans le velours de ses fauteuils et la soie de ses rideaux. Elle avait imaginé entre elle et lui un nouveau point d'attache. A chaque démarche qui réussissait à Molyneux, elle ne manquait pas de lui dire avec toutes les apparences d'une foi robuste :

« Vois-tu, c'est moi qui te porte bonheur ! »

Et quand il remontait le cours de son ancienne vie, semée de paletots mangés aux mites et de haricots de mouton, il concluait avec conviction :

« C'est pourtant exact. Avant de la connaître, rien ne me réussissait. »

Il se faisait ainsi une espèce de devoir de lui donner sans compter, persuadé que ce qu'il sacrifiait d'un côté, il le rattraperait au centuple de l'autre. Ce fut d'abord cinq mille francs par mois, puis sept mille, puis dix mille, puis quinze mille — sans les cadeaux, que, pour plus de certitude, elle avait généralement soin de s'offrir à elle-même. Il etait rare qu'au moins une fois par semaine, quelque bracelet en œil-de-chat ou quelque paire de boucles d'oreilles en rubis — le rouge sied si bien aux brunes! — ne l'eût pas irrésistiblement séduite.

De peur qu'ils ne fussent vendus du jour au lendemain, elle se faisait apporter tout de suite les bijoux, dont elle passait à son Eusèbe les notes, sur lesquelles le bijoutier la gratifiait d'une remise d'à peu près moitié. A aucune époque, le grand Félix n'avait fait luire de pareilles épingles de cravate au gaz des cafés du boulevard extérieur.

Ce diplomate sans le savoir, intéressé par ricochet dans la *Société africaine*, où, seul de tous ceux qui y étaient entrés, il ne courait aucun risque, suivait même depuis quelque temps d'un regard serpentin le développement de l'autorité conquise par la juive sur les facultés physiques, morales et intellectuelles du « gros bourgeois » auquel elle s'était cramponnée.

L'amour est enfant de Bohême. Il suffisait que le Molyneux les surprît un jour tous deux faisant un bésigue chinois dans la cuisine, pour que les écailles tombassent des yeux de cette huître. Accoutumé qu'il était maintenant à bien vivre, le grand Félix aurait toutes les peines du monde à se remettre à courir le cachet. Pourquoi Déborah ne prendrait-elle pas des gages? Tiens! on n'était jeune qu'une fois, et quand on retombait dans la misère, les gens, au lieu de vous venir en aide, vous cornaient :

« Tant pire ! fallait mettre de côté quand vous pouviez le faire. »

C'était au café du Delta que ces réflexions lui étaient venues. Il se leva, courut tout d'une traite chez Déborah, et, l'ayant fait demander par Mikaële, il lui donna rapidement cet ordre très bref, mais très précis :

— Il y a plan ! Sois ce soir, à huit heures, chez moi. J'ai à te parler, et pas devant la bonne.

Puis il disparut. Elle se le tint pour dit, et à huit heures elle descendait d'une voiture de place devant le n° 153 du boulevard Rochechouart, presque à l'angle d'une rue à souteneurs, renommée pour ses attaques nocturnes.

Sans peur aucune et du pas résolu d'une femme qui en a vu bien d'autres, elle s'enfourna dans une allée juste assez éclairée pour qu'on ne s'y cassât pas le cou, par un quinquet à pétrole dont l'odeur vous suffoquait. Elle monta avec prestesse et sérénité un escalier difforme, dont le bois spongieux s'écalait sous ses pieds comme du brou de noix. Elle balaya ainsi quatre étages du bas de sa jupe de soie et s'arrêta devant une porte dont le vernis jaune était zébré d'inscriptions qui en faisaient une sorte de carte postale : *Viens me rejoindre au café. — Rentrerai à trois heures. — Aller me chercher au restaurant de la rue Viollet-le-Duc.*

Déborah tourna la clef, qui était à peu près à demeure dans la serrure, et entra dans une pièce à plafond bas, qui ressemblait à l'antichambre d'une tireuse de cartes. Le papier bleu de la muraille perçait entre des affiches de spectacle, des gravures du *Monde illustré* et des charges du *Journal amusant*, collées à la queue leu leu, sans une ombre de méthode. On ne sait pourquoi, une grosse mappemonde montée sur une armature de cuivre s'arrondissait dans l'angle de gauche, apportant la note scientifique dans ce milieu caricatural.

Elle traversa sans s'y arrêter ce musée disparate et entra dans une autre pièce qui, avec une cuisine dont l'évier mangeait les trois quarts, composait toute la résidence du grand Félix. Il eût été certainement en mesure, surtout depuis la création de la *Société africaine*, de se permettre plus de confort. Mais il habitait depuis longtemps déjà cet appartement à porte jaune, et il y avait ses habitudes.

Elle le trouva assis, en tricot de laine brune, sur un pouf graisseux, devant une table en acajou ovale sur laquelle, en l'attendant, il se faisait une réussite. Il lui dit :

— Bonjour, je suis à toi !

Et il continua son travail, que Déborah suivait en lui indiquant les cartes à prendre :

— Tu oublies ces deux rois-là. Voyons ! tu es donc fou ? tu prends un huit avec un sept.

Puis, il serra les cartes dans le tiroir de la table ; et, se plaçant bien en face d'elle, leurs genoux se touchant, il lui dit d'une voix grave :

— Maintenant, veux-tu causer ?

— Oui, dit-elle, mais je n'ai pas beaucoup de temps. Il doit rentrer sur les dix heures.

— Si tu m'écoutes bien, nous n'en avons pas pour longtemps.

Alors, il lui développa le grand projet que renfermait cette formule mystérieuse : « Il y a plan ». Molyneux était certainement un de ces « pantes à la voile » à qui on pouvait faire prendre des aloses pour des carpes ; mais ce sont quelquefois les plus « gnoles » qui deviennent les plus « rossards », quand ils veulent s'en mêler. Cet homme-là était tout neuf. « Le premier chameau un peu bien coiffé qui lui chatouillerait le creux de la main serait capable de te le souffler », ajoutait-il.

— Évidemment, fit Déborah ; mais si tu savais comme il est bête ! Je lui ai fait croire que, s'il me trompait, je lui donnerais un coup de couteau, et que je me tuerais après.

— Oui, mais il n'est pas député, lui : il se fiche du scandale. Et puis, tu ne le ferais pas. Nous autres, nous le ferions, mais toi tu ne le ferais pas.

Elle baissa la tête, avouant implicitement ainsi que, dans les questions de coups de couteau, Félix était, en effet, son maître.

Il poursuivit, lui faisant toucher du doigt ce que cette situation avait d'aléatoire. Pourquoi ne pas battre le fer qui, à aucun moment, ne pouvait être plus chaud ! Il l'aimait, n'est-ce pas, elle en était parfaitement sûre ?

— Oui !

Il était hors d'état de lui rien refuser?

— Oui !

— En ce cas, dit le grand Félix, tu es la dernière des dernières si d'ici à trois mois tu ne t'es pas fait épouser.

— Comme tu y vas ! s'exclama la juive. Et si c'est son idée de rester garçon, à c't' homme !

— Si c'est son idée, tu lui en feras changer, voilà tout !

— J't'en moque ! Ça ferait un joli grabuge dans sa famille. J'ai déjà vu au bureau une vieille cousine à lui, avec un châle à crever de rire. Elle en sauterait en l'air, la brave dame.

— Quand elle aura sauté en l'air, a retombera en bas. C'est pas pour sa famille qu'on se marie, c'est pour soi.

Et, les mains dans les poches de son pantalon sans bretelles, les épaules remontées jusque dans le cou, promenant tout autour de lui des regards de condamné à mort, il se mit à arpenter sa petite chambre avec l'impatience d'un maître peu disposé à se laisser contre-carrer dans ses combinaisons.

— Mais enfin, fit observer Déborah, qui ne demandait qu'à être éclairée, pourquoi tiens-tu tant à me coller pour la vie à ce raseur ! Quand je serai sa femme ça me fera une belle jambe !

— J'y tiens, parce que j'ai un second plan, dit le grand Félix, d'une voix plus basse. Tu ne devines pas ?

— Ma foi non ! Je trouvais que le premier était déjà pas mal corsé.

Félix ne fit aucune difficulté de l'initier à ce second plan, corollaire et complément de l'autre. Une fois mariée sous le régime du « au dernier vivant les biens », naturellement, Molynéux ayant les biens et devant selon toute prévision être le premier mort — d'ailleurs, on s'arrangerait pour avoir un enfant qui empêcherait la fortune de s'égarer — Déborah n'avait pas besoin de plus d'une couple d'années pour se débarrasser de son financier, au cas où il l'embêterait outre mesure et où elle éprouverait une soif de liberté par trop irrésistible.

— Comment ! fit-elle étonnée, tu t'imagines que....

Et elle fit le geste de donner un coup de couteau.

— Mais, mon Dieu ! que tu es bêbête, ma chérie ! répliqua immédiatement le grand Félix. Quand tu auras tout à fait assez de lui, est-ce que tu auras besoin de *lingue*(1) pour en finir? En moins d'un an de temps, une belle fille comme toi, si elle veut se donner un peu de mal, est fichue de l'éreinter qu'il ne puisse seulement plus remuer ni pied ni patte.

— Tu es bon, toi ! se récria l'ancien modèle. On ne tue pas un gaillard de cette force-là aussi facilement que tu te le figures.

— Allons donc ! fit-il, en secouant ses épaules en

(1) Lingue : couteau en argot du bagne.

signe d'incrédulité, avec ça que tu n'as pas rendu le petit Dalifol poitrinaire, en un tour de main.

— Que c'est malin, parbleu ! riposta-t-elle ; quand je l'ai pris, il ne tenait déjà pas debout.

— Tu nous ennuies, insista Félix ; tu lui fais passer les nuits au bal, tu te fais mener au théâtre tous les soirs. C'est un homme qui transpire facilement ; quand il aura bien chaud, tu t'arrangeras pour le placer dans des courants d'air. Une bonne pleurésie est bien vite attrapée.

— Eh bien ! supposons que j'y arrive. Le v'là mort. A quoi ça nous sert-il ?

— Ça nous sert d'abord à être débarrassés d'une vieille colle-forte, fit judicieusement remarquer le grand Félix, mais ça nous sert aussi à autre chose. Moi, voilà que je vais sur mes vingt-sept ans. Je ne peux pas toujours traîner mes guêtres. Je les traîne depuis assez longtemps, nom d'un chien ! Lui parti, nous nous remettons tout à fait ensemble et, sitôt ton deuil fini, nous nous marions comme deux amours. Ce n'est donc pas gentil, ce projet-là ?

La perspective de mourir épouse légitime de celui dont elle avait naguère raccommodé les casquettes, ne parut sourire que modérément à la juive, qui avait rêvé un autre dénouement à sa vie agitée. Cependant, la possibilité de se faire épouser par le directeur-gérant de la *Société africaine*, possibilité à laquelle elle n'avait jamais songé, constituait pour elle une élévation de grade dont la gloriole la caressait mollement. Elle dit à son inspirateur ordinaire :

— Tu as une façon à toi d'arranger les choses. D'abord, je veux que le loup me croque si je saurais comment m'y prendre pour lui pousser une botte de cette longueur.

— C'est ton affaire, riposta le grand Félix. Je fais mon état, tâche de faire le tien.

Il était neuf heures et demie. Elle n'eut que le temps de donner à son compagnon un de ces baisers qu'elle réservait pour lui seul, et remettant son chapeau en hâte, elle lui dit en riant :

— Me v'là maintenant avec deux maris. Elle est tout de même bien bonne!

— Oh ! moi, répondit-il, c'est parce que je commence à avoir envie d'être tranquille; et puis je veux pouvoir veiller à ce qu'après l'autre tu ne te toques pas de quelque joli mufle qui te boulotte toutes tes économies. Je vous connais, vous autres!

Elle accepta sans observation cette leçon sévère mais juste, et gagna le palier, où Félix l'accompagna. Il descendit même un étage derrière elle en tenant son bougeoir au-dessus de la rampe, afin de lui épargner une chute.

Quand elle fut en bas, elle lui cria :

— J'y vois maintenant. Adieu, Félix !

A quoi il répondit d'une voix gouailleusement amicale.

— Adieu, Madame Molyneux!

XI

PROPOSITIONS DÉSHONNÊTES

A dix heures moins dix, Déborah était chez elle; à dix heures cinq, M. le directeur y entrait joyeux et sifflotant. Il était en tendresse et commença à l'embrasser sur le cou, lui balayant les joues de ses cheveux rudes, frisotés comme de l'astrakan.

Elle le reçut inerte, les lèvres impassiblement closes et les yeux distraits.

Il s'assit et se mit à raconter les incidents de la journée, qui avait été bonne : les *Société africaine* avaient monté de 10 francs. Elle n'interrompit pas une seule fois son soliloque, affectant de lui faire ce que dans le monde loustic on appelle une « muette »; au point qu'il lui demanda :

— Est-ce que tu es malade ? Tu n'ouvres pas la bouche.

— Moi? du tout, fit-elle, je suis comme à mon ordinaire.

. Et elle tourna la tête du côté de la fenêtre, mettant sa main sur sa poitrine, dans l'intention mal dissimulée d'y renfoncer un soupir qui tentait de s'en échapper.

Par un mouvement brusque mais affectueux, il l'obligea à se replacer en face de lui :

— Tu as quelque chose, j'en suis sûr, s'écria-t-il; on jurerait que tu as pleuré.

— Mais non, mais non, répondit-elle. Ce sont des idées que vous vous faites.

— Pourquoi vous, réclama-t-il; voilà que tu me vousoies miantenant?

Ce : « Tu me vousoies » donna envie de rire à Déborah, qui se plongea à temps la figure dans un des coussins du canapé.

Molyneux fut tout de suite aux cent coups. Il cherchait par quel crime de lèse-idole il avait bien pu l'offenser.

— Voyons, répétait-il, ne me fais pas de méchancetés. As-tu envie d'un bijou? Tu sais bien que je ne suis pas homme à te le refuser.

— Moi, un bijou! dit-elle en haussant les épaules de l'air d'une femme qui est à cent lieues de pareilles mesquineries.

Et, se levant toute droite, elle alla d'un pas solennel jusqu'à un petit « bonheur du jour » en bois de violette, dont elle ouvrit le tiroir qui contenait tous ses écrins, et dit d'un ton détaché :

— Tenez, reprenez tout cela. Vous me ferez plaisir. Voilà comment j'ai envie d'un bijou.

8.

Un homme un peu dans le mouvement se fût tranquillement bourré les poches de cette joaillerie dédaignée, et il est probable qu'en constatant son tiroir vide, Déborah se fût empressée de reconnaître ses torts. Molyneux ne songea pas une minute à tenter l'épreuve. Il se contenta de lui jeter piteusement cette interrogation attendrissante :

— Tu ne m'aimes donc plus ?

A cette question qui était un appel, elle revint vers lui et, promenant convulsivement ses doigts dans son astrakan, elle lui dit, comme à bout de forces :

— Si, je t'aime toujours, mais je suis si malheureuse !

Ce mot-là exigeait une explication ! Malheureuse ! il lui comptait environ quinze mille francs par mois, en dehors des écrins dont elle faisait si peu de cas, mais dont les factures acquittées n'attestaient pas moins la valeur. Au minimum une robe par semaine, quatre par mois, cinquante-deux par an : tel était le bilan de la couturière, qui laissait intact celui de la modiste. La carrosserie, qui passait pour appartenir exclusivement à Molyneux, bien qu'elle servît à Déborah — exclusivement aussi, n'entrait naturellement pas en ligne de compte.

Et avec tous ces éléments de félicité, elle était non-seulement malheureuse, mais « si malheureuse, » c'est-à-dire malheureuse comme on ne l'est pas, malheureuse au superlatif. Sous ce « si », qui n'avait rien de conditionnel, il flairait un secret terrible peut-être, douloureux à coup sûr, et il prit subitement la résolution de ne pas quitter la place avant de l'avoir pénétré.

Après des difficultés sans nombre et des réticences entrecoupées de mouchoir sur les yeux, elle se décida à se laisser arracher la cause de sa tristesse. Dans les premiers jours qui avaient suivi sa faute, elle avait passé presque gaiement par-dessus les irrégularités de sa position.

— M'avez-vous jamais entendu me plaindre? fit-elle, le prenant à témoin de sa résignation.

— Non, fit avec conviction Molyneux, qui, la veille encore, avait fermé les fenêtres de peur que les éclats de rire de Déborah ne fussent entendus de la rue.

Mais les humiliations, les avanies même n'avaient pas tardé à la ramener au sentiment de la poignante réalité. Oui, les avanies! Elle était sortie, sur les quatre heures, pour aller au magasin du Louvre rassortir des dentelles. Eh bien! au moment où on lui avançait sa voiture, elle avait parfaitement entendu deux employés de la maison tenir sur elle les propos suivants :

« Tu vois, disait l'un, cette belle brune (c'est l'employé qui parle) : c'est la femme de M. Molyneux, le directeur de la *Société africaine*.

— Elle, sa femme! avait répondu l'autre en haussant grossièrement les épaules; si tu disais : sa maîtresse!

Trois jours auparavant, elle avait décacheté, au bureau de la Chaussée-d'Antin, une lettre d'invitation à un bal que devait donner un grand banquier — lequel? elle ne s'en souvenait seulement pas, car, dans sa colère, elle avait déchiré la lettre — qui était rédigée en ces termes :

« Monsieur et Madame (impossible de se rappeler le nom) ont l'honneur d'inviter Monsieur et Madame Molyneux à venir passer chez eux, rue... (le nom de la rue lui échappait également), la soirée du... » (elle n'avait pas seulement regardé la date); et plus bas : « On dansera. »

En résumé, elle était femme comme les autres, elle aurait été très heureuse d'aller à ce bal; mais sous quelle dénomination s'y présenter, et qu'aurait pensé le banquier en apprenant que sa bonne foi avait été surprise? Car, chose extraordinaire, tout le monde les croyait mariés.

« Tu as l'air si comme il faut! » fit remarquer Molyneux.

Ils en étaient réduits à aller ensemble au théâtre dans des loges grillées. C'est à peine si, pendant les entr'actes, elle osait aller prendre un peu le frais dans les couloirs. Elle ne lui reprochait rien : elle n'avait qu'à ne pas céder. Si elle avait été moins confiante, moins bête, pour tout dire, elle se serait contentée, comme la plupart de celles qui font aller les hommes, de s'en tenir à la coquetterie. Mais on ne se refait pas. Si une chose au monde répugnait à sa nature, c'était de jouer la comédie;

— Dans ces conditions, conclut-elle, ne valait-il pas mieux se séparer? Elle en souffrirait, c'était évident; mais, après tout, une femme est bien sotte de sacrifier sa vie et sa réputation à un homme qui, les trois quarts du temps, était incapable d'apprécier le sacrifice! Elle reprendrait au moins son rang dans le monde, et elle aurait le droit de s'y présenter « le front haut ». On resterait bons amis, cependant, et, si elle avait besoin d'un service, elle lui jurait qu'elle ne s'adresserait pas à un autre qu'à lui.

Malgré la promesse de cette préférence flatteuse, l'Auvergnat demeura littéralement stupide devant cette dénonciation de traité. Il se leva de sa chaise, et, agitant les mains comme un homme à l'eau, il s'écria d'une voix congestionnée :

— Alors c'est une rupture? Maintenant que tu vois que je ne peux plus me passer de toi, tu veux me quitter. Ah!... j'aurais dû m'y attendre.

Il était difficile de se livrer plus complètement. Déborah tenait les menottes, et il tendait le bras pour qu'elle les lui attachât au poignet.

— Allons donc! fit-elle impétueusement; quand on ne peut pas se passer des gens, on ne les laisse pas insulter par des garçons de magasin.

Il crut qu'elle allait exiger de lui l'envoi de témoins aux employés du Louvre; mais elle continua avec véhémence :

— Mais non, il y a longtemps que je suis fixée là-dessus : vous n'avez aucune estime pour moi; vous me considérez comme la première venue, comme une fille.

Elle jeta ce mot « fille » dans un sifflement de dégoût, comme si ses lèvres en avaient été contaminées. Molyneux, bloqué sur une chaise, au beau milieu du salon, s'abîmait dans un remords rehaussé de quelque orgueil, à la pensée que lui, chétif, avait brisé l'avenir de cette charmante femme.

— Voyons, parle! dit-il, sortant tout à coup de sa torpeur, je suis prêt à tout pour réparer mes torts.

Elle s'imagina que l'affaire était enlevée. Elle attendit donc qu'il donnât une suite à sa proposition. Mais, dans l'esprit de Molyneux, réparer ses torts, c'était acheter une voiture de plus ou renouveler le mobilier de la salle à manger. Constatant que rien ne venait, Déborah se décida à formuler elle-même la question en litige :

— Ceux qui aiment épousent, dit-elle, et ceux qui refusent d'épouser, c'est qu'ils n'aiment pas.

Cette phrase, qu'elle lui servit coupée par tranches, tomba syllabe par syllabe, comme une douche glaciale, sur la tête de l'Auvergnat. Il lui avait caché sa situation d'époux et de père, pour plusieurs motifs :

D'abord, parce qu'il s'était forgé cette idée, ayant cours peut-être à Clermont-Ferrand, qu'un homme marié a perdu toute qualité pour demander à une femme de jeter les yeux sur lui;

En second lieu, parce qu'il prêtait à Déborah un sentiment trop haut de sa dignité pour la supposer capable d'agréer les hommages d'un impertinent qui oserait lui offrir de couper la poire en deux.

Enfin, leur union définitivement cimentée par tant de sacrifices de part et d'autre, il tremblait qu'en apprenant à quel point elle avait été abusée par le monstre à qui elle s'était fiée si imprudemment, elle ne lui flanquât à la tête les bijoux, les meubles et les chevaux même qu'elle tenait de lui, et le consignât pour le restant de ses jours à cette porte qu'il aimait tant à franchir.

D'ailleurs il avait brûlé ses derniers vaisseaux le jour où, interpellé devant elle par Cotignat sur la présence de madame Molyneux, en châle-tapis, dans les bureaux de la *Société africaine*, il l'avait déclarée comme une « vieille » cousine de province, par extraordinaire et pour cette fois seulement en promenade à Paris.

Il eût rougi jusqu'à la racine de ses cheveux crépus si quelque événement l'avait obligé à avouer que cette prétendue cousine était sa compagne légitime, et que, depuis un an, il se partageait entre cette matrone et la svelte Déborah.

Ainsi, quand elle se donnait à lui, elle croyait

Suivre un époux

à l'instar de la Léonor de la *Favorite*, qu'ils étaient allés voir la semaine précédente. Et lu l'avait trompée, abusée, égarée. En commettant l'offense, il savait que la porte était fermée à toute réparation. Il prenait le plaisir et lui laissait la honte. Autant que les indemnités pécuniaires peuvent boucher les brèches de l'honneur, il avait, il est vrai, appliqué, en guise de taffetas d'Angleterre, sur les blessures faites à la réputation de Déborah, des paquets de billets de banque qui représentaient un sérieux pansement. Mais il fallait bien admettre qu'elle s'estimait plus que tous les joyaux et les mètres d'étoffes dont il la couvrait, puisque, un instant auparavant, elle lui disait avec un geste qu'il n'oublierait de sa vie :

« Voilà tous mes écrins. Reprends-les. »

Est-ce que ce n'est pas aussi dans la *Favorite* que le ténor chantait :

Va-t'en ! ton roi t'appelle
Pour t'y couvrir de honte et d'or.

Pendant un moment il fut pris de la furieuse démangeaison de se jeter à ses genoux, de les lui embrasser en lui disant :

« Je suis un lâche et un paltoquet. J'ai dix-neuf ans de mariage sur le dos et une fille de dix-huit ans qui habite avec sa mère, rue Perronnet, à Neuilly. »

Puis après? C'était la rupture. Qui l'assurait qu'à cette horrible révélation elle ne se jetterait pas par la fenêtre? Il fallait se défier de la violence des femmes brunes. Il y en avait qui se tuaient, puisque la colonne des suicides s'allongeait tous les jours davantage dans les journaux.

D'autre part, continuer cette infâme comédie et se borner à lui répondre qu'il préférait le célibat au mariage, c'était s'exposer à se faire reconduire jusqu'à la naissance de l'escalier par le cocher — qu'il payait. Il se mit à arpenter le salon, cousant ensemble des mots sans suite qui ressemblaient à des hoquets :

— Est-il possible !... nous étions si heureux !... Qui est-ce qui aurait dit, ce matin, que ce soir ?...

Et il se rasseyait, changeant de fauteuil, croisant l'une sur l'autre ses jambes qu'il décroisait aussitôt. A la fois belle et effrayante dans son impassibilité, Déborah suivait de l'œil les dislocations de cet effaré. Quand elle le jugea à point pour un suprême assaut :

— C'est bien, monsieur Molyneux, dit-elle, puisque vous n'avez pas le courage de prendre un parti, je sais ce qu'il me reste à faire.

Ordinairement, quand une femme dit : « Je sais ce qu'il me reste à faire », c'est qu'elle l'ignore. A tout hasard, elle sonna sa bonne, dont la tête noiraude apparut si vite, que c'était à la supposer aux écoutes derrière la porte.

— Mikaële, un chapeau ! fit Déborah.

C'était fini ! Elle ne voulait pas se tuer, mais elle allait partir. C'était trop peu de ne plus le tutoyer. Voilà que maintenant elle l'appelait « monsieur ». Et elle le plantait là. Il n'y avait pas à en douter, puisqu'elle venait de demander un chapeau. Où allait-elle passer la nuit? Dans une chambre d'hôtel, sans doute. Déborah ! coucher dans des draps publics, qui n'avaient peut-être pas été changés ! Sans compter que, quand on la verrait arriver à une heure aussi indue, on ferait peut-être des difficultés pour la recevoir.

Mikaële ne se pressait pas de revenir. Cependant, il l'entendait fourgonner dans les cartons où, parmi tant de chapeaux de toutes formes, de toutes couleurs et de toutes garnitures, elle avait sans doute quelque peine à mettre la main sur celui qui convenait à une femme quittant, pour n'y plus remettre les pieds, son domicile, à minuit moins un quart.

Le moment était solennel. Aurait-il la force de briser ces liens qui le garrottaient si voluptueusement, de détacher à jamais de son cou hâlé ces bras qui s'y enlaçaient avec des pressions si chaudes ? Non ! Se sentait-il assez d'aplomb pour surmonter la honte et surtout le ridicule d'une confession générale ? Non ! Eh bien ! alors, il ne lui restait qu'à composer avec sa faiblesse et sa couardise ; de sorte qu'après avoir parcouru le cycle de toutes les résolutions à prendre, il se décida pour celle à laquelle on s'arrête presque toujours, soit en politique, soit en amour : il chercha à gagner du temps.

Il alla à elle, la saisit frénétiquement par la taille et, la collant contre sa poitrine, il lui balbutia ces mots saccadés :

— Ne soyons plus fâchés... Je ne dis pas non... nous verrons... un peu plus tard... Tu comprends : il faut que j'y repense.

« Je ne dis pas non » équivalait à : Je dis oui. Quant au : « Plus tard », cet ajournement l'effrayait peu. Elle trouverait bien moyen de rapprocher les échéances.

Au lieu de se tirer de son mensonge, le fourbe Molyneux s'y était donc enfoncé davantage. Promettre et tenir sont deux, surtout en fait de mariage. Mais quand le prometteur est déjà marié, la promesse se transforme en trahison.

Déborah, affectant de ne tenir aucun compte des calendes auxquelles il renvoyait la cérémonie, profita de ce qu'il la tenait par la taille pour se laisser choir sur ses genoux, et l'étourdissant d'un de ces longs baisers appris à l'école du grand Félix, elle ne crut pas dépasser les bornes de l'invraisemblance en lui décochant cette phrase, qu'il eut la candeur d'accepter comme inédite :

— Ah ! tu me rends plus que la vie : tu me rends l'honneur !

C'était le lendemain même de cette scène que Molyneux, ayant obtenu de Déborah, pressée d'aller rendre ses comptes boulevard Rochechouart, un congé qu'il ne lui demandait pas, tomba rue Perronnet pour s'entendre demander la main de sa fille par le père du jeune Nephtali Coindet.

D'un coup d'œil il sonda l'impasse où il s'était engagé. Caser Adeline lui souriait beaucoup. C'était la moitié de son remords qui s'en allait. Mais le mariage de la fille du directeur de la *Société africaine* ne passerait certainement pas inaperçu, à une époque de reportage aussi expansif. Il suffisait qu'un journal en parlât pour que tous les autres, jaloux de paraître bien informés, répétassent servilement l'information. Tous les employés de la *Société* apprendraient l'événement et en feraient nécessairement part à Déborah, qui ne démarrait guère de la maison de la Chaussée-d'Antin, dont les bank-notes l'attiraient. C'était donc à bref délai la découverte d'un pot-aux-roses que la nerveuse créature ne manquerait pas de lui casser sur la tête.

En outre, il y avait, de sa part à lui, un engagement dont cette malheureuse femme, endommagée dans ce qu'elle avait de plus cher au monde, était peut-être en droit de demander l'exécution devant les tribunaux. En tout cas, elle ne le reverrait jamais, si ce n'est pour lui lancer au visage des crachats qu'il n'aurait certes pas volés.

Il avait, en conséquence, feint de prendre les choses de très haut avec le pasteur, bien qu'en somme Adeline n'eût encore aucune fortune liquide : ses appointements de directeur, qui seuls faisaient foi devant la famille du jeune homme, n'étant que de trente mille francs par an, et tout le reste — que Déborah engloutissait d'ailleurs — provenant de profits et pertes que la décence interdisait de mentionner dans un contrat.

La mère Molyneux, qui n'avait jamais pénétré le

secret de sa fille, se mit à rire, en collaboration avec son mari, des prétentions de cet étrange voisin, qui avait jeté ainsi les yeux sur Adeline, qu'elle persistait à regarder comme une enfant de six ans. Mais quand, après le départ de son mari, elle la vit le soir, au dîner, rester figée et pâle comme une morte, devant son assiette, son cœur maternel se déchira :

— Ah çà! tu l'aimes donc? demanda-t-elle.
— Oui, maman, dit la petite.
— Mais tu ne m'en as jamais parlé?
— Il n'y a pas longtemps que je le sais.

Et comme elle s'était levée pour monter dans sa chambre, sa mère se leva aussi, et les deux femmes s'étreignirent, la fille sanglotant, la mère essuyant avec sa manche de grosses larmes qui lui balafraient la figure.

— Allons! ne pleure pas, ma chérie, allons! ne pleure pas, ma petite louloute, répétait madame Molyneux en la tapotant sur l'épaule; ton père n'a pas dit son dernier mot. Quand il te verra si chagrine, il cédera. Tu sais bien qu'il n'est pas méchant. En attendant, ajouta-t-elle sans y chercher malice, nous dirons à ce jeune homme de venir nous voir le plus souvent possible. Ça te consolera toujours un peu.

XII

TOUT EST ROMPU

En moins de huit jours, Adeline perdit tout le bénéfice du « bon air » que Molyneux l'avait envoyé soi-disant respirer à la campagne. Sa poitrine, qui commençait à saillir, rentra dans le rang. Elle redevint fluette et transparente comme un verre de lampe. Ses cheveux même prirent des teintes froides et ternes comme si la sève s'en retirait. Ses lèvres et ses paupières se plombèrent. Elle tint bon pendant trois semaines, évitant de raviver son chagrin par des rencontres sans issue entre elle et Nephtali. Mais cette facilité de le voir rendait la lutte plus fatigante. Pour ne pas céder à la tentation de descendre toute la journée dans le jardin, elle prit le parti de s'aliter.

Lorsque son père, arrivant inopinément une après-midi, l'aperçut toute blanche dans ses petits rideaux, il eut une suffocation terrible. Il n'y avait pas de doute : c'était lui qui la tuait. Madame Molyneux le regardait, tout en remuant un morceau de sucre dans une tasse de mauve qu'elle apportait à leur fille. Il comprit que sa résistance touchait au crime. Alors, avec la lucidité que donne quelquefois la peur, il imagina d'un bloc la combinaison suivante :

Neuilly était une commune suburbaine, le bruit qu'y faisaient les publications de mariage ne devait guère franchir le fossé des fortifications. On obtiendrait une réduction du temps prescrit pour l'affichage des bans. Toutes les chances étaient donc pour que ces préliminaires échappassent à Déborah. Toutefois, comme il fallait compter avec sa pénétration toujours aux aguets, il prétexterait un voyage en Angleterre, où il l'inviterait à l'accompagner. Ils y resteraient un mois environ, et à leur retour tout serait terminé.

La famille du jeune homme serait surprise de cette absence d'un père à la noce de sa fille ; mais les affaires avant tout.

Ce plan adopté aussitôt que conçu, il s'approcha du lit d'Adeline, qui eut un mouvement de recul, car sa prescience féminine lui disait que la dame de l'avenue du Bois-de-Boulogne était pour quelque chose dans son malheur. Mais toutes ses préventions tombèrent devant ces paroles libératrices :

— Allons, remets-toi, ma bonne fille. Ta mère m'assure que tu tiens à être la femme de ce M. Coindet. Moi, je ne demande qu'à te savoir heureuse. Du moment où ce jeune homme te plaît, marchons! Si tu veux, je vais aller aujourd'hui, tout à l'heure, m'excuser auprès du père; et s'il persiste à vouloir te donner son fils, c'est une affaire conclue.

Les lèvres d'Adeline se déplombèrent instantanément. Elle allongea hors du lit ses deux bras nus, prit son père par la tête et l'embrassa à même sa toison.

Une heure après elle était levée et, après avoir bu deux bols de lait que lui imposa madame Molyneux, elle attendait dans le salon que son père lui rapportât la réponse du pasteur, chez lequel il s'était rendu tout de suite afin de s'engager lui-même.

La perspective de passer un mois à Londres, maritalement avec sa Déborah, n'était pas ce qui lui souriait le moins dans ce scénario. Là, au moins, il était sûr qu'elle ne le menacerait pas de le quitter.

— Voilà qui est convenu, dit-il en rentrant. Ce brave pasteur a été charmant. Il a parfaitement compris que je ne pouvais pas prendre une détermination avant de t'avoir consultée. Quant au fils, qui est un beau garçon, ma foi... — ah! mâtine, tu sais les choisir — il ne se tenait plus de joie. Il en pleurait. Rien ne m'émotionne plus que de voir pleurer un homme. Nous nous sommes embrassés comme deux pauvres. L'époque du mariage n'est pas encore fixée, mais ce sera certainement pour bientôt; d'autant plus que je serai peut-être obligé de partir un de ces jours pour un important voyage, ajouta-t-il, plantant un premier jalon.

Le soir même, il en planta un second: Déborah

l'attendait, assise dans la salle à manger, brodant au plumetis à la lumière de la lampe ; car, depuis sa grande explication avec Molyneux, elle se donnait volontiers des airs d'épouse légitime. Ils n'avaient pas traité à nouveau la question matrimoniale, mais tout indiquait qu'elle ne cessait de les préoccuper l'un et l'autre.

— Je vais être, sans doute, obligé de partir pour Londres, entama Molyneux. J'ai à m'entendre avec le propriétaire d'une grande usine pour une livraison considérable de nickel.

Déborah eut un sursaut. Elle flairait quelque échappatoire ; mais il continua :

— Tu ne connais pas l'Angleterre. Moi non plus, du reste. Si tu veux, nous ferons le voyage ensemble.

L'inquiétude de la juive se tourna en ravissement. Elle crut comprendre que ce départ pour la Grande-Bretagne, qui a la spécialité des hymens difficiles à célébrer à Paris, avait pour but l'accomplissement de la promesse qu'elle lui avait extirpée quelques semaines auparavant. Tout voleur redoutant instinctivement les gendarmes, elle attribuait ses hésitations premières à quelque fâcheuse découverte qu'il aurait faite dans son passé de coureuse d'ateliers, et dont il ne lui avait jamais parlé par discrétion. Elle songea que, dans ces conditions, il ne serait peut-être pas flatté outre mesure de se rencontrer nez à nez, à la sortie de la mairie, avec un monsieur qui serait en mesure de lui dire :

9.

« Tous mes compliments! Vous verrez ce soir comme votre femme est bien faite. »

En veillant attentivement sur les légalisations, publications et affichages, et en se mariant à l'ambassade de France, tout était aussi régulier qu'à la première mairie venue, et on n'était pas exposé à des surprises qui, si elles sont gênantes après, le sont bien davantage le jour même.

Elle redoubla de douceur et de soins minutieusement prémédités envers celui que, dans les épanchements qu'elle s'évertuait maintenant à rendre presque chastes, elle appelait déjà son « petit mari ».

Lui ne répondait pas, se bornant à se répéter tout bas :

« Le jour où ça éclatera, quelle explosion! »

Depuis qu'elle regardait comme à elle la fortune du directeur de la *Société africaine*, elle s'attelait aux plus courageuses économies. Il n'y eut plus que trois plats au dîner; si bien que Molyneux, qui, dépensant beaucoup de forces, avait besoin de les réparer à proportion, était souvent obligé de redemander un peu de viande. Elle commanda silencieusement un trousseau modeste, d'où le tapage était délibérément exclu. Elle cousait, elle cousait comme si elle avait eu l'intention de regagner par son travail les quinze mille francs par mois qu'elle avait dépensés à son futur depuis un an; et, tout en cousant, elle roucoulait :

> Cours, mon aiguille, dans la laine;
> Ne te brise pas dans ma main!

de la même bouche qui entonnait naguère :

> Un hussard, la veille des Rois,
> Vint faire boucan chez une harengère
> Un hussard, la veille des Rois,
> Vint faire boucan chez un marchand d'anchois.

A quelques kilomètres de là, il se confectionnait un autre trousseau dont on faisait durer le choix et la recherche comme on fait durer le plaisir. Nephtali, qui n'était plus contraint à causer par-dessus le mur, du haut de sa butte, prenait part à ces consultations féminines, car il ne quittait plus guère la maison Molyneux. L'amour est aveugle, mais il n'est pas sourd. Il s'était étonné, au début de leurs relations, des monstruosités grammaticales que la mère d'Adeline émettait avec l'imperturbabilité d'une conscience pure. Puis, il s'était accoutumé à ces irrégularités dont le regard suppliant de sa fiancée lui demandait si gentiment pardon.

On passait les soirées à répéter ce qu'on avait dit dans l'après-midi, et l'après-midi à se raconter les choses de la veille au soir. Molyneux avait particulièrement recommandé à sa fille de ne pas ébruiter l'événement, un mariage ne pouvant passer pour accompli que le lendemain de la noce. Ce mystère ajoutait encore à leur bien-être une douceur mystérieuse qui les enchantait. Il y avait dans leur amour un côté caché qui l'assimilait presque à une intrigue clandestine.

Nephtali, qui avait dîné chez les Molyneux, rentrait un soir chez son père, qu'il croyait déjà couché et qui l'attendait debout dans le cabinet de travail où il élaborait ses brochures. Son attitude était celle d'un juge. Ses yeux ombragés par des sourcils farouches luisaient comme deux mousquets derrière un buisson.

— Le savais-tu, dit-il d'une voix rauque, et, après avoir renié Jésusse lui-même, as-tu poussé le mépris de l'autorité paternelle jusqu'à m'entraîner dans un piège?

— Que me racontes-tu là, papa? fit Nephtali, qui, bien qu'habitué aux déclamations paternelles, se demandait où tendait cette sortie.

— Eh bien! riposta le pasteur abattant tout de suite ses cartes, madame Molyneux n'est pas madame Molyneux; mademoiselle Molyneux n'est pas mademoiselle Molyneux. Cette grosse femme, dont les façons m'avaient du reste paru des plus ordinaires, est quelque ancienne maîtresse du directeur de la *Société africaine*. Elle a de lui ou elle lui a fait accroire qu'elle avait de lui la petite bâtarde dont on ne serait pas fâché de se débarrasser sur notre dos. Savais-tu tout cela?

— C'est impossible! s'écria Nephtali consterné. Adeline est trop loyale! Elle m'aurait tout avoué. D'où as-tu appris que nos voisins n'étaient pas mariés?

— D'une personne qui touche de très près à celle que M. Molyneux doit épouser ces jours-ci, répondit sèchement le pasteur.

— Le père d'Adeline... épouser... En voilà une histoire à dormir debout ! s'exclama Nephtali, presque rassuré par l'invraisemblance de l'aventure.

— Oui ! appuya Coindet relevant le défi, le prétendu père d'Adeline va se marier très prochainement... Et avec qui ? grand Dieu !... avec une de ces femmes qui souillent tous ceux qu'elles approchent.

— Voyons, papa, tu me bouleverses, dit Nephtali, voulant enfin tirer la chose au clair. Si tu as quelque mauvaise nouvelle à me donner, parle. Ce n'est pas en levant les bras au ciel que tu me renseigneras. Tu prétends que la mère d'Adeline n'est pas la femme de M. Molyneux, et qu'il va d'ici à peu de temps en épouser une autre. C'est bien cela, n'est-ce pas ?

— Oui.

— Eh bien, explique-toi : j'écoute.

Alors le pasteur conta à son fils que le hasard, ou mieux Celui « qui est là-haut » avait amené auprès d'un de ses collègues, orthodoxe comme lui, une jeune fille d'Haïti, élevée là-bas dans la religion protestante et qui y était restée fidèle, malgré les sollicitations et même les menaces des missionnaires catholiques. Cette Haïtienne était actuellement à Paris, en service chez une certaine Déborah, femme sans famille comme sans mœurs; et dans ses conversations avec son père spirituel, elle lui avait confié que sa maîtresse allait devenir la femme légitime du directeur de la *Société africaine*, avec lequel elle vivait, du reste, depuis quelque temps déjà. C'était une situation qui se régularisait.

Cette régularisation devait avoir lieu en Angleterre; et, en effet, fit observer Coindet, M. Molyneux, dans sa dernière visite, m'a donné à entendre qu'une affaire de la plus haute importance pouvant l'appeler à Londres à une époque encore indéterminée, il aurait peut-être le regret de ne pouvoir assister au mariage de sa fille.

Par extraordinaire, ou plutôt par la volonté évidente de Celui qui continue à être « là-haut », dans le dîner qui réunit tous les mois les anciens élèves de l'Oratoire du Roule, le pasteur Ottoz, le collègue en question, avait mis sur le tapis la mésalliance à laquelle se préparait le directeur d'une compagnie financière de l'importance de la *Société africaine*, déplorant que de pareilles amours pussent être légitimées.

— Il y a là quelque erreur de personne, dit Nephtali. On n'assied pas une opinion sur les racontars d'une femme de chambre bavarde, menteuse, et...

— Aussi, interrompit le père, ai-je discrètement trouvé moyen de me rencontrer chez Ottoz avec sa catéchumène. Tout ce qu'elle lui avait dit, elle me l'a répété, sans arrière-pensée aucune, puisqu'elle ignorait pourquoi je l'interrogeais. Je l'ai priée de me dépeindre au physique — le moral, hélas! je le connais — ce M. Molyneux dont il était question. Le portrait coïncidait absolument avec le personnage. Mais je ne m'en suis pas tenu là. J'ai demandé à cette fille si elle ne pourrait pas me montrer une photographie de l'ami de sa maîtresse.

— Ah! oui! en effet, c'était une idée, balbutia Nephtali, dont l'inquiétude commençait à prendre un corps.

— Comme toute peine mérite salaire, poursuivit le pasteur, je promis à cette jeune Haïtienne de lui trouver aussi un mari, de l'établir. Tu vois que je n'ai pas fait mon enquête à la légère.

— Va donc! va donc! répétait le jeune homme, qui s'impatientait.

— Précisément dans la chambre à coucher de ladite Déborah était exposée sur la cheminée, à côté de la pendule, une carte photographique qui ne laisse aucun doute sur l'identité de l'individu. Regarde et juge toi-même.

Il tira de la poche gauche de sa lévite un carré de carton enveloppé dans du papier de soie et où les traits inoubliables du coupable Molyneux étaient représentés sans illusion possible. C'étaient ses yeux ronds, son cou mastoc et le bonnet à poil auquel il ne manquait qu'une visière pour figurer une casquette.

Mais cette image était singulièrement aggravée par une dédicace libellée au dos de la carte et

portant ces mots devant lesquels il ne restait qu'à courber le front :

A Déborah, mon unique amour
pour la vie
son Eusèbe.

— C'est trop fort ! sacra Nephtali en frappant sur la table de la salle à manger un coup de poing à la disjoindre, les femmes se foutront donc toujours de nous !

Coindet père passa sur ce que cette imprécation avait d'irrégulier au point de vue pastoral et essaya de raisonner son fils :

— Maintenant qu'il ne peut subsister aucune équivoque dans ton esprit, dit-il, est-ce que tu n'as pas remarqué, comme moi, ce qu'il y avait de surprenant à entendre cette femme grossière proférer ce qu'on nomme vulgairement des *cuirs* par douzaines et se servir d'expressions qui cadraient si peu avec la position sociale qu'elle s'attribuait? C'est quelque ancienne fille de ferme avec laquelle il se sera oublié et qu'il aura claquemurée ici avec son enfant pour s'en défaire. D'ailleurs, si elle était réellement sa femme, est-ce qu'il passerait quelquefois des semaines entières sans paraître sous le toit conjugal ?

— Tu as raison ! dit Nephtali, n'ayant rien à opposer à des arguments aussi probants. Cependant, fit-il observer, à quoi leur servait-il de nous tromper sur l'état civil d'Adeline? Au dernier moment, ils auraient bien été obligés de nous le révéler.

— Ils espéraient te circonvenir assez d'ici là pour t'amener à passer par-dessus cette tare, la seule qui depuis le seizième siècle eût jamais dégradé notre famille. Je m'explique aujourd'hui le premier refus du père, que ma demande si loyale a tout à fait décontenancé : je m'en suis parfaitement aperçu. C'est depuis que, poussé par la mère et la fille, deux intrigantes, deux chevalières d'industrie, ajouta-t-il prétentieusement, il aura cédé à l'esprit du mal, qui l'a décidé à revenir sur son premier mouvement — qui était le bon.

— Donne-moi cette photographie, dit Nephtali, je vais aller tout de suite, à l'instant même, la leur porter, pour leur montrer que nous ne sommes pas leurs dupes.

Et il boutonna son paletot jusqu'au menton, ce qui est généralement l'indice des résolutions violentes.

— A quoi bon, fit judicieusement remarquer le père, mettre le doigt entre l'arbre et l'écorce? Si M. Molyneux tient à épouser cette femme qui, m'a assuré la jeune Haïtienne, appartient à la religion israélite, nous n'avons pas qualité pour en instruire l'autre, qui l'ignore peut-être. Comme ce serait honorable pour le nom que nous portons tous deux si nous allions être cause de disputes et de scandales entre des créatures qui se valent probablement! Crois-en l'expérience d'un homme qui a sondé bien des cœurs, mon cher Nephtali, tirons notre épingle de ce jeu répugnant. Ne nous mêlons plus à ces saletés-là. Nous nous en tirons sains et saufs : contentons-nous d'en remercier le Seigneur, dont la main s'est manifestement étendue sur nous.

Nephtali, suffoqué par la stupéfaction, le cœur déchiré dans sa croyance à la sincérité d'Adeline, aurait autant aimé que le Seigneur étendît sa main sur d'autres. Ce n'était pas qu'avec le libéralisme croissant de ses idées, épouser une fille naturelle lui apparût comme une opération monstrueuse ; mais, outre le rigorisme familial dans lequel il avait été élevé, s'élevait contre ce mariage l'intention évidente de l'attirer dans une espèce de traquenard. Jamais la fausse madame Molyneux n'avait, en parlant au directeur de la *Société africaine*, dit autrement que « mon mari ». La fraude n'était pas niable. D'autre part, la prochaine entrée du père d'Adeline dans un nouveau ménage indiquait le dédain dans lequel il tenait celui qu'il subissait à regret et dont il ne cherchait qu'à s'affranchir.

Aucun géomètre n'étant encore parvenu à délimiter le champ des conjectures, le fils du pasteur en arriva à douter de l'honnêteté matérielle de cette jeune fille, de laquelle il avait à peine, jusqu'ici, osé presser timidement le bout des doigts. En somme, ce n'était peut-être pas pour rien qu'elle passait, quand elle ne le connaissait que de vue, des après-midi entières dans le « petit bois », accoudée sur un pan de mur d'un mètre de hauteur, d'où elle dominait tout le jardin d'à côté?

Si, dès leurs premières relations, au lieu de se révéler à elle comme un novice, ou plus justement comme un vrai serin, il avait fait montre de quelque audace, les choses auraient sans doute tourné d'une autre façon. Les femmes ont, pour jauger un homme, un flair tout spécial. Au premier coup d'œil elles savent s'il y a en lui l'étoffe d'un mari ou simplement d'un amant. La petite voisine avait deviné, dans les regards timorés et mélancoliques de son grand dadais de voisin, une de ces bonnes pâtes qui prennent volontiers la forme qu'on veut bien leur donner. Si, le premier jour, il l'avait tout crûment embrassée sur la bouche, ils en seraient à cette heure à faire ensemble des parties de canot. Il était resté trois mois avant de se permettre de la saluer, elle le menait à la mairie : voilà !

Par malheur, cette perspicacité après coup, très utile à ceux qui n'aiment pas, constitue un médiocre palliatif pour ceux qui aiment. Il en est de l'amour comme d'un journal qui a réussi : même quand il change d'opinion, il garde encore ses lecteurs.

La fermeté qui n'était pas dans son cœur, Nephtali la mit dans sa voix.

— Je suis de ton avis, dit-il froidement à son père ; des explications ne seraient qu'humiliantes pour tout le monde. D'un autre côté, si ce n'est pas moi qui leur en demande, ce sont les Molyneux qui m'en demanderont. Il est impossible de nous éviter les uns les autres, puisque nos jardins sont contigus.

— En effet, ce voisinage n'est plus tenable, fit le père. Si tu veux, demain, de bon matin, tu quitteras Neuilly pour Paris, où tu logeras momentanément en garni, dans un quartier convenable. Ton départ subit prouvera aux Molyneux que tu as cessé d'être leur dupe, et quand ils comprendront que leurs combinaisons sont à vau-l'eau, ils déménageront... Ah! cette fois, ajouta-t-il, je les laisserai partir sans regarder aux réparations locatives.

Là-dessus on alla se coucher, ce qui ne veut pas dire qu'on dormit.

Dès six heures du matin, Nephtali était debout, les mains moites, la face empourprée et la racine des cheveux brûlante d'un homme qui aurait passé la nuit au jeu.

— Je louerai deux chambres n'importe où, dit-il à son père, et je t'enverrai ensuite une dépêche pour t'indiquer où l'on devra m'envoyer du linge et des vêtements.

Puis, sans remettre sur le tapis les événements de la veille, il sortit, décidé à faire à pied au moins une partie de la route pour se ragaillardir à l'air du matin. Il traversa la rue pour mieux voir les fenêtres de la chambre d'Adeline. Les volets en étaient fermés comme des volets qu'on n'ouvrira pas de sitôt.

« Qui sait seulement s'il n'y a pas un homme avec elle! » se dit-il dans son égarement.

Et ce soupçon l'empoignant tout à coup, il fut

sur le point de sonner à la grille, d'entrer, de se jeter dans l'escalier et d'aller défoncer à coups de pied la porte derrière laquelle dormait, sans peur et surtout sans reproche, la fille de Molyneux.

— D'abord, réfléchissait-il, si je la trouve seule, je lui demanderai pourquoi elle m'a trompé si inutilement sur sa naissance. Si, au début, elle m'avait franchement avoué : « Voilà qui je suis : mon père et ma mère ne sont pas mariés », tout se serait peut-être arrangé quand même.

Un mouvement de commisération l'arrêta. Il était extrêmement probable, mais non absolument certain qu'elle-même était fixée sur son origine. Elle se croyait peut-être enfant légitime. La forcer à rougir de sa mère, c'eût été odieux. Mais ce qui supprimait toute circonstance atténuante, c'était le mariage de son père, qui allait convoler à Londres en même temps qu'Adeline à Neuilly. Ça, impossible de le digérer. Se figure-t-on les invités demandant à tous les échos :

« Où est donc le père de la future ! »

Et les échos répondant :

« Il est en train de se marier de son côté. »

Et il pressa le pas pour mettre promptement le plus d'espace possible entre lui et les tentations saugrenues qui l'envahissaient.

XIII

L'ENQUÊTE

E mois de mai commençait ; de gros bourgeons suintants pointaient à la cime des branches encore fluettes. L'espèce de siroco que recèle le printemps passait de temps en temps en bouffées de chaleur à travers les cinglements des derniers froids. Les feuilles toutes jeunettes se cherchaient déjà d'un arbre à l'autre, au point que les deux jardins allaient bientôt n'en plus faire qu'un.

Adeline ayant entendu répéter par sa mère, puis par Nephtali, que le bleu clair seyait aux blondes, s'était commandé chez une couturière pour jeunes filles à marier une petite robe unie du plus pur cobalt. On devait la lui apporter vers midi, et dès huit heures, elle était en jupon, s'impatientant de ne pas voir arriver son nouveau costume, qu'elle inaugurerait pour recevoir Nephtali, attendu aussitôt après le déjeuner, c'est-à-dire au plus tard à deux heures.

Enfin apparut la robe cobalt, qui allait à ravir, quoiqu'un peu trop large d'épaules. Mais, avec une pince sous les bras, elle moulerait admirablement le buste.

Elle ne résista pas à la coquetterie de risquer un pied dans le jardin, où elle comptait bien que de sa fenêtre il remarquerait cette fleur bleue dans la verdure des allées.

Aucune trace de Nephtali. Il feignait alors de piocher son roman, et elle supposa qu'il était allé à la Bibliothèque nationale recueillir des documents. Il allait rentrer pour se mettre à table ; or, il ne rentrerait pas sans qu'elle l'entendît ; rien qu'à la manière dont il faisait crier le sable sous ses semelles, elle le reconnaissait.

Mais, si le sable cria, ce fut sous les semelles d'un autre. Elle eut peur qu'il ne fût souffrant et empêché de descendre. Elle n'osa cependant pas faire demander de ses nouvelles par la bonne. Elle craignit que cette sollicitude n'eût une couleur d'effronterie.

De quoi se mêlait-elle, du reste ? Il n'était encore que midi trente-cinq. Il avait annoncé sa visite pour deux heures. Elle ne pouvait revendiquer le droit de l'assujettir à se trouver au rendez-vous soixante-quinze minutes avant le moment où il l'avait fixé. Le silence inusité qui engourdissait la maison des Coindet ne l'en tracassait pas moins.

Quand deux heures sonnèrent, sans qu'il se fût présenté, elle oublia toute réserve. Elle envoya la bonne s'informer de la santé de monsieur. Il fut répondu que M. Coindet fils était absent.

— Et monsieur Coindet père ?
— Absent aussi.

« C'est quelque cadeau qu'ils seront allés acheter ensemble pour moi, » pensa Adeline.

Trois heures, quatre heures, cinq heures sonnèrent impassiblement. Elle écoutait debout en haut du perron, l'œil dilaté, croyant toujours voir et entendre, ne voyant et n'entendant rien. Elle prenait froid ; sa mère l'obligea à quitter la place. Adeline eut tout de suite la perception d'un événement très grave. Elle fit des efforts inutiles pour avaler une bouchée. Toutes les émotions chez elle se portaient sur l'estomac et se traduisaient généralement par une diète forcée. Madame Molyneux, qui n'attachait aucune importance au manque de parole de Nephtali, se contenta de gronder sa fille en ces termes :

— Tu te seras trop serrée pour faire fine taille dans ta robe bleue, et ce soir tu ne peux seulement pas avaler ta soupe. Voilà bien les corsets !

Pourtant, le lendemain non plus que le surlendemain, personne ne s'étant montré, la bonne femme commença à rouler ses yeux. Elle parla d'aller demander des explications au père. Mais Adeline lui déclara qu'elle ne subirait pas la honte de paraître se jeter à la tête de M. Nephtali Coindet, et qu'à la première réclamation formulée par sa mère, elle irait se jeter à l'eau.

Cette menace seule était susceptible de faire tenir madame Molyneux tranquille. A partir de ce moment, elle ne pipa plus.

Adeline pensait :

« Il aura rencontré quelque héritière plus riche et surtout plus jolie que moi. »

Et, dans sa modestie, elle trouvait cette conversion toute simple. Elle se demandait aussi s'il n'avait pas reculé devant les désagréments que lui amènerait peut-être une belle-mère tellement vulgaire et peu lettrée qu'elle rentrait dans la catégorie des *parents terribles*. Et, au milieu de toutes ces questions, qu'elle se posait sans les résoudre, elle était constamment hantée par l'image de la grande femme brune passant en équipage devant elle et qu'involontairement elle mêlait à ses infortunes.

En attendant, elle maigrissait et s'étiolait à vue d'œil. Ce n'était pas seulement à sa robe bleue, mais à tous ses autres vêtements qu'il était devenu indispensable de faire des pinces. Elle avait appris à M. Molyneux, d'un air presque insouciant, la retraite inexplicable du jeune Coindet :

« C'est drôle, avait-elle dit, il a cessé tout à coup ses visites. »

Molyneux avait pris du bon côté cette rupture, qui lui épargnait un voyage dont il n'avait aucune envie et une traînée de mensonges dont un seul, mis à nu, pouvait éventer tous les autres. Il inviterait Déborah à la patience, ajournerait les solutions. Avant l'éclat inévitable et prochain, peut-être aurait-il la chance de devenir veuf. Tant qu'il reste une carte dans la main d'un joueur, ne doit-il pas tout tenter pour gagner la partie ?

Installé dans un provisoire incommode, au deuxième étage d'une maison meublée du boulevard Saint-Michel, Nephtali s'était remis à son roman avec une fièvre de travail trop violente pour durer longtemps. Le surlendemain, en effet, il s'était aperçu que son héros était infiniment moins intéressant que lui-même, et son héroïne beaucoup trop naïve pour son âge (elle avait dix-sept ans et demi). Le roman remisé pour quelques mois, l'auteur passait, comme un ouvrier sans travail, ses journées en promenades qui le ramenaient presque invariablement du côté de la porte Maillot. Il prenait pour but le Jardin d'Acclimatation, où il perdait quelquefois deux heures d'horloge à jeter du pain de seigle aux porcs-épics.

Mais il comprenait qu'il ne se contenterait pas longtemps de ces plaisirs d'invalide. D'ailleurs, au milieu des distractions par lesquelles il cherchait à secouer son engourdissement cérébral, il lui semblait toujours sentir son crâne comprimé comme par un rouleau à broyer le macadam. Malgré tout, il était hésitant et imparfaitement convaincu des torts de la famille Molyneux. Un mari prétexte un voyage, se cache dans une armoire et voit sa femme entrer dans le lit en compagnie d'un ami de la maison : l'aventure, qui est cruelle, offre au moins l'avantage de supprimer toute équivoque. Dans le complot organisé contre lui, il y avait au moins trois coupables et, conséquemment, des degrés de culpabilité qu'il s'agissait d'établir. Était-ce le père, était-ce la mère, était-ce la fille à qui il fallait s'en prendre, et dans quelle mesure était-il équitable de faire remonter les responsabilités à chacun d'eux?

Après une nuit aussi blanche pour lui que pour Adeline, et où ils n'avaient pas dormi trois quarts d'heure à eux deux, il s'habilla, fermement décidé à se rendre au siège de la *Société africaine*, à y demander M. Molyneux et à lui poser à brûle-pourpoint cette question, qui ne laisserait pas d'échappatoire :

« Êtes-vous marié ou ne l'êtes-vous pas? »

Puis, il réfléchit que, s'il était marié, Molyneux le flanquerait à la porte, pour s'être permis de douter à la fois et de sa parole et de l'honnêteté de son épouse; mais, s'il ne l'était pas, qu'il l'y flanquerait également, pour l'avoir forcé à avouer ce qu'il avait cru devoir cacher jusque-là.

C'était donc à une autre source qu'il devait tenter de satisfaire sa soif d'informations. Il partit un matin à la recherche de la jeune Haïtienne dont les confidences au pasteur Ottoz avaient dérangé tant de projets. Mais où dénicher cette vierge noire? Ce qu'elle avait conté à son père spirituel, le réciterait-elle de nouveau à un étranger? Si ce n'était qu'une question de prix, il n'y regarderait pas. Enfin, le moyen d'arriver à quelque chose n'était évidemment pas de ne rien tenter.

Il mit le cap sur ledit Ottoz, un vieux petit homme grassouillet, affligé d'une calvitie qui régnait jusqu'au sinciput et s'arrêtait subitement derrière la tête, pour faire place à une nappe de cheveux qui descendaient jusqu'aux omoplates, comme s'ils avaient glissé de son crâne sur ses épaules. Nephtali, qui ne tenait pas à ce que son secret courût tous les bancs d'œuvre et devînt la proie des dames diaconesses, ne savait trop comment justifier l'intérêt qu'il portait à la fille de couleur dont il venait demander l'adresse.

Il bredouilla si bien que le défiant évangéliste s'imagina que son confrère Coindet essayait de lui enlever sa catéchumène, pour se faire honneur de la conversion de cette Caraïbe. Il joua donc très serré et, avec toute sorte de compliments, refusa de donner l'adresse de Mikaële qui, en service chez une étrangère, n'avait aucun domicile où elle pût recevoir. S'il avait une communication à lui faire, qu'il lui en expliquât la teneur, ce serait pour lui un véritable plaisir de la transmettre à cette fille des zones tropicales.

Éconduit par cet homme de Dieu, il prit le parti de ne compter que sur lui-même. Vers quatre heures de l'après-midi, quelques minutes avant que les banques ne fermentleurs guichets, il se fît conduire au siège de la *Société africaine*, dans un fiacre qu'il arrêta à la porte et où il attendit, derrière le store à demi baissé, que Molyneux sortit, pour se rendre, selon toutes probabilités, chez celle à qui il offrait ses photographies, illustrées d'autographes si incandescents.

Il était à l'affût depuis dix minutes, quand son fiacre fut presque bousculé par une victoria reluisante, dont les lanternes papillotaient aux lueurs du soleil couchant, et qui poussa impérieusement jusque dans la cour de l'hôtel, où le cocher stoppa au bas de l'escalier menant à la direction.

Des coussins noirs, d'un chic tout particulièrement anglais, Nephtali vit de la rue se lever une grande dame dont il ne put définir que les élégants contours et qui s'engagea sous l'arcade avec la désinvolture assurée de la véritable maîtresse du lieu.

« C'est elle! c'est la fiancée de mon ancien beau-père! » se dit-il immédiatement.

Ramassé sous son store et le nez aplati sur la vitre, il suivit, sans en perdre un morceau, les allées et venues des employés et du public, jusqu'à ce qu'il réaperçût la dame débouchant de l'escalier dans la cour et remorquant par un fil invisible Molyneux lui-même, qu'elle allait ainsi chercher tous les soirs, afin que la recette de la journée ne s'égarât pas sur quelque tête indigne.

Tous deux montèrent dans la victoria, et comme on ne donna aucun ordre au cocher, Nephtali en conclut qu'ils rentraient directement chez eux, c'est-à-dire chez elle.

En les voyant passer vivement devant lui, il n'eut

que le temps d'abaisser la glace de devant et de crier :

— Suivez cette voiture. Il y a dix francs pour vous si vous ne la perdez pas !

La victoria accosta, rue du Helder, aux abords d'un immeuble dont la porte cochère s'ouvrit à deux battants devant ces luxueux locataires. Au même instant, à une fenêtre du second surgit la tête chocolat de Mikaële, qui regardait rentrer ses maîtres. Topographiquement, le fils du pasteur était fixé. Il retourna à sa maison meublée, et, au lieu de dix francs, en donna quinze à son cocher, qui comprit tout de suite qu'il s'agissait d'une affaire de cœur, l'amour étant seul capable d'une pareille exagération dans le pourboire.

Le lendemain matin, à l'heure où les domestiques ne sont pas toujours levés et où les patrons le sont rarement, Nephtali reprit le chemin de la rue du Helder. Il piqua droit sous la porte où avait atterri le couple Molyneux et, montant rapidement au second sans consulter le concierge, il sonna bravement. Ce fut précisément la mulâtresse qui ouvrit.

— Mademoiselle Mikaële ? demanda Nephtali.

— C'est moi ! fit-elle, assez étonnée de la visite de ce jeune homme bien mis, à une heure où elle ne recevait guère que des fournisseurs.

— Vous êtes bien la femme de chambre de madame Déborah ?

— Sans doute, que me voulez-vous ? dit Mikaële, que cet interrogatoire commençait à inquiéter.

— En ce cas, voici d'abord deux louis pour vous, répondit-il, énonçant le chiffre de sa libéralité, car il faisait un peu noir dans l'antichambre et il craignit qu'elle ne prît cet or pour des pièces d'argent.

Puis, il continua :

— Vous seriez bien aimable de dire à votre maîtresse qu'une personne qui s'intéresse à elle aurait un avis très important à lui donner au sujet de son mariage. Car elle va se marier, n'est-ce pas?

— Oui, monsieur, fit avec empressement la femme de chambre, reportant sur celui qui les lui avait mis dans la main le respect que les deux louis lui inspiraient. Madame ne demandera pas mieux que de vous recevoir.

— Mais je désirerais ne me présenter que quand elle sera seule. Ce que j'ai à lui apprendre est tout à fait confidentiel. A quelle heure dois-je revenir?

— Mais à partir de deux heures, si vous voulez. C'est le moment où monsieur part pour son bureau.

— Monsieur? monsieur Molyneux?.... appuya Nephtali.

— Sans doute! dit Mikaële, cherchant de quel autre il pouvait être question. Puis, se ravisant : Ah! vous voulez peut-être parler de M. Félix?

— Non, non, riposta le jeune homme, qu'aucun Félix ne préoccupait.

— Monsieur veut-il me laisser son nom, pour que je l'annonce à madame?

— C'est inutile! dit Nephtali en redescendant l'escalier. Entre deux heures et deux heures et demie je serai ici. Voilà qui est bien convenu, et il y aura encore un louis pour vous.

— C'est convenu ! répéta la mulâtresse

Le confiant Molyneux n'avait pas mis le pied dehors qu'elle courut raconter à sa maîtresse qu'un jeune homme « mis comme un prince » allait venir causer avec elle de son mariage avec l'autre —l'autre, c'était Molyneux. Il ne fallait pas manquer de le recevoir, car il avait à dire des choses tout à fait extraordinaires.

Mikaële mesurait, en effet, l'importance des informations du visiteur à sa générosité, dont elle s'abstint, du reste, de faire part à la juive, qui était femme à lui demander de partager.

Il était inutile d'allumer Déborah, qui concentrait toutes ses pensées sur le magnifique dénouement promis à sa vie bigarrée. Que pouvait-on avoir à lui communiquer relativement à son mariage, qui n'était pas encore publié, bien que, dans l'exubérance de son orgueil satisfait, et aussi pour engager plus étroitement son futur, elle donnât facilement à entendre un peu partout qu'elle troquerait prochainement son nom, qui n'en était pas un, contre un autre qui, à lui seul, en valait plusieurs ?

Elle finit par se persuader que le personnage annoncé était quelque envoyé d'une maison de nouveautés, qui allait lui proposer des soieries blanches pour sa robe de noces, car elle était parfaitement résolue à arborer pour la cérémonie tout l'attirail nuptial des jeunes filles anxieusement couvées jusque-là sous l'aile de leurs mamans.

Toutefois, le huis clos qu'avait sollicité ce visiteur indiquait que la question à traiter était plus palpitante que celle du choix d'une étoffe. Si, par hasard, c'était tout bonnement un voleur? Elle alla toujours fermer à clef le tiroir où elle renfermait les écrins qu'elle voulait, à peu de temps de là, si grandiosement restituer à Molyneux.

Et, pour plus de précaution, elle envoya quérir dare dare le grand Félix, son défenseur naturel, celui à qui elle avait juré non fidélité, ce qui eût été gênant pour tous les deux, mais obéissance, et qui, en retour, lui devait aide, protection et « soutien ».

Il accourut « tel qu'il était », c'est-à-dire dans un négligé juste suffisant pour se dissimuler dans la cuisine, d'où, naturellement, il ne sortirait que si son intervention devenait indispensable.

Nephtali, de son côté, tenait à s'imposer par la correction de sa tenue. Il choisit son vêtement le plus neuf, son pantalon le mieux coupé, et il rehaussa le tout par des gants mastic d'une fraîcheur et d'un lustre inattaquables. L'incognito était pour lui capital, puisque son nom, répété à Molyneux, montrerait à celui-ci qu'il était dépisté. Il cherchait sous quelle formule il se ferait annoncer. La mulâtresse le tira d'embarras en l'introduisant immédiatement sur ces mots :

« Madame, c'est le monsieur ! »

Devant un jeune homme si bien vêtu, Déborah

écarta instantanément tout soupçon de vol et, comme elle était assise, elle lui montra une chaise où il alla se fixer, sans trop savoir s'il devait commencer l'attaque ou attendre qu'on l'interrogeât.

— Monsieur, entama Déborah qui, à la tournure du messager, avait vaguement deviné la gravité du message, ma femme de chambre m'a appris que vous désiriez avoir un entretien avec moi à propos de mon mariage.

— En effet, madame, dit-il. Mais les questions que je vais prendre la liberté de vous poser et auxquelles vous avez absolument le droit de ne pas répondre sont tellement insolites et indiscrètes...

Elle pensa tout de suite qu'elle était en présence d'un agent de renseignements, qui venait lui proposer de « faire suivre » son futur.

— Oh! monsieur, dit-elle, je ne doute pas plus de M. Molyneux qu'il ne doute de moi. Je connais sa vie comme il connaît la mienne. Nous n'avons rien de caché l'un pour l'autre.

Cette phrase à double entente signifiait tout ce qu'on voulait et, notamment, qu'elle était au courant des anciennes fredaines de Molyneux, représentées par le faux ménage qu'il continuait à entretenir à Neuilly. Afin d'établir nettement les positions, il reprit :

— Ainsi, madame, c'est bien le directeur de la *Société africaine* que vous allez épouser?

— Mais oui, monsieur, c'est lui-même, dit-elle en souriant...

— Et dont voici la photographie, continua Nephtali, reconnaissant sur la cheminée le portrait qu'il avait tenu entre ses mains chez son père, et que Mikaële avait replacé dans son cadre.

— C'est bien sa photographie. Il y a même ajouté une dédicace, insista Déborah, à qui l'air de résolution et d'autorité de son élégant visiteur imposait quelque peu.

« La dédicace, je la connais », fut sur le point de riposter Nephtali. Il continua, cherchant ses mots et comme retardant l'explosion finale :

— Me pardonnez-vous d'avance la demande que je vais vous adresser? Je vous avertis de nouveau qu'elle est on ne peut plus délicate.

Il avait baissé la voix et s'était rapproché d'elle, n'osant confier aux échos du salon l'énormité qu'il allait mettre au jour. Elle le trouvait gentil, et, en le voyant si mystérieux, elle réfléchissait malgré elle : « Que diable va-t-il me dire? Les hommes sont quelquefois si drôles! »

— Eh! bien, madame, fit-il en se levant comme quelqu'un qui s'attend à ce qu'on va lui crier : Sortez, manant? »

— Eh bien! quoi?

Il acheva :

— Êtes-vous bien sûre que l'homme que vous êtes sur le point d'épouser n'est pas déjà marié?

Elle se dressa sur ses pieds avec un soubresaut qui fit bondir les élastiques du canapé. C'était moins de l'indignation que la stupéfaction nerveuse d'une femme qui verrait crouler devant elle la maison où elle se dispose à entrer. Mais comme son manque d'instruction n'avait pas oblitéré son tact natif, qu'elle voyait très juste et, comme elle le disait elle-même, ne s'embrouillait jamais dans « les feux de file », elle mit immédiatement le doigt sur la plaie vive :

— Quel intérêt avez-vous à me poser une question pareille ? demanda-t-elle à Nephtali, qu'elle embarrassa singulièrement.

Alors, désespérant de lutter de finesse avec cette gaillarde, qu'il avait tout de suite jugée autrement expérimentée que lui, il abandonna son système de dissimulation, qui ne lui offrait aucun avantage, et répondit à cœur ouvert :

— Mon intérêt est celui-ci : j'aime la fille de M. Molyneux ; je l'ai demandée à son père et à sa mère — il appuya sur le mot « mère » — qui me l'ont accordée. Vous vous rendez compte de ma surprise, quand le hasard m'a mis au courant d'un projet de mariage qu'on attribuait à mon futur beau-père. J'ai voulu savoir à quoi m'en tenir sur la valeur de ce racontar. C'est pourquoi je suis venu franchement à vous, madame, qu'on désignait comme sa fiancée.

Déborah se rassit, car une nuée de bleuettes venait de passer devant ses yeux, et elle en éprouva comme un mouvement de roulis qui faillit lui faire perdre l'équilibre.

Avec la main sûre d'un chirurgien émérite, elle « débrida » la situation, afin de pouvoir la fouiller à son aise. D'un jet, sa vue perçante était allée au fond des choses. Ce jeune homme n'était évidemment pas fou. Donc, ses assertions s'appuyaient sur des faits précis. Or, quand elle reconstruisait le roman de ses amours improvisées avec ce banquier de rencontre, qu'elle connaissait à peine de vue la veille du jour où elle s'était précipitée sur son sein, en lui criant : « Je t'adore ! » elle y relevait d'assez nombreuses contradictions entre la passion acharnée de cet homme et sa résistance à toute idée d'une union indissoluble, qui aurait légalisé leurs relations.

Elle avait d'abord pensé qu'il avait recueilli sur sa vie antérieure des notes à faire reculer le plus brave. Mais rien dans l'attitude de Molyneux ne laissait supposer la moindre désillusion à l'égard de celle qu'il ne cessait de combler de ses respects et de son admiration. Si, par quelque vengeance inavouable de Cotignat, son associé avait appris qu'elle avait laissé de sa gorge, de ses épaules et de la chute de ses reins sur beaucoup de toiles ayant figuré aux derniers Salons, Molyneux aurait probablement modifié les formules amoureuses qu'il conservait intactes, et que Lamartine, avec la rime en plus, aurait pu consacrer à Elvire.

Si, sachant ce qu'elle avait été, il continuait à lui parler comme il lui parlait, il était réellement trop fort ; et d'un homme aussi maître de lui on était en droit de tout attendre. Non, il était littéralement fou d'elle ; et pourtant, loin d'activer un mariage qui lui assurait pour la vie la possession d'une idole qu'en réalité il n'avait qu'à bail, il avait toujours l'air de courir après les occasions de le décommander.

Ce problème, qu'elle avait agité quelquefois, c'était peut-être cet inconnu qui en apportait la solution. Toutefois, avoir été, une année durant, la dupe de cet Auvergnat, abaissait tellement Déborah à ses propres yeux, qu'à priori elle rejetait bien loin cette supposition.

Nephtali se tenait debout au milieu du salon, son chapeau à la main, dans la pose expectante d'un importun qui attend son congé. Il se disait :

« Si elle me renvoie sans autre explication, c'est qu'elle a la certitude que M. Molyneux est parfaitement célibataire. Si elle m'invite à rester encore, c'est qu'elle a au moins des doutes. »

— Après ce que vous m'avez affirmé, monsieur, vous ne pouvez partir ainsi, dit-elle d'un ton presque gai ; reprenez place, je vous prie. Nous avons encore à causer assez longuement.

« Elle a des doutes, » conclut Nephtali.

— Pardon, madame, reprit-il, en s'établissant de nouveau sur sa chaise. Je n'ai jamais affirmé que M. Molyneux fût marié. Je me suis seulement permis de vous demander si vous étiez sûre qu'il ne le fût pas.

— Ah ! il aurait une fille, dit-elle pour toute réponse ; et comment est-elle... sa fille ? interrogea-t-elle, la première préoccupation d'une femme à qui on parle d'une autre femme étant de savoir si elle est jolie.

— Je la trouve charmante, puisque je l'aime et que je veux l'épouser.

— Brune, blonde !

— Très blonde.

— En ce cas, elle ne doit guère ressembler à son père, fit-elle d'un ton qui signifiait clairement : Heureusement pour elle.

Puis, après un instant de recueillement :

— C'est quelque orpheline qu'il aura adoptée.

Elle prit encore un temps et dit :

— Et la mère ?

— Madame Molyneux n'est plus jeune, repartit Nephtali ; elle a au moins l'âge de son mari.

— Et quelles preuves avez-vous qu'il est en effet son mari ?

— Quelles preuves avez-vous qu'il ne l'est pas ? insista le jeune homme.

— Mais s'il était marié à une autre, ce serait le dernier des lâches et des scélérats ? hurla la juive, éclatant enfin. Il était convenu, tout ce qu'il y a de plus convenu que nous partirions ces jours-ci pour l'Angleterre, et qu'une fois là, il ferait de moi sa femme... devant l'ambassadeur.

Elle brodait légèrement. Molyneux lui avait en effet promis de l'emmener à Londres, mais c'était pour lui tenir caché le mariage d'Adeline, et non pour consommer le sien ; mais, dans sa folle envie d'en finir, elle avait à elle toute seule tourné cette excursion en voyage de noces.

— Enfin, madame, objecta Nephtali, qui commençait à reprendre espoir pour son compte, on ne se marie pas ainsi à la face du soleil. Il est indispensable d'exhiber des papiers pour la publication des bancs. S'est-il seulement fait envoyer son acte de naissance ?

— Mais non ! dit-elle, subitement éclairée. Tout ce que je sais de lui c'est qu'il est Auvergnat. Il ne peut pas le nier, du reste : ça se voit assez.

Pour beaucoup de gens, en effet, la seule chose au monde qu'on ne parvienne pas à cacher, c'est qu'on est Auvergnat.

Pressé de toutes parts, Nephtali ne fit aucune difficulté de compléter les « documents humains » qu'il apportait. Il n'avait, raconta-t-il, jamais douté de la parfaite régularité du ménage Molyneux, jusqu'au jour où il avait appris et la liaison du directeur de la *Société africaine*, et son prochain départ pour l'Angleterre dans le but d'y contracter mariage. Les informations étaient si nettes que ni son père ni lui n'avaient douté d'abord de leur authenticité. Puis, les scrupules lui étaient venus. Etait-ce lui dont on se moquait? Etait-ce madame Molyneux? Etait-ce madame Déborah ? Il s'était décidé, le matin même, à couler cette affaire à fond, et voilà pourquoi il avait pris le parti de se présenter brusquement chez elle, sans même lui avoir fait au préalable passer son nom, contrairement à tous les usages du monde.

Les usages du monde, c'était elle qui s'en battait les flancs, à cette heure sinistre. Quand sa conviction fut à peu près faite sur l'étendue du panneau dans lequel elle avait bêtement donné, le déchaînement commença. Elle bondit jusqu'à la cheminée, saisit le petit cadre en faux bambou dans lequel s'arrondissait la tête béate de Molyneux et le lança sur le parquet, où elle finit de le désagréger en l'écrasant sous les talons de ses bottines. Elle accompagna ce massacre d'invectives si pimentées que Nephtali en perdit la parole.

Les « charogne ! » les « crapule ! » les « mille noms de Dieu ! » les « vieille rosse ! » tournoyaient en spirale comme des rafales de simoun. Elle s'allongeait en compas, marchant d'un angle à l'autre de la pièce, les bras croisés, les paupières battantes, l'écume aux lèvres. Ses imprécations, qui n'étaient pas précisément cornéliennes, montèrent — en vertu du principe : *vires acquirit eundo* — à un diapason tel, que le grand Félix, en vedette dans la cuisine, crut un moment qu'elle appelait au secours.

Il quitta brusquement Follette, à laquelle il était en train de faire répéter une fantasia, sortit de la cuisine, traversa la salle à manger et ouvrit avec violence la porte du salon, devant laquelle il se posa « en bataille », le bras droit replié, le coude en arrière et collé au corps, prêt à se porter par un coup droit dans l'œil de l'ennemi, selon les formules de l'escrime usitée sur les boulevards extérieurs, la tête baissée et portée en avant pour faire bélier, la main gauche dans la poche de son pantalon, sans doute pour s'assurer qu'il n'avait pas oublié son « lingue ».

Nephtali, qui s'était mis debout, recula d'un pas devant l'apparition soudaine de ce personnage stupéfiant de débraillé, dont la chemise de flanelle rayée gris s'évasait par en haut sur un foulard jaune noué lâchement, et dont la chaussure avachie, d'un cuir qui ressemblait à de la moleskine, tenait de l'escarpin et de la pantoufle.

Déborah se lança impétueusement au-devant du nouveau venu et lui dit en le saisissant à bras le corps

— Va ! mon Félix, il n'y a encore que toi de bon. Je vais t'en apprendre une belle. Notre Molyneux est marié; il a une femme plus vieille que lui et une grande fille de dix-huit ans. Comment la trouves-tu celle-là ?

— Il est marié ! Oh ! le maquereau ! tonna le grand Félix avec conviction.

Déborah n'avait pas à se gêner, n'ayant plus rien à perdre. Elle mit en quelques mots son protecteur patenté au courant des motifs de la démarche du jeune homme ici présent. Comprenant alors que, loin d'avoir devant lui un adversaire, il avait affaire à un auxiliaire, presque à un ami, le grand Félix rentra ses coudes, et d'un air sévère mais juste dit à Déborah redevenue presque souriante :

— Tu n'as seulement rien offert à monsieur ?

Et, en gentilhomme qui n'admet pas un refus de son hôte, il sonna Mikaële et lui ordonna d'aller chercher de la bière, en lui recommandant de la prendre au café qui faisait le coin et non à la brasserie d'à côté, où elle était comme « du pissat d'âne ».

Le fils du pasteur Coindet se résigna à faire sa partie dans ce trio. Il lui était, en effet, interdit de se gendarmer. Ce n'était ni ce Félix ni cette Déborah qui l'avaient prié de venir à eux. Il s'était invité lui-même, et ne devait conséquemment s'en prendre qu'à lui des promiscuités et des trinquages auxquels la nécessité le réduisait.

Érigé en juge du débat, le grand Félix en posa les termes avec une clarté saisissante. Il s'élevait indiscutablement des preuves morales accablantes contre Molyneux qui, cependant, pour être véhémentement soupçonné, atteint et accusé de mensonge, de trahison et de fabrication d'état civil, n'en était pas absolument convaincu. Félix ne craignit pas, à ce propos, d'évoquer l'exemple de Lesurques : car, bien que, depuis l'affaire du courrier de Lyon, nombre de braves gens aient été condamnés par erreur et décapités — notamment l'herboriste Moreau, assassiné par l'ignorance des médecins légistes, — Lesurques, aux yeux du peuple, est toujours resté, quoique probablement coupable, le type de l'innocent sacrifié.

Il n'y avait qu'un moyen, un seul, de répandre une lumière éclatante sur la haute scélératesse du sieur Molyneux : c'était qu'à sa rentrée, Déborah se plantât devant lui et lui lâchât cette bordée comme une femme sûre de son fait :

« Eh bien, mon vieux, comment se portent ta femme et ta fille ? »

On verrait bien quelle tête il ferait à cette interpellation qui, si elle avait une base sérieuse, ne manquerait pas de le désarçonner. Ce procédé de brusquerie était, du reste, celui qui réussissait le mieux à la police. Quand un agent, à la recherche d'un malfaiteur, croit avoir mis enfin la main sur lui, il s'écrie tout à coup :

« Tiens ? un tel ! comment vas-tu ? »

Si l'individu filé répond :

« Merci ! Ça va pas mal. »

Il ne reste plus aucun doute sur son identité.

Profondément choqué en songeant que la personnalité et peut-être le nom d'Adeline allaient voltiger sur ces lèvres maculées, Nephtali ne crut pourtant pas devoir élever d'objection, tant il brûlait d'aboutir à une solution décisive. Ce fut Déborah qui demanda la parole pour une « motion d'ordre », comme on dit dans les réunions publiques.

Si, comme il y avait tout lieu de le supposer, Molyneux répondait à ce coup droit par un balbutiement bientôt suivi d'un aveu complet, c'était entre elle et lui la séparation sans retour. En acceptant la nouvelle situation que cette révélation leur créait à tous deux, elle perdait instantanément, aux yeux de ce naïf, soixante-quinze pour cent de sa valeur. Les quinze mille francs par mois que lui coûtait sa liaison, il les versait à la femme séduite et trompée par des espérances d'épousailles dont un sort fatal empêcherait éternellement la réalisation. Du moment où elle aurait consenti à clore la discussion en ces termes conciliants : « Je comptais devenir ta femme ; mais puisque la chose est impraticable, je me contenterai de rester ta maîtresse ! » La femme du monde tournait incontinent à la cocotte. Et sur le marché parisien, qui, sous tant de rapports, rappelle celui de Constantinople, et où chaque beauté à vendre est étiquetée à des prix divers et généralement variables, trouverait-il longtemps qu'elle valait celui auquel, sur de fausses indications, il l'avait d'abord cotée ?

Elle était donc dans cette alternative : ou de « se retirer chez sa mère », ou d'affecter la plus touchante ignorance. Elle cesserait peu à peu de lui parler mariage, pour ne pas provoquer un éclat, et il continuerait à la regarder comme sa victime. Ça pouvait marcher très longtemps ainsi. Donc, pas de scène.

Sans développer ces étranges considérations en présence de Nepthali, déjà suffisamment étonné, elle se borna à répondre à l'exposé que lui soumettait le grand Félix :

— Il vaudrait mieux chercher autre chose.

— Alors, reprit celui-ci, qui n'était jamais à court d'inventions, nous n'avons plus guère qu'une ressource pour connaître la vérité, mais, là, de fond en comble : s'il est marié, il a un acte de mariage déposé quelque part. D'où est-il, cet homme-là !

— D'Auvergne, dit Déborah.

— D'Auvergne? Où est-ce? En Savoie? demanda le grand Félix.

— Je sais, intervint Nephtali, coupant court à toute rectification géographique, qu'il est né près de Clermont-Ferrand ; malheureusement, j'ai oublié le nom de la ville.

— Tu le lui demanderas ce soir, dit Félix à Déborah, et demain tu écriras au maire pour qu'il t'envoie une copie de l'acte.

Déborah fit remarquer qu'on n'en finirait jamais avec toutes ces écritures. D'abord le maire ne lui répondrait seulement pas. Ensuite, Molyneux s'était-il marié dans sa ville natale ? Non : elle tenait à avoir immédiatement le cœur net de tout ce « brouillamini ».

— Que je suis bête ! s'écria tout à coup le grand Félix en se tapotant le front de ses doigts nerveux, effilés, et minces au point qu'il aurait pu les natter, que je suis bête ! S'il y a déjà une madame Molyneux, c'est chez elle qu'on trouvera l'acte de mariage. Il n'y a pas besoin de le faire venir d'ailleurs.

— Oui, dit Nephtali ; mais comment voulez-vous

que j'aille lui demander de me le montrer! Si elle est mariée, c'est une grosse insolence; et si elle ne l'est pas, c'est encore pis.

— De votre part, c'est possible, fit l'homme aux souliers de moleskine, en se versant de la bière; mais qui empêche quelqu'un d'autre, madame ou moi, une supposition, de se présenter chez elle comme venant de la préfecture ou de n'importe où, et de l'interroger sur son mari! C'est simple comme bonjour.

Il fallait, pour risquer ces investigations, usurper le titre de commissaire de police ou d'officier ministériel. Ce n'était pas ce qui effrayait le grand Félix, qui s'était permis bien d'autres usurpations; mais Nephtali lui fit observer qu'il ne serait pas seul compromis si l'imposture venait à se découvrir, et que lui ne serait pas fier de se trouver mêlé à une affaire de recherches « dans l'intérêt des familles ».

— Laissez-le donc agir! interrompit Déborah. Est-ce que vous croyez que c'est un garçon à faire du tort à des amis!

Cette classification parmi les amis du grand Félix était une humiliation en même temps qu'une garantie. Celui-ci proposa de se rendre en personne chez « ces dames », dont Nephtali lui donna l'adresse.

— Ayez pas peur, dit-il, je saurai bien trouver un plan pendant le chemin.

Il proposa de se faire dès le lendemain matin

conduire à Neuilly ; mais l'impatience de Déborah était surexcitée au point qu'elle le supplia de s'y transporter tout de suite. Elle ferait atteler au coupé le petit trotteur gris, qu'elle avait acheté la semaine précédente. Vingt minutes pour aller, vingt pour revenir, quinze pour l'accomplissement de sa mission : ce n'était pas une heure en tout. Le directeur de la *Société africaine* ne quittait guère son bureau avant cinq heures, quand elle n'allait pas l'y prendre pour quelque promenade... chez les bijoutiers. Félix aurait donc le temps, et au delà, de terminer son enquête, sans troubler en rien la régularité de la marche de la maison.

Appelé en toute hâte et sans désemparer auprès de Déborah, il n'avait même pas eu le loisir de remplacer le foulard jaune, qui faisait partie de son désbabillé du matin, par une cravate sortable. Elle lui en choisit une parmi celles que collectionnait Molyneux, une des plus longues, qui pût cacher les mystères de la chemise de flanelle grise ; et sans s'occuper des disparates qui éclataient entre les capitons soyeux de la voiture et le paletot gras du voituré, il s'y installa comme chez lui, aussi impassible que s'il se fût assis sur son tabouret canné du café du Delta ou sur l'escabeau en bois dur d'une cellule de Mazas.

XIV

LE RECENSEUR

Il s'était engagé à trouver un plan en chemin, et il le trouva en effet. Le bruit de la voiture s'arrêtant à leur grille fit lever les yeux d'Adeline et de sa mère, que le galbe du cocher et la richesse des harnais émurent un peu, Molyneux ayant gardé, pour plus de précaution, l'habitude des fiacres à deux francs l'heure. Toujours en alerte et prête à quelque événement, qu'elle attendait sans en prévoir la nature, la jeune fille, de la salle à manger, où elle était assise faisant semblant de chiffrer un mouchoir, descendit dans le jardin, qui s'ouvrit pour le chapeau mou du grand Félix.

Quoiqu'il eût, spécialement pour la circonstance, retiré ses mains de ses poches, et qu'il s'étudiât à contenir le malheureux roulement d'épaules dont il était affecté depuis son adolescence, il aurait presque fait peur aux deux femmes, que rassura tout de suite le brillant du coupé d'où il descendait.

Il eut bien vite, comme il le raconta plus tard à Déborah, « remouché », c'est-à-dire dévisagé la mère et la fille, qu'il inspecta avec l'œil impartial du marchand d'esclaves. Tout en reluquant madame Molyneux, la seule qui l'intéressât, il hochait la tête de l'air d'un connaisseur :

« Si celle-là n'est pas vraiment mariée, se disait-il, il n'y a pas dans Paris une femme qui le soit. »

Elle le reçut avec toute sorte de révérences, car une voiture l'impressionnait toujours. Quant à Adeline, déçue pour la deux-centième fois dans son espoir encore vivace de voir revenir Nephtali, elle remonta lentement dans la salle à manger, où elle reprit le mouchoir qu'elle marquait depuis quinze jours.

Le grand Félix tira de la poche interne de son paletot — presque aussi luisant que le coupé de Déborah, mais pour des motifs différents — un papier quelconque, qu'il fit semblant de consulter.

— C'est bien ici, madame, demanda-t-il d'un ton d'homme d'affaires, la maison habitée par la famille Molyneux.

— Certainement, monsieur, répondit gracieusement la bonne dame, toujours disposée à lier conversation. Nous logeons ici, mon mari, ma demoiselle et moi.

— Bien ! bien ! fit le messager en feignant d'inscrire au crayon ces indications sur son papier. Je vais vous dire, madame : je suis employé à l'Hôtel de Ville, et vous savez qu'en ce moment-ci on est en train de faire le recensement.

— Ah ! je ne savais pas ! dit simplement madame Molyneux, pour qui le mot « recensement » était déjà un peu compliqué.

— Oui, appuya Félix, tous les cinq ans on recense la population, et c'est cette année que ça tombe.

— Adeline ! arrive donc une minute, cria madame Molyneux ; monsieur vient pour le…

Adeline avait rejeté de nouveau son immarquable mouchoir et était descendue auprès de sa mère, qu'elle supposait tant soit peu empêtrée.

— Pour le recensement, répéta le grand Félix. Vous comprenez, mademoiselle : sans cela, on n'aurait jamais une idée de la population de Paris. Il faut pourtant bien savoir si elle augmente ou si elle diminue.

— Naturellement ! dit madame Molyneux.

— Alors, reprit-il, nous écrivons sur une colonne les gens mariés, sur une autre les gens qui ne le sont pas. Nous demandons combien on a d'enfants ; si ce sont des garçons ou des filles, ainsi de suite.

— Je n'ai qu'une enfant, et c'est ma fille, répliqua madame Molyneux, enchantée d'avoir saisi le motif de la visite de ce fonctionnaire du gouvernement.

Et elle ajouta :

— Mais, entrez donc, monsieur, on vous donnera de l'encre et une plume. Ah ! à propos, j'ai aussi une bonne.

Nous la noterons également, dit le grand Félix,

qui ne demandait qu'à étendre la sphère de ses recherches.

Il monta le perron, entra dans le salon sous la conduite d'Adeline, qui souleva les rideaux, afin qu'il y vît plus clair, et lui présenta un encrier — ou plutôt son encrier, ce récipient étant toujours resté pour sa mère à l'état de sphinx.

— Oh! mille remerciements, mademoiselle! dit-il, je suis vraiment honteux de vous déranger.

Et il commença à essayer la plume sur son ongle, à peu près aussi noir qu'elle.

— Nous disons: monsieur... Quels sont les prénoms de monsieur votre mari? demandait-il, en se tournant vers la maman.

— Pierre-Eusèbe-François Molyneux, répondit-elle, se tenant toute droite, comme si elle déposait devant la justice.

Au moment d'écrire, le grand Félix s'arrêta tout à coup.

— Pardon, dit-il, madame, m'avez-vous bien donné ses noms dans l'ordre? Est-ce Pierre-Eusèbe-François, ou François-Pierre-Eusèbe ou Eusèbe-François-Pierre?

— Ma foi, je ne sais pas trop, dit-elle. Et toi, Adeline, sais-tu comment sont rangés les noms de ton père?

— Non, maman. Je crois pourtant que le nom d'Eusèbe est le premier.

— C'est qu'il faut bien se garder de se tromper, insista-t-il. Ça pourrait faire des erreurs terribles.

Ainsi, moi qui vous parle, j'ai connu un jeune homme qui a perdu un héritage, parce que dans le testament on avait placé un de ses prénoms avant l'autre.

— Voilà une chose malheureuse! dit madame Molyneux, prompte à l'apitoiement.

— Mais, insinua Félix, qui aurait eu envie de rire si l'avenir de Déborah et consécutivement le sien n'avaient pas été en jeu, vous avez bien ici une pièce où se trouvent les noms et prénoms de votre mari. N'importe quoi : un acte de naissance, un acte de baptême... ou encore de mariage.

— Ah! c'est vrai, s'écria madame Molyneux, enchantée d'avoir échappé à l'énorme danger d'intervertir l'ordre des prénoms de son époux. Adeline, va donc là-haut : tu trouveras mon acte de mariage dans le tiroir de gauche du secrétaire — dans ma chambre à coucher... à côté de mon bouquet de fleurs d'oranger... Tu le descendras. Pas le bouquet, l'acte de mariage.

— Oui, maman, dit Adeline en gagnant l'escalier.

— Comme ça, vous verrez vous-même, ce sera bien plus commode, dit madame Molyneux, qui de ce document authentique ne pouvait guère comprendre que le timbre.

Les sourcils contractiles du grand Félix se rejoignirent nerveusement en signe de haute contrariété. Ça ne pouvait pas aller plus mal.

Après quelques minutes occupées à chercher le

papier décisif, Adeline redescendit et le remit à sa mère, qui se hâta de le passer à monsieur l'employé.

« Le quatorze novembre 1863, y lisait-on, par devant nous Joachim Bonafous, maire de la ville de Thiers, département du Puy-de-Dôme, à deux heures de relevée, ont comparu :

» 1° Pierre-Eusèbe-François Molyneux, né en cette même ville le 23 janvier 1842, fils de Pierre-Alexis Molyneux, coutelier, et dame Claire-Euphrasie Cartillier, son épouse.

» 2° Mélanie-Victoire Cherpin, née le 7 avril 1841, fille majeure de Thomas Cherpin et de Suzanne-Rose Traband, son épouse... »

Le médiateur n'alla pas plus loin. La preuve était faite. Il recopia soigneusement ce préambule pour le transmettre à qui de droit, et, après toute sorte de salutations, il se retira, non sans emporter cette observation de la femme trop légitime du directeur de la *Société africaine* :

— Vous devez être joliment fatigué quand vous rentrez le soir, après avoir couru comme ça toute la journée?

— Ne m'en parlez pas, dit le grand Félix, je ne pourrais pas y tenir si le préfet ne me prêtait de temps en temps sa voiture.

— Ah! c'est donc ça! fit madame Molyneux, en envoyant un coup d'œil du côté du coupé, dans lequel l'ambassadeur de la maison Déborah remonta tout désappointé.

Il rentra chez la juive, frappant du pied aussi bruyamment que le lui permettait l'avachissement de ses bottines.

— Va, ma pauvre vieille, tu es refaite, et dans les grands prix! cria-t-il de l'antichambre. Marié dans le Puy-de-Dôme, le quatorze novembre mil huit cent soixante-trois. Tu vois que ce n'est pas d'hier. J'ai eu l'acte entre les mains.

— Cochon! dit Déborah.

— Quel bonheur! dit Nephtali

XV

LE RETOUR

NE heure plus tard, sa malle était bouclée et il déposait ses bagages dans le couloir de la maison de la rue Perronnet, devant son père, que ce retour de l'enfant non prodigue étonna au dernier point.

— Mon cher papa, on s'est moqué de toi, dit tout de suite Nephtali. M. Molyneux n'a jamais promis le mariage à personne, pour cette raison suffisante qu'il est tout ce qu'il y a de plus marié. Franchement, avant de me brouiller avec la famille de ma future, tu aurais pu prendre des informations un peu plus sérieuses.

Le pasteur essaya de répliquer, mais Nephtali affirma qu'il avait vu de ses yeux l'acte de mariage et lui cita des dates, une date étant presque toujours dans une discussion l'argument topique.

— Pourtant, rappela Coindet, cette femme, cette dame Déborah, sur laquelle cette fille de couleur a donné à mon collègue Ottoz des renseignements si catégoriques, et qu'il devait épouser prochainement en Angleterre, voilà bien une preuve.

— Une preuve que mon futur beau-père a une maîtresse. S'il lui a promis le mariage, est-ce que j'y peux quelque chose? D'ailleurs, d'après ce que je connais d'elle, j'ai idée qu'il ne la gardera pas longtemps.

Et comme tout son cœur s'envolait vers Adeline, ses jambes éprouvèrent une telle démangeaison de suivre le même chemin, qu'il s'élança dehors et, sans se demander quelle espèce d'excuses il imaginerait pour une absence de cette durée, il alla se pendre à la sonnette des Molyneux, risquant tout, prêt à s'accuser si l'on ne permettait pas qu'il s'excusât. En tout état de cause, malheureusement, il ne pouvait échapper à l'obligation de mentir; sans quoi, il ne ressaisissait la fille qu'en désorganisant le ménage de la mère.

Elles étaient à ce moment toutes deux dehors, achevant une de ces promenades hygiéniques pour madame Molyneux, sentimentales pour Adeline. Aussitôt après l'opération du recensement, la première avait dit :

« Allons-nous faire un petit tour? »

Et elles étaient sorties, la mère jabotant pendant toute la route, sans attendre les répliques de sa fille, qui, d'ailleurs, ne lui en adressait aucune. Adeline marchait silencieuse, les yeux baissés sur les cailloux de la route et comme préoccupée constamment du problème de la quadrature du cercle ou de la direction des aérostats. De temps à autre, au bruit d'une voiture, elle tournait la tête, se demandant si ce n'était pas celle qui lui ramenait son Nephtali. Et cependant, elle serait morte plutôt que de chercher à savoir de qui que ce fût ce qu'il était devenu.

Elles rentrèrent par la grille restée entr'ouverte. Madame Molyneux bifurqua à gauche, du côté de la cuisine, et Adeline, qui venait d'ouvrir la porte du salon, resta figée dans un tremblement fébrile en se rencontrant face à face avec Nephtali, qui avait voulu l'attendre et qui, en reconnaissant son pas, s'était levé afin de tomber à ses genoux — de plus haut.

Nephtali se jeta presque sur elle et l'entoura de ses deux bras, dans lesquels elle s'abandonna comme une masse inerte.

— Je sais ce que vous allez me dire, répétait-il en l'embrassant sur les cheveux, sur les tempes et sur l'oreille, mais je vous expliquerai tout et vous me pardonnerez.

Et, bien qu'à peu près aussi ému qu'elle pouvait l'être, il édifia instantanément un petit mensonge très acceptable :

— Mon père m'avait laissé croire que ma fortune était plus considérable qu'elle ne l'est en effet alors j'ai eu peur, j'ai craint que le vôtre ne crût que j'avais essayé de le tromper, et j'ai essayé de renoncer à vous; mais, malgré tous mes efforts, j'ai compris que je n'y parviendrais pas, et me voilà, Adeline! Est-ce que vous voulez toujours de moi?

Il aurait pu se fondre ainsi en protestations pendant des heures. Elle ne percevait rien que le contact de ses lèvres et elle se cramponnait à lui comme si elle en reprenait possession. Quand elle sortit de cette demi-syncope, ses premiers mots furent :

« Maman! maman! »

A ce moment même, madame Molyneux, instruite par la bonne, qui avait eu quelque peine à la mettre au courant de la situation, accourait au salon, où elle aida Nephtali à porter jusqu'à un fauteuil sa fille, qui, définitivement vaincue, menaçait de s'anéantir sur le parquet.

— Dégrafe un peu ta robe, lui dit sa mère, redoutant une suffocation.

Puis elle alla quérir du vinaigre, dont elle revint lui frotter le « creux des mains ». C'était le remède favori de la bonne femme.

Cet incident, auquel Nephtali se mêla de son mieux, raccourcit de beaucoup les explications. Quand Adeline fut sur pieds, on expliqua à sa mère que c'était cette maudite question d'argent qui avait fait tout le mal; et madame Molyneux, qui, du reste, ne s'était rendu compte que très vaguement du désespoir muet de sa fille, s'arrêta à cette conclusion :

« Que vous êtes drôle! Puisque vous convenez à la petite! »

Comme la plupart des séparations, celle-ci eut pour résultat de rendre entre elles et lui les relations plus étroites. On ne se quittait presque plus. Nephtali n'était pourtant pas absolument rassuré. Déborah, dans un de ces moments de fureur vertigineuse à laquelle elle semblait sujette, pouvait se donner la satisfaction de confondre l'imposteur Molyneux et lui placer sous les yeux son contrat de mariage — avec les dates. Il tâcherait sans doute de remonter à la source de cette découverte, et la juive ne se gênerait pas pour citer des noms qui donneraient plus d'autorité à ses reproches.

Ces craintes s'effacèrent bientôt devant l'accueil que lui fit l'Auvergnat, à qui il conta qu'il était allé faire un voyage beaucoup plus long qu'il ne l'avait supposé d'abord, pour un règlement d'affaires de famille. Molyneux se contenta de répondre :

— Tiens! moi aussi, je devais faire un voyage, mais je crois que, décidément, je ne le ferai pas.

Les violences de Déborah, en effet, étaient de celles avec lesquelles il y a toujours moyen de s'entendre. Sur les conseils du grand Félix, elle renonça bientôt à saisir son financier tout pantelant pour lui fourrer le nez dans son infamie. Du moment où elle n'était pas encore en état de le jeter au panier après fortune faite, le plus sage était de continuer à feindre l'ignorance. En outre, démasquer le révélateur, c'était presque forcer celui-ci à s'abriter derrière ce terrible Félix que, dans un premier moment de désappointement, elle n'avait pu s'empêcher de mettre en tiers dans la confidence, et qui avait, en somme, si intelligemment élucidé toute l'intrigue.

En apprenant avec quel personnage il avait jusqu'ici partagé son idole — partagé n'était même pas le mot propre, car le grand Félix en avait au moins les trois quarts, — Molyneux, si chambré qu'il fût, bondirait dans l'escalier, au bas duquel il secouerait pour la vie la poussière de ses souliers. Elle avait donc autant d'intérêt à garder le secret de Nephtali, que Nephtali celui de Déborah.

Par contre, le directeur de la *Société africaine* était depuis quelques jours tout joyeusement surpris de constater que le mot « mariage » avait cessé de revenir comme une ritournelle dans toutes les conversations de sa bien-aimée. Ses plans d'existence régulière semblaient tombés à l'eau. La société distinguée qu'elle s'était choisie d'avance pour l'époque où elle serait sa « petite femme », il n'en était plus question. Le trousseau même ne battait plus que d'une aile.

Cette chère enfant, si délicate et si aimante, avait-elle saisi au vol quelques-unes des inquiétudes que le projet de cet hymen irréalisable avait abattues sur le front de son Eusèbe? Le fait est que le départ pour Londres s'était d'abord remis de jour en jour, et qu'à cette heure, ni lui ni elle n'en parlaient plus.

Ce détachement inespéré des préjugés sociaux à l'égard de l'union libre ravissait Molyneux, dont il sauvait la mise. Sa fille, qui jusqu'à la rencontre de Déborah avait eu toutes ses tendresses, allait ainsi pouvoir se marier sans qu'il fût exposé à recevoir à la sortie de la mairie le contenu d'un flacon de vitriol. On tiendrait les publications aussi secrètes que possible, ce qui ne serait pas très difficile, Déborah ne lisant jamais les journaux, et les promesses de mariage échangées entre les habitants de la commune de Neuilly ne devant guère occuper cette femme supérieure.

Au pis-aller et en admettant qu'une indiscrétion volontaire ou non, qu'une carte postale mal intentionnée vînt instruire la belle victime des mystères de sa vie passée, il courait la moitié moins de risques si elle avait fait son deuil du glorieux nom de Molyneux.

Toutefois, il n'était pas sans avoir lu quelque part que les mers les plus calmes sont quelquefois les plus dangereuses, et il résolut d'arracher à Déborah le secret de cette résignation, dont il se défiait malgré lui.

Un soir qu'ils s'étaient aimés plus que d'ordinaire, Molyneux lui dit entre deux roucoulements :

— Voyons ? Est-ce que nous ne sommes pas aussi heureux qu'il est possible de l'être ? Eh ! mon Dieu, si nous changions, qui sait ce qui arriverait ?

— Tu as bien raison, répondit-elle. Je ne sais pas où j'avais la tête de penser à devenir ta femme. Est-ce que je ne la suis pas, d'abord ! Toutes les amies que nous verrions sauraient que j'ai été ta maîtresse. On me ferait froide mine chez les unes. On refuserait de me recevoir chez les autres. Toute réflexion faite, j'aime mieux rester libre. Au moins à celles qui me regarderont de travers, je pourrai leur dire...

Elle allait ajouter : « Zut ! » Elle rentra cette interjection près de sortir et modifia ainsi sa fin de phrase :

« Il vaut mieux être comme moi fidèle à son amant que de tromper son mari, ainsi que vous le faites à peu près toutes. »

Le lendemain, léger comme une plume, il fila sur la rue Perronnet. La mère et les deux enfants allaient se mettre à table pour déjeuner ; il se fit faire une place et dit en débouchant une bouteille de champagne qu'il avait apportée comme une sorte de préface à la bénédiction nuptiale :

— Et maintenant, si ça vous est égal, nous allons prendre nos dispositions pour que la chose se fasse vers la fin de ce mois. »

— Si j'avais su, fit remarquer à sa fille madame Molyneux, j'aurais prévenu ce monsieur que tu allais te marier.

— Quel monsieur? fit Adeline.
— Celui qui est venu pour le recensement.

XVI

ILLUSIONS PERDUES

OLYNEUX, assis dans son fauteuil directorial devant son bureau à coins dorés, décachetait méthodiquement son courrier, quand il tomba sur une lettre de grande dimension et de l'épaisseur d'une petite brochure. Elle était datée de Barberigan et contenait le rapport de l'ingénieur qui, à lui tout seul, représentait là-bas la « commission d'études ».

Ce jeune homme, qu'on n'aurait probablement pas embauché si on l'avait soupçonné si peu malléable, indiquait, en excellents termes, d'ailleurs, le résultat de sa mission. Son devoir l'obligeait à déclarer qu'il n'y avait pas de nickel à Barberigan. A la suite d'un de ces violents cyclones, malheureusement si fréquents dans la mer des Indes, des forêts entières avaient été déracinées dans l'île, et la perturbation géologique qui s'était produite avait mis à découvert, il est vrai, quelques minéraux, parmi lesquels des pyrites de fer mélangées d'un peu de nickel, qui avaient pu donner le change pour un instant.

Mais le frère Bonaventure, avec lequel il s'était abouché, avait reconnu lui-même que ce minerai était sans valeur comme sans emploi et que la lettre qu'il avait adressée à Molyneux à ce sujet devait être considérée comme non avenue.

L'île de Barberigan était, du reste, extrêmement fiévreuse et ravagée presque périodiquement par des tempêtes qui y rendaient toute installation européenne à peu près impossible. Les quatre missionnaires qui l'habitaient n'avaient échappé aux maladies paludéennes qu'en se réfugiant au sommet d'une assez haute montagne, où l'air était plus oxygéné et, conséquemment, plus respirable.

Le rapport concluait à la possibilité de planter dans cette terre peu enchanteresse la patate et l'igname, mais à l'impossibilité absolue d'y extraire du nickel.

L'accablement de Molyneux frôla le désespoir. Il avait promis des millions à ses porteurs de parts et on le conviait à leur offrir des pommes de terre ! Il eut un instant de vertige. Il pensa à réunir une centaine de mille francs et à sauter dans le train en partance pour Bruxelles. Mais l'image réconfortante de Cotignat et aussi celle du ministre le remirent bientôt en selle. Il prit son chapeau et se rendit à la Chambre, où il fit passer sa carte au député de la Basse-Garonne, qui était en séance, en train de lorgner une petite vicomtesse minaudant au premier rang dans la tribune du conseil d'État, et avec laquelle il n'était pas loin de s'entendre.

Il s'arracha à ce travail législatif et, sortant de l'hémicycle, il aperçut la tête laineuse de son homme qui l'attendait à la porte de la salle des Pas-Perdus, où, n'étant investi d'aucun mandat, il n'avait pas ses entrées.

— Venez tout de suite, dit Molyneux en l'entraînant, il se passe des choses très graves.

— Est-ce qu'il y aurait déjà une plainte contre vous ! demanda Cotignat tout inquiet.

Ce « déjà » indiquait surabondamment que, pour le député d'affaires, le dépôt de la plainte n'était qu'une question de temps.

— Non, du tout ! se récria le directeur de la *Société africaine*. Seulement j'ai le rapport de l'ingénieur. Il est écrasant. Il n'a pas seulement trouvé là-bas une bribe de nickel.

— Il aura mal cherché, dit philosophiquement le député.

— Voulez-vous que je vous le lise, le rapport ? fit Molyneux en le tirant de sa poche.

— Pas ici ? dit Cotignat. Allons nous renfermer dans votre cabinet. C'est un coup à parer, voilà tout. Où diable aussi avez-vous été choisir un ingénieur pareil ?

Ils quittèrent en hâte ce milieu où les reporters

ont des oreilles, et, cinq minutes plus tard, ils étaient calfeutrés dans la pièce la plus reculée de l'immeuble de la Chaussée-d'Antin.

Cotignat parcourut le document avec la rapidité d'un homme qui sait ne s'arrêter qu'aux bons endroits.

— Effectivement, ce n'est pas gai, dit-il en le rendant à son destinataire. Moi qui comptais sur ce rapport pour la prochaine assemblée ! Il est bon, l'autre, avec ses patates et ses ignames !

— Et, selon vous, que devons-nous faire ? interrogea l'ancien changeur, prêt à obéir servilement.

Cotignat lui fit signe qu'il méditait.

— Dame ! à votre place, répondit-il, je paierais de toupet : je réunirais l'assemblée générale et je proposerais carrément le doublement du capital.

— Oh ! fit Molyneux, maintenant que nous savons qu'il n'y a pas de nickel à Barberigan, ce serait presque un vol.

— Ah çà ! dit en haussant les épaules le confident du ministre, est-ce que vous vous imaginez bonnement que le public va croire à votre sincérité ? Que vous sautiez de cent vingt millions ou de soixante, ce sera le même prix pour vous.

Molyneux disait : nous, et Cotignat répondait : vous, se dérobant ainsi aux responsabilités qu'il sentait venir et qui, en somme, le préoccupaient peu, attendu qu'il s'était contenté de son rôle d'intermédiaire entre le gouvernement qui accordait la concession et la *Société* qui la recevait. Par modestie, et afin de laisser aux membres du conseil de surveillance le total des jetons de présence qu'ils gagnaient en restant chez eux, il n'avait pas souffert que son nom figurât sur aucune affiche. Il s'était, en outre, arrangé pour qu'il ne figurât pas non plus sur les livres, tout ce qu'il palpait étant porté aux frais généraux, qui, dans les affaires de cette nature, représentent les fonds secrets.

Une débâcle ne l'en eût pas moins atteint dans ce qu'il avait de plus cher, c'est-à-dire dans ses jouissances. Depuis la fondation de la *Société africaine,* au lieu d'entrer de cinq misérables louis au baccarat, il en jetait vingt-cinq sur le tapis, avec une insouciance à laquelle les grecs eux-mêmes rendaient hommage. En outre, quelques précautions qu'il eût prises pour se mettre judiciairement à couvert, tout Paris l'avait vu monter et descendre à toute heure les escaliers de la maison de la Chaussée-d'Antin. Personne n'ignorait, autour de la corbeille, que l'admission des actions de la *Société* à la cote de la Bourse était due à son influence parlementaire. Il ne pouvait donc abandonner Molyneux à son malheureux sort, sous peine d'être avant peu cruellement entamé lui-même. On ne laisse pas mourir son enfant sans secours, sous prétexte qu'on ne l'a pas reconnu.

— Ne perdons pas la tête, dit-il en marchant pour se donner des idées. Le nickel nous manque, rabattons-nous sur autre chose. Votre société était purement industrielle. Transformez-la en une banque comme toutes les autres, comprenant les achats de titres, les paiements de coupons, les prêts sur valeurs. La maison est bien lancée : tout le monde viendra à vous. Dame ! ça ne donnera pas les cinquante pour cent que vous avez annoncés dans vos prospectus ; mais quand des actionnaires sauvent leur argent, ils doivent encore s'estimer bigrement heureux, car ils sont rares ceux-là.

— Oui, c'est une très bonne idée, dit Molyneux, qui le suivait tout autour de la chambre, comme s'il avait peur que ce conseil — judiciaire ne lui échappât tout à coup. C'est une bonne idée...

Et il ajouta timidement :

— Mais, pour prêter sur des titres, il faut beaucoup d'argent, n'est-il pas vrai ?

— Eh bien ! fit Cotignat en se retournant brusquement, est-ce que vous n'en avez pas ?

— Si, si, j'en ai, répliqua-t-il, mais peut-être pas autant qu'on serait tenté de le...

Cotignat s'arrêta net, et, le regardant dans les yeux en croisant les bras, il lui lança cette apostrophe d'une voix menaçante :

— Ah ! oui, je comprends ! Madame Déborah est venue faire sa rafle. Eh bien ! mon cher, puisque nous sommes en train de chercher à réformer les dépenses, en voilà une qu'il est indispensable de supprimer radicalement, des pieds à la tête, et tout de suite, vous m'entendez.

Interdit et suffoqué en entendant traiter de « dépense », comme s'il s'agissait d'un cheval ou d'un fauteuil à l'Opéra, celle dont il avait fait sa vie, Molyneux ne put que balbutier :

— Comment ! comment ! Déborah, mais vous savez bien que je n'ai pas le droit de la quitter. Ce serait un crime !

— Un crime de quitter Déborah ! dit en riant le député. Faut-il que vous soyez de Clermont-Ferrand pour dire ces choses-là !

— Je suis de Thiers, répondit résolûment Molyneux.

— Ça revient au même ! fit Cotignat, riant toujours.

Et il reprit d'un ton tout à fait sérieux :

— C'est par là qu'il faut commencer les réformes. Cette femme ne videra pas seulement votre caisse, elle ruinera votre crédit et votre réputation. Si vous croyez que vos exhibitions côte à côte avec elle, au Bois ou au théâtre, dans des loges ou dans des calèches, sont de nature à faire monter vos actions ! On se demande naturellement où vous avez pris tout ce luxe-là.

— Mais ces calèches sont à elle ! répliqua aigrement l'ancien changeur, tout fier de son argument.

— Si elles sont à elle, c'est que vous les lui avez achetées. Et, d'ailleurs, il serait encore plus fâcheux pour vous de vous montrer dans les voitures d'une cocotte que si elle se montrait dans les vôtres, fit observer Cotignat.

Le mot « cocotte » fit sauter Molyneux au plafond.

— Déborah est une honnête femme, dit-il avec force, comme pour faire entrer cette conviction dans la tête rebelle de son interlocuteur. J'ai des preuves de son désintéressement, de son dévouement pour moi; oui, de son dévouement, appuya-t-il devant la gaieté croissante de Cotignat.

— Ce sera donc toujours la même chose ! riposta celui-ci. C'est sans doute par désintéressement qu'elle vous a mangé — à vous et à nous — plus d'un million depuis dix mois. Au surplus, conclut-il, je ne tiens pas à vous ôter vos illusions ; ce que j'exige, c'est que vous quittiez cette sangsue. Vous la pleurerez tout le restant de vos jours : c'est votre affaire ; mais comme le salut de la *Société africaine* dépend en partie de ce sacrifice, je vous invite à l'accomplir dès maintenant, ou je vous laisse barboter à votre aise dans votre déficit et vos dividendes fictifs.

— Non ! non ! n'exigez pas ça de moi, adjura le suppliant. La pauvre enfant ! je veux bien avouer qu'elle est un peu dépensière ; c'est de son âge, après tout. Mais je lui ferai comprendre que le moment est venu de nous restreindre. Elle se soumettra. Elle m'est si attachée !

— Ah çà ! voyons, Molyneux, nous parlons ici de choses graves, dit Cotignat.

— Eh bien ! s'écria l'Auvergnat froissé jusque dans les plus secrets replis de son amour-propre, je vais vous confier un secret qui vous montrera ce qu'est Déborah : il y a quelque temps, je lui ai proposé de l'épouser...

— Épouser Déborah ! s'exclama Cotignat.

— Oui, l'épouser, et elle a refusé net.

C'était le contraire qui était vrai, mais Molyneux avait fini par se persuader qu'elle avait d'elle-même renoncé à ce mariage, poursuivi d'abord avec tant d'acharnement.

— Parbleu ! fit Cotignat à cette révélation, tant qu'elle reste votre maîtresse, c'est votre fortune qu'elle mange. Ce serait la sienne le jour où elle serait votre femme. D'ailleurs, est-ce qu'une bohémienne comme elle pourrait s'accommoder de la vie de ménage?

— Elle n'est pas Bohémienne, fit remarquer Molyneux, appliquant naïvement ce qualificatif à la nationalité de Déborah. Elle appartient à une excellente famille étrangère.

— Oui, étrangère à tous les usages, ricana le député. Résignez-vous, mon pauvre ami. Vous trouverez mieux et moins cher.

— Ah ! pleura Molyneux incapable de se décider, on voit bien que vous ne la connaissez pas!

Cotignat, qui était opportuniste, jugea le moment opportun d'enfoncer le clou jusqu'à la tête.

— Comment ! je ne la connais pas, fit-il, moi qui ai vécu huit mois avec elle !

— Hein? Quoi? Que dites-vous? demanda Molyneux, qui n'avait pas saisi le sens de cette énormité.

— Je dis, répéta le représentant de la Basse-Garonne, que ce ne serait pas la peine d'avoir vécu huit mois avec une femme pour ne pas la connaître un peu.

— Vous! s'écria l'Auvergnat avec la voix étranglée d'un homme atteint d'une laryngite.

— Vous ne le saviez pas? Je me figurais qu'elle vous l'avait avoué, riposta flegmatiquement Cotignat.

Molyneux crut voir tournoyer devant ses yeux épouvantés tous les meubles de la chambre. Il n'aurait jamais pensé que, même en riant, on pouvait pousser aussi loin la profanation. Il eut tout d'abord envie de sauter à la gorge de Cotignat; puis il retomba inerte et lui dit doucement :

— Vous avez tort de faire des plaisanteries pareilles. Ça vous remue, même quand on sait que c'est pour rire.

Le député vit bien que pour désagréger ce mollusque de la coquille à laquelle il s'était volontairement soudé, il fallait apporter des preuves équivalant au flagrant délit. Il n'hésita donc plus à entrer dans des détails d'une précision quasi-anatomique.

— Est-il possible! ajouta-t-il; le jour où je vous ai réuni à dîner avec le conseil de surveillance, vous n'avez pas deviné que cette dame qui s'imposait à toute la société était la maîtresse du logis?

— Allons donc! fit Molyneux, obstinément incrédule, avec ça que vous lui auriez parlé aussi respectueusement!

— Je n'allais pas la tutoyer devant l'évêque de Samarcande, bien sûr. Demandez-lui, à celui-là, s'il s'y est trompé un instant.

Et puisque Molyneux avait l'air de le défier, il alla jusqu'au bout. Il prit Déborah à ses débuts dans le corps de ballet de l'Eden-Théâtre, où elle dansait non pas même avec ses jambes, mais avec ses bras et sa tête.

Et, tout député qu'il était, il se mit, au milieu de la pièce, à imiter ce dandinement des membres supérieurs inauguré par les pantomimes mâles et femelles figurant dans *Excelsior*.

— Notez, appuya-t-il, que c'était là le plus beau fleuron de sa couronne; car, seulement un mois plus tôt, je l'aurais ramassée dans les ateliers où elle allait faire des séances à prix débattus. Aussi vous pensez si j'ai ri quand elle s'étendait avec complaisance sur les portraits d'elle que Baudry et Bonnat avaient exposés à divers Salons !

Il aurait peut-être moins ri, quelque bronzé qu'il fût, s'il avait su que, tout en l'accablant, il la ménageait encore et qu'il laissait dans l'ombre tous les épisodes se rattachant au grand Félix, au sujet duquel il n'était pas plus renseigné que Molyneux.

Excité, furibond, piqué comme par un taon qui lui allumait la chair, l'ancien changeur ne cherchait plus qu'à prendre en défaut son impitoyable ennemi. Il eut le courage d'imposer encore silence à ses tortures, pour lui décocher ce raisonnement :

— Moi, qui l'ai toujours regardée comme la plus honnête des femmes, il n'y a rien d'étonnant à ce que je tienne à elle; mais vous, qui la saviez ce que vous dites qu'elle est, comment l'avez-vous gardée huit mois?

— Ça! répondit Cotignat en souriant, c'est le secret du cœur. On est sûr qu'une femme a toutes les vertus, et on la plante là. On a la certitude qu'une autre femme est la scélératesse incarnée, et on s'y cramponne. Je crois qu'elle m'avait empoigné par la façon dont elle parlait argot.

— Argot! répéta Molyneux, tellement stupéfait qu'il eut un moment l'espoir de quelque malentendu, pensant qu'il s'agissait d'une autre. Argot! elle dont la conversation est si charmante et si distinguée.

— Tiens! fit curieusement le député. Elle aura remarqué que c'étaient les imparfaits du subjonctif qui mordaient sur vous. Oh! on ne peut pas lui contester sa clairvoyance.

Les mains moites et le front glacé, l'écartelé Molyneux avait oublié, pendant la durée de son supplice, et l'état morbide des finances de la *Société* et les révélations que lui apportait, par la voie de Suez, le paquebot venant de la mer des Indes. Cotignat le ramena sur la plate-forme d'où ils étaient descendus pour bifurquer sur les chemins qu'avait autrefois parcourus Déborah.

— Le rapport de cet ingénieur, où est-il? demanda le député.

— Dans ma poche, dit Molyneux.

— Bien! gardez-vous de le laisser ici. Tout serait flambé si on l'y découvrait. Emportez-le chez vous, et cachez-le à tous les yeux.

— Si nous le brûlions? fit observer le directeur de la *Société africaine*.

— Non, ce serait une destruction de pièce qui constituerait un délit. Il faut pouvoir l'exhiber au cas où on y serait absolument forcé. Maintenant, laissez-moi retourner auprès du ministre. Je crois avoir trouvé un moyen de faire remonter les actions sans aucun doublement de capital ni appel de fonds.

— Ce serait fameux! Mais quel est-il, votre moyen? dit l'Auvergnat qui écoutait à peine, travaillé qu'il était par cette idée lugubre que tout Paris avait vu sa Déborah avec ou sans maillot.

— Eh bien! mon moyen, fit triomphalement Cotignat, c'est de vous faire décorer!

Ce mot eut pour effet de jeter brusquement Molyneux hors de ses réflexions mélancoliques. Décoré, lui, l'ex-regrattier! Après avoir vendu au rabais tant d'habits dont les boutonnières étaient en loques, porter à la sienne ce ruban rouge sur lequel les yeux des passants sont invinciblement attirés comme par une lanterne d'omnibus! Et pourquoi décoré? Justement parce que ses affaires allaient mal. Si elles avaient continué à aller bien, jamais cet insigne honneur ne serait venu le chercher. Il ne put se retenir de saisir à deux mains celle du député de la Basse-Garonne, comme si celui-ci avait déjà détaché la croix de son uniforme, pour l'appliquer sur la poitrine de son protégé.

— Quand on lira à l'*Officiel* votre nomination, expliqua Cotignat, qui ne discernait que le côté utilitaire de cette distinction enviée, tout le monde en conclura que le gouvernement s'intéresse à la *Société* et que la haute banque est décidément avec nous. Il y a là un coup à nous relever pour toujours.

— C'est un trait de génie! s'exclama Molyneux.

— Oui, mais, mon cher, reprit Cotignat, si mademoiselle Déborah s'amuse à enfoncer quotidiennement les bras dans nos coffres jusqu'aux aisselles, vous n'aurez reculé que pour mieux sauter. En outre, le conseil de la Légion d'honneur est très sévère sur les questions d'existence privée : quand on apprendra, par l'enquête, que vous vous produisez partout avec cette mangeuse, bonsoir les voisins ! on vous rayera sans pitié.

Molyneux tenta de disculper celle qu'il avait considérée jusqu'à ce jour comme une des gloires de son sexe ; mais le député d'affaires lui conseilla de prendre des informations et de revenir quand il les aurait prises. Il aurait alors à choisir entre Déborah avec la faillite, pis que la faillite : la banqueroute, et la croix d'honneur sans Déborah. Les investigations ne seraient pas longues. Au bout de vingt-quatre heures il saurait à quoi s'en tenir... Mais il y avait urgence. Entre les faveurs du gouvernement et celles de la coûteuse Déborah, il fallait opter.

Le député de la Basse-Garonne se retira sur cet ultimatum, comme les fées qu'on a négligé d'inviter au baptême d'une princesse, et qui disparaissent après avoir jeté un sort sur la maison.

XVII

LA RECHERCHE DE L'INCONNU

Si le pasteur Coindet avait aperçu Molyneux dans l'état de prostration où l'avait plongé la mercuriale de Cotignat, il n'eût pu moins faire que de le comparer à Jésusse priant son père d'éloigner de lui ce calice.

— Non, disait-il en parlant tout haut, elle n'est pas, elle n'a jamais été ce qu'il prétend. Il l'a indignement calomniée pour amener une séparation totale entre elle et moi. Il connaît sa violence et...

Puis il rassemblait les révélations et tremblait qu'il n'y en eût dans la masse quelques-unes de vraies, car de toutes les catastrophes dont il était à ce moment menacé, la seule qui le préoccupât, c'était la trahison possible de celle qui, tout récemment, lui avait dit d'une voix tellement inimitable qu'il renonçait à l'imiter :

— Tu me rends plus que la vie, tu me rends l'honneur !

Quoi! cette déesse de l'élégance, qui aurait tenu sa place parmi les impératrices, elle avait caboliné sur des scènes quasi-pornographiques et montré ses mollets au peuple! La malveillance la plus raffinée était seule capable de pareils racontars. Il n'y avait pas jusqu'à ce désir obstiné de régulariser sa situation qui ne militât en sa faveur. Si elle avait, en effet, exhibé ses formes devant la plupart des artistes de Paris, que lui importait de s'appeler ou non madame Molyneux? Le mariage légitime une liaison : il n'en fait pas oublier cinquante.

Quant à Cotignat, il se vantait de victoires que son imagination seule avait remportées. Qui prouvait que cet acharnement à provoquer une rupture entre deux êtres qui s'adoraient, ne cachait pas quelque ténébreux projet de séduction, mille fois justifié par la beauté si originale de Déborah? Diviser pour régner, n'est-ce pas là la devise de la plupart des hommes d'Etat?

Cette croix d'honneur, dont l'ami du ministre offrait de payer le sacrifice, n'en disait-elle pas encore plus long? Elle indiquait assez le haut prix auquel il estimait Déborah. Mais lui, Molyneux, n'était pas homme à céder contre un bout de ruban rouge le trésor convoité. Allons donc! c'était à d'autres qu'il fallait proposer de pareils marchés.

Cependant, sans aller jusqu'à une brouille déclarée avec Cotignat, qui tenait dans ses mains protectrices le salut de la *Société*, Molyneux n'aurait pas été fâché de le convaincre, sinon d'imposture, au moins de jugement tout à fait téméraire. Il remit au lendemain l'instruction qu'il se proposait d'ouvrir sur le passé de Déborah. Quand il devrait aller en personne se renseigner auprès de Baudry et de Bonnat sur la position sociale de la jeune étrangère dont ils avaient à diverses reprises exposé le portrait, il ne reculerait pas. Il se rendrait également à l'Éden-Théâtre pour y consulter les registres du personnel depuis la première représentation d'*Excelsior* jusqu'à nos jours ; et c'est dossier en main qu'il reviendrait dire aux diffamateurs coalisés contre lui :

— Voici le casier de Déborah. Feuilletez-le : il est plus blanc que neige.

Malgré l'air gaillard qu'il affecta en reparaissant devant elle, la juive ne tarda pas à accrocher de son œil perçant les nuages sombres qui balayaient par intervalles le front de son Auvergnat. Quelle que fût la fermeté de ses convictions à l'égard de son adorée, il la regardait de temps en temps à la dérobée, tâchant de saisir sur cette face angélique les traces de débauche que le député d'affaires prétendait avoir lui-même contribué à y creuser.

Il s'était promis d'attendre ; il n'en eut pas la force. Tout à coup, sans transition, au milieu d'une discussion amicale sur la couleur d'une douzaine de bas de soie qu'elle voulait prendre rayés noir et blanc, et qu'il préférait bleu marin, il lui porta ce coup droit :

— Qu'est-ce que tu as donc fait à Cotignat? Il ne paraît plus t'aimer beaucoup.

Instinctivement, elle devina qu'un vent de péril soufflait de ce côté-là :

— Il ne doit guère m'aimer, en effet, dit-elle avec un mystérieux sourire.

— Pourquoi donc? demanda-t-il, en l'enveloppant d'un regard agité.

— Parce que, répondit-elle, il m'a fait inutilement la cour pendant six mois, et que, ces choses-là, les hommes ne les pardonnent pas.

— J'en étais sûr! pensa Molyneux, tout fier de sa perspicacité. Oh! alors je comprends, répliqua-t-il.

Et il parla d'autre chose. Il en savait assez pour le moment.

Le lendemain, avec la sécurité d'un avocat dont la cliente est acquittée d'avance, il se fit conduire à la porte des coulisses de l'Éden, et demanda à parler au régisseur, à qui il fit passer sa carte. Devant le titre de directeur de la *Société africaine*, le metteur en scène s'arracha à la répétition d'une pantomime anglaise et pria Molyneux de le suivre dans son cabinet.

L'ex-changeur lui exposa le but de sa démarche. Il était chargé par la famille d'une jeune fille qui avait dansé, à la création, dans le ballet d'*Excelsior*, de retrouver son adresse, afin de lui faire part d'un héritage qui venait de lui tomber. Il avait eu l'idée de s'adresser à l'administration du théâtre où elle avait figuré, supposant qu'on pourrait là lui indiquer une piste.

Le régisseur fit appeler l'administrateur, qui fit appeler l'archiviste.

— Sous quel nom jouait la jeune personne? demanda ce dernier.

— Sous celui de Déborah, dit Molyneux, persuadé qu'on ne trouverait rien et un peu honteux de faire perdre leur temps à des hommes aussi occupés.

Pendant que l'archiviste allait chercher le livre des engagements, le régisseur expliqua à Molineux, au milieu des rires et des caquetages qui s'échappaient du foyer de la danse, combien il était malaisé de se rappeler le passage de toutes ces femmes, qui se succédaient dans le théâtre, où elles ne faisaient généralement qu'entrer et sortir. Quand on en a jusqu'à quatre-vingt-seize à conduire pour un seul ouvrage, on a de la peine à retenir leurs noms.

L'archiviste rentra avec le grand livre contenant la comptabilité des jambes de ces dames.

— Est-elle Italienne? interrogea-t-il.

— Je ne crois pas, fit Molyneux, qui ne savait pas au juste à quelle nationalité appartenait Déborah, laquelle s'était bornée à lui raconter qu'elle descendait d'une famille « étrangère ».

— Voyons donc : Déborah... Déborah... disait le régisseur, répétant le nom, pour se remémorer celle qui le portait.

— Attendez donc! intervint l'administrateur. N'était-ce pas une grande brune!

— Oui, fit Molyneux, elle est brune et assez grande.

— J'y suis, continua l'employé, une juive... Vous savez bien, ajouta-t-il en s'adressant au régisseur : une juive qui était avec le second machiniste.

— Voilà son nom! fit l'archiviste qui avait consulté son livre. Déborah, avec un *h* à la fin. Elle avait soixante francs par mois... Elle aura probablement trouvé son affaire, car je l'ai notée comme ayant disparu sans toucher sa dernière quinzaine.

Ce n'était pas, ce ne pouvait être elle, quoique ce nom de Déborah — par un *h* — fût de nature à faire réfléchir les plus illusionnés. Molyneux n'en éprouvait pas moins comme une brûlure à l'épigastre rien qu'à entendre traiter avec ce sans-façon l'homonyme de celle qu'il aurait voulu loger, à l'abri des regards humains, sur des hauteurs inaccessibles.

— Vous avez parlé d'un second machiniste qui l'aurait connue, risqua-t-il d'une voix qui tremblotait à l'idée de cet accouplement. Je le questionnerais, si vous vouliez bien me le permettre.

On alla quérir le second machiniste, qui eut d'abord quelque peine à se rappeler sa conquête, laquelle, en partant, avait laissé dans son cœur un vide promptement comblé. Puis, les souvenirs lui revinrent. Il avait appris qu'elle avait quitté l'Éden, enlevée par un homme très bien, un député ou un sénateur, il ne savait pas au juste. Du reste, ça ne l'avait pas étonné, parce qu'elle passait pour une roublarde qui « la connaissait dans les coins ».

Et il termina ainsi cette notice biographique :

— En v'là une qu'était à la coule.

Comme les malheureux atteints de ce mal plus cruel que la démence inconsciente et que les spéciaistes qualifient de « folie lucide », Molyneux eut un éclair de sens commun. Subitement, il lui revint à l'esprit un indice caractéristique : Déborah, qui aimait le théâtre à l'adoration, avait toujours refusé de passer une soirée à l'Éden. Un jour même qu'il avait loué une loge d'avant-scène pour aller y voir manœuvrer les bataillons féminins, elle avait argué d'une migraine atroce qui la forçait à rester chez elle, et il en avait été pour ses soixante francs.

Comme le machiniste sortait de la régie pour retourner à sa besogne, il le rejoignit au détour d'un portant, et lui posa cette question :

— La grande fille dont nous parlions tout à l'heure, si vous la revoyiez, est-ce que vous la reconnaîtriez !

— J'vous crois ! fit l'autre.

— Eh bien ! soyez demain, à trois heures, devant le n° 75 de la rue du Helder. Vous en verrez sortir une victoria attelée d'un cheval gris. Vous regarderez soigneusement la dame qui sera tout en noir, dans la voiture. Puis, vous ne manquerez pas de m'attendre, à cinq heures, chez le concierge du théâtre. Vous me direz alors si la dame en noir est bien la Déborah en question, et, que ce soit elle ou non, il y a cent francs pour vous.

— Bon ! dit le machiniste. A trois heures, rue du Helder; à cinq heures, ici. Mais une supposition qu'elle ne sorte pas : comment voulez-vous que je la reconnaisse?

— C'est mon affaire. Entre trois et quatre heures, la porte cochère s'ouvrira toute grande, et vous verrez sortir la voiture avec la dame dedans.

— Ce n'est pas un fiacre !

— Non, une voiture de maître.

— Un équipage ! Il paraît que, depuis moi, elle ne s'est pas embêtée, fit le machiniste, qu'un coup de sifflet de son chef hiérarchique rappela à ses travaux manuels.

Tantôt sur le gril, tantôt dans la poêle à frire, Molyneux vécut dix ans pendant les vingt-cinq heures qu'il compta une à une jusqu'à celle de son rendez-vous chez le concierge de l'Éden. Il avait dit négligemment à Déborah :

— Viens donc me chercher au bureau sur les trois heures et demie. J'ai besoin de prendre un peu l'air. Nous irons faire un tour de lac et nous rentrerons. Tu te mettras en noir. Dès que tu as une robe un peu voyante, ça fait émeute dans la maison. Les gens sont si bizarres ! On finirait par persuader aux actionnaires que nous mangeons leur apport en coupons de soie et en garnitures de chapeaux.

Molyneux avait aussi recommandé à Déborah de faire atteler une voiture découverte. Par ce beau temps, on étoufferait dans un coupé. Il ne comprenait même point comment elle supportait ces voiles épais comme des cottes de maille, derrière lesquels elle ne devait pas plus respirer que si elle portait un masque.

— Ce que j'en fais, c'est pour toi, dit-elle d'une voix douce. J'ai toujours peur que le monde ne trouve drôle que nous soyons constamment ensemble.

Molyneux eut un déchirement.

— Je suis un monstre, pensa-t-il. La femme qui a de semblables délicatesses n'est pas celle que Cotignat a vilipendée devant moi avec tant de brutalité.

Il répondit à cette déclaration pleine de mansuétude :

— Est-ce que j'ai jamais essayé de cacher notre liaison ? Au contraire, je veux qu'on te voie et qu'on sache que nous sommes absolument l'un à l'autre. Tu m'entends : si tu m'aimes un peu, tu ne mettras pas de voile.

— Qu'est-ce qu'il a, aujourd'hui ? se dit Déborah. Il ne craint donc pas de rencontrer sa femme, qu'il tient tant à s'afficher avec moi. Peut-être est-elle en voyage.

Quand, vers quatre heures, la juive passa le seuil des bureaux de la *Société*, Molyneux s'abrita derrière un travail en retard pour remettre à un autre jour la promenade convenue. Avec toute sorte d'excuses, il la congédia, pour se rendre, dit-il, à une réunion du conseil de surveillance inopinément rassemblé.

La surveillance, c'était, ce jour-là, sur Déborah qu'elle portait. Dès que de sa fenêtre il l'eut vue repartir au trot de son cheval gris, il dépouilla son paletot de bureau, décrocha à la patère sa redingote du dehors et, après en avoir enfilé les manches avec une prestesse vertigineuse, bien qu'il fût de cinquante minutes en avance, il se lança, à travers rues et carrefours, sur la route qui menait à l'Éden-Théâtre — à pied, car il savait qu'aucune voiture n'arriverait aussi vite que lui.

Juste le machiniste avait profité d'un entr'acte de la pantomime en répétition pour descendre flâner dans la cour, en attendant son bourgeois, qui ne devait poindre qu'à cinq heures.

— Eh bien ! lui cria Molyneux, du plus loin qu'il l'aperçut.

— Eh bien ! il n'y a pas d'erreur, dit-il en s'avançant vers lui ; mais maintenant elle vous a un galbe! On a beau dire : la toilette, ça vous requinque joliment une femme !

— Et pensez-vous qu'elle vous ait reconnu en passant ? demanda Molyneux qui suffoquait.

— Pas du tout ! Comment voulez-vous ? Depuis plus de deux ans elle a dû en connaître tant d'autres !... répondit naïvement celui auquel Molyneux avait succédé dans des conditions si douloureuses.

C'était tout ce qu'il voulait ou plutôt qu'il n'aurait pas voulu savoir de son prédécesseur, auquel il remit les cent francs promis, qu'il eût si volontiers portés à cinq cents, à mille, à cinquante mille, pour que le messager de malheur lui dît :

« Ce n'est pas elle ! »

En le regardant regagner ses coulisses, dans sa cotte de toile bleue, les épaules voûtées par les fatigues de sa besogne quotidienne, Molyneux sentit les larmes de l'humiliation lui monter aux yeux :

« Voilà pourtant de quelles mains j'aurais pu la prendre ! » se disait-il.

Il est vrai que si, au lieu d'un machiniste en sarrau, il eût eu devant lui un clubmann de la plus haute distinction et de la plus jolie figure, Molyneux se fût également comparé à lui, et son humiliation n'eût pas été moins complète. Mieux valait encore, en résumé, qu'elle lui vînt de son rival que de lui-même.

Il eut son Golgotha, traversé d'idées sages et d'idées baroques. Sa première résolution fut de filer sur Neuilly et d'aller se réfugier pour jamais dans le sein de sa famille, abandonnant cette femme indigne sur la pente au bas de laquelle elle ne pouvait manquer de rouler. Il n'avait plus rien à faire rue du Helder, puisque le loyer de l'appartement était au nom de Déborah. Elle le paierait ou le ferait payer par d'autres, et si le propriétaire en arrivait à s'emparer des meubles, tant pis pour elle ! Il éprouverait une satisfaction amère, mais réelle, à la voir reparaître en simple maillot sur les planches de l'Éden-Théâtre.

Cette décision formellement arrêtée, il en changea. Décidément, il aurait trop de peine à se séparer d'elle définitivement avant de lui avoir dit « son fait ». Le nombre d'amants trompés qui sont retombés dans les bras de leurs trompeuses, pour avoir cédé à la dangereuse tentation d'aller leur dire « leur fait », est incalculable.

Il éprouvait un irrésistible besoin de l'accabler sous les épithètes les plus dures, de l'appeler hétaïre — mot nouveau pour lui, quoique très ancien — et fille de marbre. Il ne la tuerait certainement pas : il la méprisait bien trop pour cela ! Toutefois, se refuserait-il la douceur de lui voir baisser la tête sous les preuves multipliées de son ignominie ?

Bien que la vengeance demande à être mangée froide, il ne laissa pas la sienne refroidir. Presque sans savoir comment il y était parvenu, il se trouva devant la porte derrière laquelle celle qu'il appelait encore, la veille, « sa Déborah » avait médité tant de trahisons ; et comme il avait une clef de l'appartement, il entra.

— Comme tu viens tard ! dit-elle. Cette réunion a donc duré bien longtemps ?

Il ne répondit pas, savourant d'avance l'éclat qu'il allait faire.

— Et quand on songe, ruminait-il, que c'est à cette femme-là que je dois de ne pas être encore décoré !

Et il riait en pensant à la fureur qui la posséderait quand elle le verrait passer fièrement et dédaigneusement devant elle, le ruban rouge à la boutonnière.

Il ne s'assit pas, ce qui lui eût ôté de sa majesté, et, se plaçant devant elle, il croisa les bras, signe à la fois de commandement et d'irritation :

— Madame, lui dit-il, ne vous semble-t-il pas que voilà assez de mensonges entre nous deux ?

Cette phrase mousquetaire indiqua tout de suite à Déborah que la nuée s'était déchirée et qu'un jour aveuglant avait passé à travers. Elle ne voulut pas se laisser devancer dans la voie des reproches et lui envoya immédiatement cette réplique à la tête :

— C'est mon avis. Et ces dames de la rue Perronnet vont-elles toujours bien ?

Molyneux sentit sa langue se paralyser entre ses dents. Il se préparait à lancer un obus, et c'était lui qui le recevait. Il ne sut que mâchonner ces mots :

— Comment !... Qui vous a dit?

— Mais, mon brave homme, répliqua-t-elle, en le déshabillant d'un regard de pitié, il y a plus de six mois que je le sais. D'abord, il suffit de voir votre tête pour le deviner.

Il essaya d'interrompre; elle poursuivit d'une voix plus aigre :

— Mais oui, mon pauvre vieux, je le savais, et je ne vous en parlais pas. Et je riais toute seule quand vous me débitiez vos petites roustissures. Et notre mariage! Hein? avez-vous dû en avoir des transes! Je vous ai bien fait poser, n'est-ce pas? De temps en temps je me payais votre tête en vous demandant de me fixer l'époque où je m'appellerais madame Molyneux. C'est un si beau nom ! et si bien porté! Alors — oh! ça, par exemple, c'est le plus gai de l'histoire — vous m'avez offert de m'emmener à Londres pour une affaire importante ; et pendant que nous aurions visité là-bas le Palais de Cristal, on aurait marié ici mademoiselle Molyneux, et la pauvre Déborah aurait continué à dormir sur ses deux oreilles... Ah! vous êtes encore un joli rastaquouère, vous. Je n'aurais jamais cru que l'Auvergne produisait des gaillards aussi étoffés. Savez-vous, mon cher, que vous seriez très dangereux, si vous étiez seulement un peu moins bête?

Ainsi, même quand c'était lui qui mentait, il était encore sa dupe. Elle était au courant de tout, et elle ne disait rien. Elle avait gardé pour la soif cette poire — d'angoisse, qu'elle lui servait au moment précis où il se disposait à écraser cette malheureuse sous le poids de son passé. Il était revenu uniquement pour lui dire « son fait ». Il avait, ma foi, bien réussi.

Molyneux avait pourtant fait une plantureuse provision d'arguments de premier choix ; mais elle l'avait tellement étourdi par son bagout qu'il ne savait plus comment les placer. Il en rattrapa cependant au vol un ou deux, qu'il jeta dans la mêlée :

— Oui, c'est exact, j'étais marié, et je vous ai

affirmé que je ne l'étais pas; mais, de votre côté, il vous fallait une fameuse audace pour espérer m'épouser, après avoir traîné avec des machinistes dans les coulisses de l'Éden-Théâtre !

Elle avait cru d'abord que sa liaison antérieure avec le député de la Basse-Garonne était seule en cause, et qu'elle serait sans doute arrivée à liquider cette aventure au mieux de ses intérêts. L'introduction dans le débat de l'Éden-Théâtre, avec complication de machinistes, ravalait singulièrement la question. Sans avouer non plus que sans démentir, elle riposta en haussant les épaules :

— On peut toujours raconter ce qu'on veut à propos d'une femme. En tout cas, vous n'avez pas le droit de me demander ce que j'ai fait avant de vous connaître. Vous suis-je restée fidèle depuis que nous nous connaissons? Tout est là. C'est vous qui vous êtes joué de moi, en m'affirmant que vous étiez garçon.

— Et Cotignat! fit remarquer Molyneux, Cotignat qui vous en voulait parce qu'il vous avait fait inutilement la cour?- dit-il en imitant la voix de Déborah.

— Tout cela, c'est le passé, fit-elle en persistant dans son système. En admettant que je vous aie trompé avant, ce qui est absurde, puisqu'on ne peut tromper un homme qu'on ne connaît pas, vous, vous m'avez trahie pendant.

Elle attendait comme bouquet le nom du grand

Félix, en compagnie duquel le jeune fiancé de mademoiselle Molyneux avait vidé un bock, à quelque temps de là. Au pis-aller, elle eût essayé de le faire passer pour son frère ou tout au moins son cousin. Mais aucun danger ne se manifesta de ce côté-là.

Après un échange de paroles aigres, où elle conserva jusqu'au bout sa situation d'offensée, grâce à la promesse de mariage et à la falsification d'état civil dont elle avait été victime, elle passa à la période de l'attendrissement. Elle entama une dissertation longue et diffuse — longue pour l'amollir, diffuse pour l'embrouiller — sur les nécessités répugnantes auxquelles est parfois réduite une femme obligée de se suffire à elle-même. Après tout, quand elle aurait consenti à déchoir au point d'accepter un engagement momentané à l'Éden, qu'y avait-il là de déshonorant? Elle était à même de citer nombre de femmes du monde — car, pour ce qui était de la noblesse de sa famille, elle n'en démordait pas — qui n'avaient pas hésité à entrer au théâtre. Cela ne valait-il pas mieux que de voler des dentelles dans les magasins ou de se livrer à la prostitution? Et elle trouva pour ce mot prostitution un accent tout spécial.

Elle égrena un rosaire si compliqué que le sensible Auvergnat finit par s'attendrir à son tour. Les misères de son ancienne existence de mercanti se mirent à danser devant ses yeux obscurcis par l'émotion. Qui mieux que lui connaissait les capitulations auxquelles on est forcé de se résoudre dans les moments difficiles? Les plus grands noms de France avaient été souvent réduits à s'accoler à des métiers presque inavouables. Ne lui avait-on pas montré, à Bougival, un certain Iturbide, descendant des empereurs du Mexique, et qui n'en servait pas moins aux canotiers des fritures qu'il allait pêcher lui-même?

Puis, dans quelque sens qu'il retournât la question, c'était incontestablement lui le premier coupable. Si, le jour même où il avait dîné chez Cotignat, entre un évêque *in partibus* et un pair de France *in partibus* aussi, il s'était loyalement dénoncé comme marié et père de famille, elle aurait agi dans la plénitude de sa volonté. Un jury d'honneur nommé par les deux parties afin d'apprécier le différend aurait été certainement des plus embarrassés pour décider de quel côté étaient les torts.

En outre, l'envie immodérée de reprendre possession de cette femme qu'il avait crue toute à lui, et sur laquelle plusieurs autres faisaient tout à coup valoir des droits de préemption, commença à le démanger avec la cuisson la plus irritante. Nombre d'hommes abandonneraient leurs belles amies s'ils avaient la certitude qu'après eux, elles iraient tout droit s'ensevelir dans un cloître. Mais quand on voit se profiler à l'horizon plusieurs postulants disposés à recueillir celle qu'on expulse de son logement comme de son cœur, le sentiment de la propriété se réveille plus intense, et on se tient bien bas ce raisonnement tout ruisselant d'égoïsme :

— Du moment qu'un autre s'offre pour la prendre, je la garde.

Et Molyneux se disait en regardant Déborah :

« Que j'emporte d'ici pour jamais mon bonnet de coton et mes pantoufles, et, ce soir peut-être, elle retournera dans ses coulisses, au milieu des gommeux imbéciles qui, en sortant du Café de la Paix ou de chez Bignon, vont dans les foyers de théâtres finir leur soirée avec les petites actrices. »

Des mains irrespectueuses, mal lavées peut-être, la tripoteraient dans les coins. Non ! il devait empêcher à tout prix cette profanation.

Il se rapprocha d'elle comme pour la défendre. Elle le repoussa faiblement, essayant de lui faire comprendre qu'elle n'était pas encore mûre pour la réconciliation. Mais il insista avec une lâcheté si évidente qu'elle finit par lui tendre, tout en rechignant, une joue sur laquelle il se précipita.

— Tu vois bien, dit-il, il ne s'agissait que de s'expliquer.

Ils se couchaient ordinairement à dix heures. Ce soir-là, ils se couchèrent à neuf. C'est tout ce qu'il gagna à être retourné chez sa juive, uniquement pour lui dire « son fait » ;

Le lendemain, Déborah le promena, de une heure à trois, dans les quartiers de Paris les plus animés, afin d'établir aux yeux de tous l'inanité des bruits de rupture qu'avait probablement fait courir Cotignat. Quand l'exhibition lui parut assez publique, elle le ramena au siège de la *Société*, traversant à son bras tous les bureaux, à la face du personnel, et parlant dans les corridors plus haut et plus impérativement que jamais.

Pendant qu'elle affirmait ainsi sa rentrée au pouvoir, une scène d'un ordre plus vulgaire se passait dans la cuisine de son appartement de la rue du Helder. Mikaële, la femme de chambre que le pasteur Coindet avait promis d'établir, en échange des informations qu'elle avait fournies sur les relations de sa maîtresse et du père Molyneux, avait été convoquée à un prêche où elle devait se rencontrer, comme par hasard, avec un jeune cocher très protégé par le Consistoire.

Le fond de pain d'épices qui composait son teint de mulâtresse n'était pas sans la préoccuper quelque peu. Elle avait essayé de tromper ce jeune homme en s'inondant la figure de poudre de riz soustraite à madame ; mais si ce noir donnait à ce blanc un éclat inusité, ce blanc faisait paraître ce noir encore plus foncé. Elle finit donc par s'en tenir à sa couleur naturelle. Elle se dédommagea en se frisant les cheveux sur le front à la manière des plus « grandes marques » de l'île d'Haïti.

Elle avait, pour cette opération minutieuse, emprunté le petit fer de sa maîtresse et, après l'avoir laissé rougir à blanc dans le fourneau, elle le tenait à quelque distance de sa bouche, soufflant dessus pour l'amener à une température plus tolérable, quand Follette qui, malgré les mille et une recommandations de Déborah, n'avait pas encore déjeuné, sauta, probablement pour réclamer sa nourriture, sur le bras qui tenait le fer rouge. Mikaële n'eut pas le temps de parer cette sollicitation imprévue et se balafra la figure d'une brûlure en estafilade qui prenait du haut de la joue pour ne s'arrêter qu'au menton.

Allez donc, avec un visage ainsi couturé, minauder devant un prétendant! La haine que la femme de chambre portait à Follette s'augmenta d'une fureur de sauvage. Elle se jeta sur la bête, son fer brûlant à la main, et, munie de cette arme désagréable, commença à travers les tables, les chaises et les ustensiles de cuisine, une chasse à courre rehaussée par les imprécations les moins orthodoxes.

Chaque fois qu'elle atteignait la chienne, elle la brûlait jusqu'à l'os, et les hurlements de la bête ne faisaient qu'exciter la domestique, qui lui criait tout en la traquant dans les embrasures :

— Braille tant que tu voudras, saleté que tu es! Tiens! tiens! ordure!

C'était dans tout l'appartement une odeur de poil roussi à donner envie d'éternuer. Au moment où Mikaële, hors d'elle-même, allait sonner l'hallali, Déborah, toute flamboyante de son dernier triomphe, montait allègrement son escalier. En entendant un bruit insolite, elle crut que le grand Félix était venu aux renseignements et qu'il l'attendait dans la cuisine. Elle en tourna la clef restée sur la porte et s'arrêta glacée d'épouvante sur le seuil, devant le spectacle de cette exécution par le fer et le feu.

— Que faites-vous là, misérable? cria-t-elle.

La Caraïbe, surprise, tourna vers sa maîtresse des yeux injectés de sang, et répondit d'une voix spasmodique :

— C'est votre gueuse de chienne que je corrige. Voyez comme elle m'a arrangée!

Et, suspendant un moment cette curée chaude, elle montra à Déborah la balafre qui traçait une ligne blanchâtre sur sa peau ténébreuse.

Mais la juive ne voyait que sa bête odieusement suppliciée, torturée, massacrée.

— Mon ange! ma chérie! gémit-elle en tendant les bras à Follette, qui n'avait jamais mieux porté son nom, car elle était complètement affolée.

Elle profita de cette minute d'armistice pour se réfugier sous les jupons de sa maîtresse, où Mikaële n'eut pas l'inconvenance de la relancer.

— Sortez! sortez tout de suite! quittez la maison! écuma Déborah.

Puis se ravisant :

— D'abord, il faut que je t'étrangle, vilaine guenon!

Et elle bondit sur la femme de chambre, qui, lui opposant par le mauvais bout son fer encore très suffisamment chaud, la contint par ces mots où se révélait une décision remarquable chez une fille de sa condition.

— Si vous bronchez, je vous nettoie à votre tour !

Déborah, qui ne tenait pas à se faire détériorer, recula d'un pas et se contenta de réitérer l'ordre de départ :

— Allons ! oust ! Faites vos paquets ! Du lest, et plus vite que ça ! fit-elle avec des gestes canailles.

Car, dans son exaspération, elle était redevenue tout à fait faubourienne. Et, se sentant impuissante à passer sa colère sur le dos de Mikaële, toujours en garde avec son fer à friser, elle poursuivit, pour décharger sa bile :

— Et ce n'est pas fini, petite salope ! Ce soir même, je vais écrire au commissaire de police de vous faire arrêter !

— Me faire arrêter, moi ! éclata Mikaële en se tordant dans un rire évidemment forcé, me faire arrêter pour avoir un peu lardé votre pourriture de chienne, qui a l'air d'une truie ! Ah ! bien, ça serait trop drôle, par exemple ! En ce cas, vous pourrez dire au commissaire de police que ce n'est pas la première fois qu'elle a de mes nouvelles. Il n'y a pas de jour où je ne lui flanquais des tripotées à la coucher sur le carreau. Je vous prie de croire qu'elle en a eu son compte. Je faisais semblant de la dorloter pour me moquer de vous ; mais dès que vous aviez le dos tourné, pif ! paf ! ça roulait, je vous en réponds ! Réellement, vous êtes donc bête comme une oie, que vous ne vous en êtes jamais aperçue?

Déborah se vit aux portes d'une attaque de nerfs, à l'idée que le seul être qu'elle aimât au monde était depuis près de deux ans entre les mains du bourreau.

— Vache! vache! vache! répétait-elle comme la suprême injure, peu justifiée d'ailleurs, la vache 1étant un des animaux à la fois les plus utiles, les plus respectables et les plus inoffensifs de la croûte terrestre.

Sur quoi, Mikaële, qui n'avait plus rien à ménager, répliquait avec des convulsions de rire :

— Non, c'est trop drôle ! Elle disait l'autre fois à c't'archevêque : « Monseigneur, je vous assure que Follette a une âme. Ainsi, voilà ma femme de chambre qui adore cette petite chienne; eh bien ! Follette sait qu'elle est à moi et non à elle, et elle veut toujours la mordre ! » Je le pense bien qu'elle voulait me mordre : il n'y avait pas cinq minutes que je l'avais à moitié assommée avec une pelle. Ah! je vous ai fait solidement payer les ailes de perdreau que vous lui donniez, pendant que je mangeais des pommes de terre dans ma cuisine !

Déborah ne put en entendre davantage.

— Combien vous dois-je ? dit-elle.

— Un mois et quatorze jours, fit la femme de chambre, qui ne perdait pas la carte; à soixante francs par mois : quatre-vingt-huit francs.

La juive, prise d'une sorte de tremblement, eut

toutes les peines du monde à trouver sa poche pour en tirer son porte-monnaie.

— C'est bien, dit-elle, revenant au ton de la maîtresse de maison ; allez-vous-en et qu'il ne soit plus jamais question de vous ici !

— Soyez tranquille, dit la fille d'Haïti, je n'ai pas envie de rester non plus ; mais comme votre Follette m'a tout abîmé la figure et que vous ne m'avez pas laissé le temps de lui régler sa note, tenez : v'là pour elle !

Elle prit un tabouret et le lança de toutes ses forces sur la chienne, qui alla rouler à quatre pas sous l'évier, la tête en sang, la patte gauche de devant cassée en deux endroits.

— Au meurtre ! à l'assassin ! cria Déborah.

Mais personne dans la maison ne s'étant dérangé pour constater cet assassinat, Mikaële passa rapidement devant sa maîtresse atterrée et descendit l'escalier, tête nue. Quand elle se vit hors de la portée de l'indignation de Déborah, elle lui lança cette menace, dont celle-ci ne comprit pas d'abord toute la portée :

— Vous savez, quand on veut renvoyer ses bonnes, il ne faut pas leur conter ses petites affaires.

En cheveux, cachant avec son mouchoir sa joue malade, elle courut d'une traite au bureau où Molyneux discutait avec Cotignat les conditions d'une nouvelle assemblée générale, dans laquelle on soumettrait aux actionnaires un projet de modification des statuts. Si la combinaison réussissait, la croix d'honneur était au bout; la maison se transformait en un établissement de crédit comme plusieurs qui ont fait fortune ou qui ont fait faillite. Mais, pour arriver à l'une sans passer par l'autre, la plus grande économie devait désormais présider aux moindres opérations de la *Société*. Et le mot « économie » comme le mot « opération » visaient certainement la juive.

Molyneux, encore tout enveloppé du renouveau d'amour que les incidents de la veille avaient développé dans son cœur inquiet et ballotté, répondait à ces injonctions par des : Oui ! des : Parbleu ! des : C'est évident ! qui n'entraient dans le fond d'aucune question. Tout à coup, la porte du bureau s'ouvrit comme dégondonnée par un fort coup de vent, et Mikaële apparut dans toute sa noirceur.

— Monsieur, dit-elle, en marchant droit à Molyneux et sans tenir aucun compte de la présence du député, qu'elle avait d'ailleurs eu autrefois pour maître et avec lequel elle ne se gênait pas ; monsieur, madame vient de me mettre à la porte. Et savez-vous pourquoi ? Parce que sa coquine de chienne a failli me faire brûler vive. Tenez !

Et elle exhiba sa joue, sur laquelle se bombait une petite cloque qui réduisait cet auto-da-fé à ses véritables proportions.

— Il est peu croyable que madame, qui vous aimait beaucoup, vous ait mise à la porte parce qu'il vous est arrivé un accident, fit observer Molyneux. Il doit y avoir autre chose.

— Dame! naturellement, j'ai corrigé la chienne, dit l'insulaire. C'était un prêté pour un rendu.

— Que voulez-vous que j'y fasse? conclut l'Auvergnat, qui n'aurait, en tout état de cause, jamais donné tort à Déborah. Vous êtes à son service, vous n'êtes pas au mien.

— Oh! s'exclama Mikaële en se redressant dans son orgueil de domestique congédiée, je ne viens pas vous demander de rester. Je voulais seulement vous dire que vous êtes un trop brave homme pour continuer à vivre avec une femme pareille.

— Mademoiselle Mikaële!... interrompit sévèrement Molyneux, désolé que Cotignat assistât à cette algarade.

— Oui, poursuivit la femme de chambre, qui avait un chapelet à défiler et qui tenait à n'en pas perdre un grain, une femme qui se moque de vous, qui ne pense qu'à vous gruger, et menteuse! Quand vous arriviez à la maison, elle vous disait, en se contorsionnant : « Ah! mon chéri, comme tu as chaud! Laisse-moi t'éponger le front. » Et quand vous n'étiez pas là, elle ne vous appelait que *le vieux :* « Prenez garde : le vieux va venir! Ah! il faut que j'aille chercher le vieux! »

Puis, se tournant vers le député, la Caraïbe enfonça ce nouveau poignard :

— Du reste, monsieur Cotignat la connaît bien.

S'il l'a lâchée, ce n'est pas pour des prunes !

Dès la première bordée, Molyneux s'était résolu à arrêter court cette grêle d'imputations calomnieuses. Mais comment cette fille, née aux Antilles, aurait-elle inventé ce sobriquet : « le vieux », qu'elle accusait Déborah de lui appliquer. Appeler un amant : traître, lâche, assassin, et même Alphonse, ce sont là des injures de second ordre. Mais dire, en parlant de lui : « le vieux ! » rien ne valait, comme avanie, un aussi cruel qualificatif. Il en était d'autant plus humilié, que Cotignat, la tête renversée sur le dossier de sa chaise, riait comme un bienheureux de l'effarement de son successeur.

Celui-ci essaya d'endiguer le torrent par ces mots solennels :

— Mademoiselle, je vous défends...

Mais Cotignat, riant toujours, ne lui permit pas d'achever :

— Laissez-la donc continuer, au contraire. C'est très instructif, dit-il.

Ainsi ouvertement encouragée, Mikaële ne tarit plus. Elle divulgua tous les mystères des notes de bijoutiers qui faisaient à Déborah, sur les totaux, des remises qui montaient quelquefois à trente pour cent. De plus, elle s'extasiait souvent devant un bracelet ou un collier, qu'à peine acheté, elle revendait à moitié prix pour en placer l'argent en reports.

Mais le dernier tableau du panorama que la jeune Haïtienne déroulait impitoyablement devant Molyneux épouvanté fut de beaucoup le plus terrifiant. Elle avait en effet réservé le grand Félix pour la bonne bouche. La description de ce rival, faite avec une sorte d'éloquence intertropicale, et où elle n'oublia ni le tricot de laine dans lequel il venait quelquefois jouer le bésigue à la cuisine, ni les bagues que madame lui payait, ni le couteau à virole, transporta le candide Auvergnat dans un monde planétaire dont il n'aurait jamais soupçonné l'existence.

— Et l'argot! fit la Caraïbe, il faut voir comme ça marche quand il est là. Sans compter qu'elle lui repassait vos vieux pantalons, qu'elle commandait toujours trop longs à votre tailleur, parce que son Félix est pas mal plus grand que vous.

Ce dernier trait doubla la gaieté de Cotignat, qui se démenait sur sa chaise en répétant :

— Ah! c'est trop fort!

— Ne riez pas tant, vous savez, dit Mikaële; vos pantalons et vos gilets y passaient très bien aussi.

— Comment! dit le député interloqué, ce Félix était de mon temps?

— Un peu, cher monsieur, répondit la fille. Elle l'a toujours connu et elle ne le quittera jamais.

L'agitation dans l'âme, l'horreur jusque dans les cheveux, l'ancien changeur s'écria avec la résolution d'un soldat qui fonce sur l'ennemi :

— Il faut en finir!

Il prit une plume, qu'il écrasa presque au fond de l'encrier, et traça au milieu d'une feuille vierge ce vocatif amer :

« Madame ! »

Ce fut tout ce que lui suggéra l'indignation suffocante où il se débattait. Cet exorde avait épuisé ses forces épistolaires. Il se leva pour solliciter l'inspiration, tourna autour de son fauteuil et s'y rassit sans que cette promenade eût apporté de remède à la paralysie momentanée de son cerveau.

— Quand vous mâchonnerez pendant une heure votre porte-plume ! lui dit Cotignat ; vous n'avez pas besoin de lui écrire pourquoi vous la quittez. Elle le devinera bien toute seule. Mettez-lui simplement sur un morceau de papier : « Ni, ni, — c'est fini ! » Elle ne demandera pas son reste. Autrement vous entamerez tous les deux une correspondance qui ne se terminera jamais.

— Vous avez raison, appuya Molyneux, un mot suffira.

Et avec un courage qu'il ne se serait jamais supposé deux heures auparavant, il traça ce congé théâtral :

Adieu pour toujours !

En le recevant des mains d'un commissionnaire — auvergnat, comme celui qui l'avait libellé, Déborah y vit tout de suite la main noire de Mikaëlle. Si la fille d'Haïti était renvoyée, la fille d'Israël l'était également. Mais cette dernière avait du moins conscience d'avoir défendu sa chienne odieusement martyrisée. Souffrir pour Follette, c'était encore du bonheur.

XVIII

L'HOMME D'AFFAIRES.

Ependant, l'effroyable trou creusé dans son budget des recettes par l'évasion de son prisonnier ne pouvait rester toujours béant. Elle rumina plusieurs combinaisons destinées à rétablir dans ses finances l'équilibre subitement rompu. D'ordinaire, les femmes s'arrangent pour être casées aussitôt que quittées; souvent même elles s'assurent par avance d'un monsieur patient qui, ayant depuis longtemps posé sa candidature au premier siège vacant, se trouve, au moment de la catastrophe, tout chaud pour les recueillir.

Déborah, qui croyait l'amour de son Auvergnat bâti en ciment romain, avait jugé superflu de se précautionner d'un surnuméraire, qui risquait d'attendre par trop longtemps sa nomination à titre définitif. Elle se voyait donc dépourvue et obligée, pour soutenir son train, soit d'entamer son capital péniblement amassé, soit de partir au plus vite à la conquête d'une Toison d'or, laquelle ne vaudrait probablement jamais pour elle la toison d'astrakan qui lui glissait entre les doigts.

Son premier sentiment avait été celui de la vengeance. Il lui était difficile d'exercer des représailles contre la mulâtresse, qui, eu égard au peu de place qu'elle tenait dans le monde, échappait à toute entreprise. D'ailleurs, quand une femme joue quelque mauvais tour à une autre femme, c'est toujours à un homme que celle-ci s'en prend. Joué, trompé et exploité depuis des mois, Molyneux renonçait à cet onéreux métier: c'était lui le coupable.

Et elle en voulait non seulement à lui, mais plus encore peut-être à sa femme et à sa fille, qu'elle considérait comme ses ennemies personnelles, sans tenir aucun compte de leur incontestable droit de priorité. La mère, avec ses quarante-deux ans et sa taille informe, était encore susceptible de quelque indulgence; mais pas de pitié pour cette fille dont le grand Félix avait fait une description révoltante, qui était blonde comme Déborah aurait tant voulu l'être aussi, qui avait les yeux bleu-pervenche et qui allait se marier avec un élégant jeune homme, tandis qu'elle n'était arrivée, en fin de compte, qu'à se faire lâcher par celui qu'elle appelait communément « le vieux ».

Comme les hommes en politique, la plupart des femmes s'attribuent tous les droits en amour. Déborah se croyait, de très bonne foi, autorisée

par tous les usages à se diviser entre le grand Félix
et Molyneux. En revanche, que ce dernier prît
prétexte de ce partage pour lui envoyer une démission motivée, voilà ce qu'elle n'admettait pas.

La victime, ce n'était pas lui, qui, depuis plus
d'un an, achetait à prix d'or, payable par mensualités, une propriété qu'il pouvait réclamer pour lui
tout seul, en vertu de cet article du Code civil: « Nul
n'est tenu de rester dans l'indivisibilité. » La victime,
c'était elle, qu'on prétendait, moyennant la misérable somme de cent quatre-vingt mille francs par
an, forcer à répudier ses plus anciens attachements
et à se cloîtrer dans un tête-à-tête perpétuel avec
un Auvergnat hors d'âge, qui ne pouvait évidemment pratiquer auprès d'elle d'autre métier que
celui d'officier-payeur.

Elle se croyait donc légalement autorisée à des représailles, et elle cherchait le terrain sur lequel il lui
serait le plus commode de les exercer. Molyneux
avait laissé chez elle une certaine quantité de menu
linge : pantoufles, gilets de flanelle et autres objets
d'intérieur, dont Félix se serait parfaitement accommodé, mais dont elle tenait à faire un paquet qu'elle
renverrait rue Perronnet, et qui par son volume
comme par sa composition exciterait la curiosité
et peut-être le soupçon de la mère Molyneux.

Mais c'est une maigre vengeance que celle qui
éclate à cinq kilomètres plus loin, hors de la portée
visuelle de la femme qui l'a combinée. D'autre
part, entreprendre une persécution suivie contre

un homme marié et père de famille offre quelque danger pour les irrégulières à moyens d'existence indéterminés. Il suffit que le persécuté aille exposer son cas au commissaire de police de son quartier pour que la persécutrice soit avertie d'avoir à remiser sa vendetta.

Le Dieu des Juifs vint au secours de Déborah. Comme elle ramassait les papiers semés par Molyneux dans les tiroirs de plusieurs meubles, et qu'elle tenait à réunir pour en grossir le paquet accusateur, ses yeux tombèrent sur un manuscrit d'aspect officiel et dont le titre sollicita spécialement son attention :

Rapport sur mon exploration à Barberigan.

C'était la relation de l'ingénieur, soigneusement soustraite par le directeur Molyneux, sur les conseils de Cotignat, et placée dans un casier à part, loin des périls d'une publicité malsaine. Elle se plongea dans la lecture de ce document, qui rasait comme un ponton toute l'organisation de la *Société africaine*. Le seul fait de l'avoir serré mystérieusement dans une cachette de l'appartement de la rue du Helder, quand il aurait dû rester dans les bureaux de la Chaussée-d'Antin, à la disposition des actionnaires, indiquait la valeur de ce memorandum. D'ailleurs, pour l'esprit le plus simple, ce rapport était capital. Toute l'affaire était basée sur la présence du nickel dans une île de la mer des Indes. L'île existait, mais le nickel y faisait totalement défaut. Fonder une société et émettre des actions dans de pareilles conditions équivalait à signer des chèques sur des maisons de banque où l'on n'a pas un sou en dépôt.

Toutefois, ce talisman, pour produire tous ses effets, demandait à être manié par quelque personnage à la fois moins décrié et plus expérimenté qu'elle dans les choses de la finance. Elle se rappela alors un être affreux, qui l'avait fait autrefois saisir pour une créance de cinquante-cinq francs laissée en panne chez une modiste. Elle avait encore devant les yeux la tête crasseuse et le logement poussiéreux de ce requin, chez qui elle était allée trois fois dans l'espoir d'obtenir un sursis qu'elle n'avait pas obtenu.

Ce fut même ce manque absolu de commisération qui la décida à le consulter de préférence à tout autre.

— Il a été impitoyable pour moi, pensait-elle. Il le sera au moins autant pour cet auvergnat de Molyneux.

L'aigrefin en question habitait alors au quatrième étage d'une maison située dans la rue bizarrement intitulée de Paradis-Poissonnière, sans qu'on s'explique ce que ce paradis vient faire à côté de ce poisson. Son nom bourgeois de Poirier répondait imparfaitement à sa physionomie fouinarde, à peine éclairée par le jour de souffrance qui filtrait à travers deux paupières exsangues et papillotantes.

Très retors et très ferré sur les lois, en sa qualité d'ancien avoué qui avait été obligé de vendre sa charge, ce Poirier s'était fait une spécialité commerciale d'un genre à peu près inconnu avant lui. Il achetait des billets à ordre protestés et des lettres de change sur le remboursement desquelles aucun espoir n'était permis. C'était aux papiers signés de noms connus qu'il faisait principalement la chasse. Une fois en possession de ces autographes, il se rendait chez les signataires et les leur présentait à l'encaissement.

On juge des réceptions auxquelles il s'exposait de la part de gens qui avaient mis toute leur âme à oublier des effets souscrits, quelquefois, à quinze ans de date. Poirier, sans se déconcerter, les réinsérait dans son portefeuille; et le lendemain, le débiteur, qui avait accueilli ce revenant comme dans un jeu de quilles, était stupéfait en lisant dans tous les coins de Paris ce placard, dont le fond rouge se détachait à vous crever les yeux sur le gris sale des murailles :

A VENDRE A L'AMIABLE.

Une créance de quatre mille francs sur M. X..., ancien sous-préfet, actuellement percepteur, demeurant telle rue, tel numéro.

Quand ce n'était pas par la voie de l'affichage,

c'était par celle de la presse facile qu'il opérait. Le malheureux dont le nom, la réputation et l'honneur flamboyaient ainsi sous les regards des passants, allait supplier son créancier d'abréger cet affront et vendait jusqu'à sa dernière chemise pour acquitter intégralement une dette que Poirier avait fait passer à son ordre moyennant une indemnité presque toujours dérisoire.

C'est sur ce vampire que Déborah jeta son dévolu. Elle se fit conduire au n° 75 de la rue de Paradis-Poissonnière, où elle l'avait vu travailler ; mais, depuis l'intervention armée de cette modiste, tant de chapeaux et surtout tant de notes avaient passé sur la tête et dans les mains de la Juive, qu'elle ne comptait guère, elle qui avait tant voyagé, retrouver son homme à la même place.

Elle l'y retrouva avec un peu plus de poussière sur ses cartons et un peu plus de crasse sur la figure. Il ne la reconnut pas et elle jugea inutile de se faire reconnaître, malgré la satisfaction qu'éprouve une femme, jadis saisie pour cinquante-cinq francs, à se montrer à son saisisseur dans une robe de chez Worth et dans un coupé de maître.

Elle lui apprit d'abord qu'elle possédait vingt actions de la *Société africaine*, qu'un monsieur lui avait données ; qu'elle croyait l'affaire excellente, mais que le hasard ayant fait tomber entre ses mains le rapport qu'elle lui apportait, elle avait conçu quelques inquiétudes et s'était décidée à venir les lui soumettre.

Poirier, toujours au courant de la cote des valeurs bonnes ou mauvaises, en savait beaucoup plus qu'elle sur les gisements de nickel soi-disant découverts à Barberigan, et son nez de loup-cervier avait flairé autour de ce trésor quelque vaste intrigue, dont il n'avait pas pris la peine de débrouiller les fils, ayant l'habitude de ne creuser que les questions où son avoir était engagé.

La lecture attentive de la relation de l'ingénieur le mit sur la trace du complot.

— J'en étais sûr, dit-il. Je n'ai jamais donné dans leur nickel.

Puis, dégageant sans transition le côté réalisable de la démarche de cette dame bien mise :

— Vous savez que si ce rapport voyait le jour, demain vos actions, qui sont encore à cinq cent onze francs, vaudraient tout au plus le prix du papier. Maintenant, avez-vous un intérêt sérieux à dénoncer cette filouterie, car c'en est une ?

— Oui, répondit-elle, un intérêt majeur.

— Un intérêt de vengeance alors, car vous y perdrez forcément vos vingt actions, c'est-à-dire plus de dix mille francs, et il faut terriblement en vouloir à quelqu'un pour consentir à un sacrifice de cette importance.

— En effet, soupira la Juive, c'est une personne qui m'a fait beaucoup de mal.

Le beaucoup de mal que lui avait fait Molyneux

se composait probablement des chevaux qu'il lui avait achetés, des meubles qu'il lui avait déjà renouvelés trois fois et des liasses de billets de banque dont il avait bourré les tiroirs de l'appartement de la rue du Helder.

Toutefois, payer dix mille francs le plaisir de faire pleurer mademoiselle Molyneux, c'était un peu cher pour une femme qui n'aimait pas à jeter ses coquilles. Poirier, qui, de son côté, ne dédaignait pas de percevoir la juste rémunération de son travail, cherchait le moyen de donner satisfaction à ses appétits à lui en même temps qu'aux rancunes de sa cliente. Il lui proposa cette cote mal taillée : avant d'ébruiter le rapport, il ferait vendre à la Bourse dix-huit actions sur les vingt qu'elle allait lui remettre et dont il lui délivrerait un reçu, parce que, avant tout, il était essentiel que les choses se fissent régulièrement.

Déborah esquissa un geste qui pouvait se traduire ainsi :

— Oh! je sais bien qu'avec un homme comme vous je n'ai absolument rien à craindre.

Flatté de cette manifestation d'une confiance à laquelle on ne l'avait pas habitué, l'agent d'affaires insista en ces termes :

— Si! si! Il vous faut bien votre garantie. Je puis mourir subitement.

Déborah leva les yeux au ciel, comme pour le conjurer d'épargner un pareil malheur à la patrie française, et voici ce dont on convint : le prix des

15.

dix-huit actions vendues au cours d'émission produirait environ neuf mille francs, qu'on se partagerait, soit quatre mille cinq cents francs pour chacun. Les deux autres actions invendues resteraient entre les mains de Poirier, qui en avait absolument besoin pour engager, comme actionnaire, une poursuite contre le directeur et le conseil de surveillance de la *Société africaine*. Le seul dépôt d'une plainte au parquet ruinerait la valeur en moins d'une Bourse.

— Oui, mais si la plainte n'aboutit pas, dit Déborah, nous en serons pour nos frais et une grosse perte d'argent.

— Des poursuites sont certaines, reprit Poirier, car la fraude est évidente. La *Société* n'a pas vendu de nickel, puisqu'il n'en a jamais existé à Barberigan. Sur quels bénéfices a-t-elle donc distribué un dividende, qui est fictif au premier chef?

— Oui, mais on répondra que l'ingénieur s'est trompé et qu'il est arrivé du nickel de là-bas.

— Alors nous ferons venir le directeur devant le tribunal de commerce et nous lui demanderons les noms des navires sur lesquels ont été opérés les chargements. C'est ce dont les actionnaires auraient déjà dû s'informer ; mais ces gens-là sont d'une ignorance et d'une bêtise tellement crasses!

Quand Poirier employait le mot crasse, on pouvait le croire. Elle déposa entre les ongles noirs de ce courtier-marron son paquet de papier glacé enjolivé de figurines, sans se reprocher un instant d'utiliser contre son ancien nourrisseur jusqu'aux munificences qu'elle tenait de lui. S'il avait gardé ces actions au lieu de lui en faire généreusement hommage, elle eût été hors d'état de s'en servir pour le perdre. Il était impossible de donner plus complaisamment des verges pour se faire fouetter.

Sans désemparer, — car le moindre *susurrum* défavorable circulant autour de la corbeille était de nature à provoquer un effondrement irrémédiable, — l'agent d'affaires courut donner un ordre de vente ferme, au mieux, — au mieux pour l'agent de change qui vendait, — et quand il eut bien et dûment engraissé son portefeuille, déjà suffisamment gras, de neuf jolis billets de mille francs, dont il fit loyalement deux parts, il dit, en remettant à Déborah celle qui lui revenait :

— Maintenant, nous n'avons plus qu'à marcher.

Et, en effet, il se mit en marche vers l'établissement de la Chaussée-d'Antin, où, de l'air humble d'un solliciteur, il demanda si, en sa qualité d'actionnaire de la *Société*, il n'y aurait pas pour lui difficulté insurmontable à être admis en présence du directeur, à qui il désirait adresser une supplique.

On lui fit observer que M. le directeur était extraordinairement occupé ; que s'il se mettait sur le pied de recevoir ainsi tous les visiteurs, il ne lui resterait plus une minute à consacrer à sa gestion ; que cependant, en attendant une heure ou deux dans l'antichambre, il avait quelque chance de saisir M. le directeur pendant un instant pour lui expliquer l'objet de sa démarche.

Poirier répondit qu'il attendrait et s'assit en face des guichets sur une banquette recouverte de velours vert, et qui servait en même temps de coffre à bois.

Il avait déjà fait une pose de vingt-cinq minutes, quand un employé lui demanda :

— De combien d'actions êtes-vous porteur ?

— De deux seulement, dit l'homme d'affaires, comme s'excusant de sa pénurie.

— Oh ! alors, riposta l'employé, je crois que vous feriez mieux de rentrer chez vous. Monsieur le directeur a des rendez-vous jusqu'à cinq heures et demie.

— Parfaitement ! fit Poirier en se levant. Je serais désolé de déranger Monsieur le directeur. Vous voudrez bien lui remettre simplement cette carte en l'assurant de tous mes respects.

Et il tira du carré de gras-double qui représentait son portefeuille, un carton portant en tout ce nom : *Poirier*.

Puis, il sortit en longeant les cloisons, comme un pauvre hère honteux de tenir tant de place eu égard à ce qu'il vaut.

Il s'était présenté pour se renseigner. On ne l'avait pas reçu. Les formalités étaient remplies, et il n'avait plus aucun ménagement à garder. Personne n'était plus expert que lui dans la rédaction d'une plainte en abus de confiance. Il avait, pour grouper en faisceau les faits délictueux, un tour de main incomparable. Celle qu'il composa à l'adresse du procureur de la République était machinée comme un mélodrame. Il l'appuya d'abord sur :

La vente simulée des actions pour obtenir la cote de la Bourse, délit prévu par les articles 13 et 14 de la loi de 1867 ;

Les manœuvres frauduleuses employées pour faire vendre les actions avec majoration (art. 419 du Code pénal) ;

Établissement de bilan et distribution de dividendes fictifs ;

Déclarations mensongères relatives à une source de bénéfices absolument irréalisables, puisque les mines de nickel sur lesquelles reposait la fondation de la Société n'existaient pas et n'avaient jamais existé ;

Enfin, mauvaise foi indéniable de la part des fondateurs de l'entreprise de la *Société*, puisqu'un rapport d'ingénieur, qu'on se réservait de produire en temps opportun, les avait avertis de l'absence totale de minerai dans la partie concédée de l'île de Barberigan.

Ce factum fut presque aussitôt communiqué par le parquet au directeur de la *Société africaine*, afin que, n'en ignorant, il avisât à se défendre contre les imputations peut-être formulées à la légère. Au moment où cette tuile s'abattit sur son crâne, Molyneux préparait précisément une nouvelle assemblée générale où, d'après les avis de Cotignat, il devait proposer la transformation de la Société, à qui la métallurgie n'avait qu'imparfaitement réussi, en une banque de crédit à laquelle la banque ne manquerait pas, ni le crédit non plus.

Même quand elle ne repose sur rien, une menace de citation correctionnelle est toujours périlleuse. Celle que formulait ce Poirier, en l'étayant sur des motifs malheureusement si plausibles, ne pouvait que jeter dans l'affaire un désarroi mortel. Qui donc avait mis cet inconnu, porteur de deux méchantes actions, au courant de la situation exacte de la maison? Comment surtout avait-il eu connaissance de ce rapport, soustrait à tous les regards aussitôt qu'arrivé? Molyneux pensa que l'ingénieur était revenu récemment à Paris, et qu'il avait confié à quelques amis l'insuccès de ses explorations. En ce cas, pourquoi ne s'était-il pas déjà présenté Chaussée-d'Antin? Quant à Déborah, il aurait rougi de la soupçonner. D'abord, elle ignorait qu'il eût serré cette relation fatale dans un des tiroirs des nombreux meubles qui encombraient l'appartement de la rue du Helder, et lui-même ne se rappelait plus au juste dans lequel.

En second lieu, elle l'eût trouvée, que la portée en eût échappé à son esprit frivole et presque uniquement occupé des questions de toilette. Enfin, dans sa candeur indélébile, il admettait qu'elle fût capable de le tromper, mais non de le trahir. On lui avait cité ce mot : « Les brunes trompent ; les blondes trahissent. » — Elle m'a trompé, parce qu'elle est brune, se répétait-il ; mais elle ne m'aurait jamais trahi, car elle n'est pas blonde.

En tout état de cause, une mesure immédiate s'imposait : la réunion du conseil de surveillance. Il envoya chercher Cotignat par un mot spécifiant l'urgence que le député de la Basse-Garonne avait si souvent refusée aux projets émanant de l'Extrême-Gauche. En ouvrant la porte du cabinet directorial, il flaira un désastre dans l'attitude aplatie et la figure décomposée de Molyneux.

— Lisez ! dit celui-ci en lui mettant sous le nez la plainte signée : « Poirier. »

— Est-ce que vous connaissez ce Poirier ? demanda Cotignat, après avoir parcouru l'acte d'accusation.

— Non, du tout, répondit-il ; j'ai trouvé l'autre jour sa carte sur ma table de travail, mais je ne sais pas d'où il sort.

— Qui diable a bien pu lui communiquer le rapport de cet imbécile d'ingénieur ? dit le député ; je vous avais pourtant recommandé de ne pas le laisser traîner dans les bureaux.

— Mais je l'avais gardé sur moi ! se récria Molyneux. Il y a là une fatalité sans exemple.

— Il n'y a pas de fatalité en affaires, fit Cotignat. Si vous l'avez gardé sur vous, il doit y être encore. D'où vient qu'il n'y est plus ?

— Il n'y est plus, parce qu'en sortant d'ici, je l'ai serré soigneusement dans un petit meuble où personne au monde n'aurait eu l'idée d'aller le chercher.

— Un petit meuble! et chez qui est-il, ce petit meuble?

— Chez moi, répliqua l'ancien changeur, estimant qu'il avait le droit de considérer comme son « chez lui » l'appartement dont il payait le loyer.

— Où ça, chez vous? insista le député, résolu à tirer au clair ce miracle.

— Rue du Helder! fit Molyneux, obligé d'entrer dans la voie des aveux.

— Mais, reprit Cotignat, rue du Helder, ce n'est pas chez vous, c'est chez Déborah. C'est donc dans le tiroir d'un meuble de l'appartement de Déborah que vous avez serré le rapport?

— Oui, mais sans le lui dire. D'ailleurs, malgré l'opinion que vous avez d'elle, je mettrais ma main au feu qu'elle est incapable de...

— Ne mettez rien au feu, mon pauvre ami! interrompit le confident du ministre, avec le ton de la plus profonde pitié. Quand on est comme vous, on se met à fabriquer des roues de voitures ou à vendre du fromage de chèvre, mais on n'entre pas dans la finance.

L'ex-prêteur sur reconnaissances aurait pu lui riposter que s'il était dans la finance, c'était uniquement parce que lui, Cotignat, l'y avait fait pour ainsi dire entrer de force; mais l'apparition des membres du conseil de surveillance, convoqués en toute hâte, arrêta Molyneux sur la pente des récriminations stériles.

Monseigneur Benjoin avait l'air surpris; le sénateur Duteil, l'air inquiet, et le député Chanrenard l'air penaud. Le pair de France, qui n'avait vu dans ce déplacement qu'une occasion de régler le solde de ses derniers jetons de présence, arriva au bras du domestique qui lui servait de tuteur, et s'enferma béatement dans un fauteuil qu'il avait été obligé d'aller gagner lui-même, car personne ne songeait à le lui avancer.

— Eh bien, quoi ! Qu'y a-t-il ? interrogea le sénateur.

— Des nouvelles graves mais non pas accablantes, répondit Cotignat pour arrêter le désarroi qui menaçait. D'abord, M. Molyneux a reçu de Barberigan un rapport peu en harmonie avec ce qu'avait annoncé le père Bonaventure et ce que ses échantillons de nickel semblaient promettre. L'ingénieur envoyé là-bas par la Société ne croit pas à l'avenir de ce minerai.

— C'est une opinion, fit remarquer l'évêque de Samarcande, et une opinion est toujours discutable.

— Malheureusement, continua le député d'affaires, celle-là repose sur des investigations poursuivies dans l'île et dont il est difficile de nier la valeur. Nous sommes entre nous et aucun actionnaire ne nous entend. Nous pouvons donc parler à notre aise : eh bien ! il n'y a pas de mines de nickel à Barberigan.

— Ah ! mon Dieu ! fit Chanrenard, nous avons été trompés tout les premiers.

— Nous l'avons tous été, trompés, appuya Cotignat, mettant tout de suite à couvert la loyauté du conseil, et c'est tout au plus, Messieurs, s'il serait permis de *vous* reprocher un peu de légèreté et de négligence. Cependant, ce n'est pas tout.

— Comment ! il y a encore autre chose ! s'exclama Chanrenard.

Molyneux fit avec la tête un oui d'autant plus significatif qu'il était muet.

Alors Cotignat leur promena sous les yeux la terrible requête de cet ennemi inconnu qui, du premier coup, frappait à la tête. Le mot *poursuites* produisit son effet accoutumé. Les plus fermes s'affaissèrent. L'évêque de Samarcande se mordait les ongles d'une dent méditative. Le pair de France dut à ses infirmités de ne voir clair que longtemps après les autres dans les tristesses de la situation. Chanrenard fut obligé de lui crier à plusieurs reprises dans l'oreille gauche, la seule qui eût gardé un semblant de communication avec le monde extérieur :

— Nous allons peut-être tomber en faillite !

— Qui ça ? demanda ce restant de la monarchie de Juillet.

— La *Société*.

— Et nous ?

— Nous risquons de passer en police correctionnelle. Saisissez-vous?

Ses regards épouvantés indiquèrent assez qu'il avait compris. Il se mit à proférer des lamentations inintelligibles, parmi lesquelles on ne percevait à peu près nettement que cette exclamation :

— Toute une vie d'honneur! Toute une vie d'honneur!

— Dieu nous tirera de ce mauvais pas, dit tout à coup Monseigneur Benjoin, sortant de sa méditation. Il y aurait, à mon humble avis, un moyen praticable, et que, d'ailleurs, la morale ne réprouve pas, de fermer la bouche à cet actionnaire qui s'est ainsi fait dénonciateur : ce serait de lui racheter ses actions pour une somme double ou même triple de ce qu'elles valent.

— En ce cas, dit judicieusement Cotignat, ne perdez pas de temps, car demain elles ne vaudront plus rien du tout. Tenez, ajouta-t-il, à votre place, je ne m'adresserais pas à cet homme, qui n'est probablement qu'un prête-nom et qui irait proclamer partout les tentatives de corruption dont il aurait été l'objet. Il ne reste qu'une planche de salut pour la *Société africaine :* c'est une nouvelle réunion d'actionnaires, de qui on obtiendrait un blanc-seing, soit pour reprendre l'affaire, soit pour la liquider. Autrement, c'est la faillite, ou plus vraisemblablement la banqueroute......

A ce moment difficile, on frappa à la porte :

— Qui est là? demanda d'une voix rauque Molyneux, croyant déjà recevoir la visite d'un commissaire de police chargé de venir apposer les scellés.

— Monsieur le directeur, dit la voix d'un garçon de bureau, c'est un prêtre qui désirerait parler à Monsieur le directeur.

— Je n'y suis pas ! cria Molyneux.

— C'est un prêtre, recevez-le, intercéda Monseigneur Benjoin.

Jaloux, dans cette phase critique, de montrer sa déférence envers les membres de son conseil, Molyneux ouvrit la porte et sortit à la rencontre de son visiteur, qu'il lui répugnait d'introduire dans son cabinet au milieu de cette scène d'anarchie financière. Il le précéda dans un petit salon d'attente, s'excusant de ne pouvoir lui accorder que quelques instants, car les affaires de la *Société* ne lui laissaient pas une minute de loisir.

Le prêtre en question, très vieux et très cassé, dans une sorte de soutane mangée aux poignets et aux boutonnières, avec de longs cheveux blancs roulés derrière les oreilles, des bas de coton noir, des souliers à boucles et un mouchoir à carreaux, s'annonça comme le desservant de la commune de Gouvieux, dans le département de l'Oise. A force de dire des messes, depuis quarante ans, pour le repos d'âmes nombreuses, il avait amassé un petit pécule, bien modeste et dont il n'aurait peut-être jamais songé à opérer le placement, s'il n'avait eu connaissance de la circulaire annonçant la fondation de la *Société africaine*.

Il avait appris en même temps que l'un des membres les plus distingués de l'épiscopat français, Monseigneur de Samarcande, avait sa place dans le conseil de surveillance de cette entreprise due en grande partie à l'initiative de nos intrépides missionnaires. Cette puissante considération l'avait décidé à placer ses économies, montant en tout et pour tout à la somme de six mille francs, dans cette affaire que les journaux religieux assuraient devoir donner un revenu qu'ils n'estimaient pas à moins de 50 pour 100. Il avait pensé, dans sa témérité dont il demandait humblement excuse, que mieux valait s'adresser au bon Dieu qu'à ses saints, et il était venu de Gouvieux, le matin même, pour s'enquérir, auprès de Monsieur le directeur en personne, de la meilleure voie à suivre pour se procurer, au prorata de son capital, quelques actions de la *Société africaine*.

L'infortuné tombait bien. Désarmé devant cette énorme candeur, Molyneux fut sur le point de le congédier avec ce conseil :

« La *Société africaine* sera peut-être en déconfiture d'ici à vingt-quatre heures. Ne touchez pas à vos six mille francs et gardez-vous de remettre jamais les pieds ici ! »

Cependant, la plus vulgaire prudence lui interdisait d'ouvrir ainsi son cœur et surtout ses livres à un étranger.

— Nos actions sont très difficiles à trouver ! se contenta-t-il de balbutier.

— Je le sais, monsieur le directeur ; aussi est-ce à votre seule bonté que j'ai recours, répliqua le desservant de la commune de Gouvieux. Depuis la République notre traitement a été réduit à bien peu de chose, et j'ai pensé que vous auriez quelque considération pour un vieux prêtre qui n'est pas sûr même de finir tranquillement ici-bas le peu de jours qui lui restent à vivre.

Pris ainsi par les sentiments, Molyneux ne savait que répondre. Le solliciteur aurait certainement considéré un refus comme une marque de mauvaise volonté, bien qu'il fût impossible de lui donner une plus grande preuve de bienveillance. Que faire pour empêcher le naufrage des six pauvres mille francs, que le vieux curé montrait dans une des poches de son portefeuille, afin d'établir qu'il n'était pas un imposteur? Le directeur de cette société sans direction se décida à en référer à Cotignat, qui était l'homme des solutions promptes.

— Veuillez m'attendre un instant, monsieur l'abbé, dit Molyneux. Je vais voir ce qu'il y aurait moyen de faire pour vous.

— Oh ! monsieur le directeur, monsieur le directeur, que de reconnaissance ! psalmodia le desservant, que les 50 pour 100 du prospectus avaient fanatisé.

L'ancien changeur rentra dans la salle du conseil, désespérant de se tirer de l'aventure.

— Dame! tant pis pour ce bonhomme, dit Cotignat. Si vous le renvoyez bredouille, vous voilà un ennemi de plus au cas où l'affaire se relèverait! En revanche, si elle sombre, il ne vous saura aucun gré de votre délicatesse. Au surplus, ajouta-t-il, menez-moi à lui. Je verrai à tout arranger pour le mieux.

Molyneux retourna vers ce souscripteur tenace, auquel il présenta M. le député. Celui-ci daigna écouter d'une oreille bienveillante la rapsodie du bon prêtre; mais quand ce dernier arriva à formuler la folle ambition d'obtenir, à prix d'or, des actions de la *Société africaine*, Cotignat l'arrêta net:

— Inutile d'y penser, monsieur l'abbé, fit-il; toutes les actions de la *Société africaine* sont dans des mains qui ne s'en dessaisiront certainement pas. Bien que j'en possède déjà un certain nombre, j'ai fait, pas plus tard qu'hier, des efforts inouïs pour en acheter d'autres au cours de six cents francs. Ah bien oui!

— Aussi est-ce une grande faveur que je prenais la liberté de solliciter, fit remarquer le desservant de Gouvieux, sans essayer de pallier la témérité de sa démarche.

Molyneux, qui souffrait le martyre, avait hâte de clore cette conversation révoltante, tout en admirant l'habileté de Cotignat à éconduire ce quémandeur sans porter la moindre atteinte au crédit de l'établissement.

— Certes, reprit le député de la Basse-Garonne,

s'il y avait possibilité de créer une exception à l'égard de quelqu'un, c'est un digne prêtre comme vous que M. le directeur serait heureux d'en faire profiter. Nous savons tous à quel point votre conduite est méritoire et votre salaire peu rémunérateur. Malheureusement, où il n'y a rien, la charité elle-même perd ses droits. Nous sommes aux regrets de votre dérangement.

Et, se tournant vers Molyneux, tout étourdi de cet aplomb :

— Mon cher directeur, vous savez qu'on nous attend, dit-il. Vous nous excuserez, n'est-ce pas ? monsieur l'abbé. Les affaires ne pardonnent pas.

Et, faisant demi-tour, il laissa le curé remporter ses six mille francs jusqu'à la porte, dont il tourna le bouton d'une main tremblotante, après un salut visiblement désappointé.

Alors, quand il vit l'extrême pan de sa soutane sur le point de disparaître dans l'enfoncement de l'escalier, Cotignat lui cria d'une voix pleine à la fois de remords et de commisération :

— Monsieur l'abbé !

Le curé de Gouvieux revint sur ses pas, éclairé par un vague rayon d'espoir.

— Tenez ! monsieur l'abbé, dit le député, je n'ai décidément pas le courage de prendre ainsi congé de vous, et je suis sûr que monsieur le directeur partage mon sentiment. En résumé, on n'a pas toujours l'occasion d'obliger un digne ecclésiastique, un de ces hommes à la fois si modestes et si utiles, qui, par la bise, le froid, la boue vont à toute heure du jour ou de la nuit porter aux malheureux les secours de la religion.

Puis, s'adressant directement à Molyneux, qu'il aimait à mettre en cause.

— Mon cher directeur, avez-vous jamais remarqué au Luxembourg un tableau représentant un curé de campagne en surplis et en sabots, suivi de deux enfants de chœur qui l'accompagnent chez un malade ?

— Non, dit Molyneux, que ses travaux n'avaient jamais astreint à la fréquentation des musées.

— Eh bien ! allez le voir. C'est admirable. Cet homme et ces deux enfants marchent au milieu d'une tempête de neige ; les rafales font voltiger leurs vêtements. Il est impossible de regarder cette simple toile sans émotion. Mon Dieu ! je ne suis pas plus croyant qu'un autre ; mais, maintenant, je ne me trouve pas en face d'un prêtre sans penser à ce chef-d'œuvre et je ne me sens plus la force de rien refuser.

— Oh ! monsieur, soyez sûr que le ciel vous le rendra, certifia l'abbé tout radieux.

— Ma foi, qu'il me le rende ou non, fit-il avec un rire jovial, je n'en aurai pas moins obéi à un mouvement irrésistible. Nous disons, monsieur l'abbé, que votre intention était d'acheter douze *africaine*.

— Douze ! Au prix d'émission, répondit le vieux desservant ; mais aujourd'hui qu'elles ont dépassé six cents francs...

Cotignat mit alors le comble à ses bienfaits. Il n'était pas de ces gens qui font les choses à moitié. Il avait, dès le début, souscrit une certaine quantité d'actions au pair; il en prélèverait douze qu'il céderait à l'abbé, à une condition expresse toutefois : c'est qu'il ne serait pas tenu compte du taux actuel, et qu'elles lui seraient comptées sur le taux de cinq cents francs l'une, comme il les avait payées lui-même lors de la souscription publique.

— Oh! non, c'est trop! répétait le prêtre en joignant les mains.

— Allons donc ! insistait le député, où serait le service rendu si je réalisais le moindre bénéfice sur vous!

Et, saisissant vigoureusement le bras de Molyneux changé en statue, il le poussa vers la chambre en lui disant du ton saccadé du commandement :

— Mon cher Molyneux, veuillez donc me prêter sur votre part douze *africaine*, que je vous rendrai demain. C'est pour ne pas faire revenir monsieur l'abbé.

L'ancien changeur, médusé par tant de désinvolture dans le robertmacairisme, n'essaya pas de se rebiffer ; car, si l'obéissance rapportait six mille francs à la *Société* aux abois, la résistance lui eût probablement coûté cher. Il alla détacher douze actions du tas de papiers qui bondaient les coffres, et les repassa au curé de Gouvieux contre un petit paquet de billets de banque, que ce dernier remit avec la componction d'un officiant qui rend le pain bénit au seigneur de la commune.

Puis, il se retira à reculons en imposant les mains pour appeler la grâce d'en haut sur le directeur, sur le député, sur la maison tout entière, et même sur ses six mille francs.

— Que voulez-vous? fit Cotignat en prenant le bras de Molyneux; que voulez-vous? Nous étions dans cette alternative ou de prendre l'argent de ce brave homme, ou de lui avouer nos craintes de faillite. Il n'y avait pas à hésiter.

Et ils rentrèrent ensemble dans le cabinet directorial, où l'ex-pair de France continuait à répéter d'une voix éteinte :

—Toute une vie d'honneur ! Toute une vie d'honneur !

XIX

L'EXÉCUTION.

N dehors des tracas de sa vie publique, la vie privée de Molyneux était, depuis la grande rupture, devenue exemplaire et patriarcale. Il rentrait tous les soirs rue Perronnet à l'heure du repas, pour ne repartir que le lendemain. Sa maison et celle du pasteur n'en faisaient plus qu'une. On allait de l'un chez l'autre dîner, puis jouer au loto, seul délassement auquel Coindet père, dans sa rigidité professionnelle, consentît à se mêler.

Bien que Calvin, dans les dernières volontés qu'il avait dictées sur son lit de mort à ses disciples, n'eût pas excepté le loto des jeux défendus, l'orthodoxe avait pris sur lui de l'autoriser, sans songer que les jeux sont innocents ou dangereux selon la somme qu'on y expose, et non selon la marche qu'ils affectent, et que le moins périlleux de tous serait le baccarat, si on remplaçait sur le tapis les billets de banque par des haricots.

La pauvre madame Molyneux, qui ne connaissait pas ses chiffres, cherchait des prétextes pour s'abstenir de prendre part à ce divertissement. C'était le thé qu'elle devait surveiller ou un raccommodage qui pressait. Quelquefois, cependant, elle était appelée à la table avec tant d'insistance, qu'elle n'osait se dérober. Adeline se plaçait alors à côté d'elle, surveillant les cartons maternels et couvrant d'une main preste les numéros sortants.

Madame Molyneux, qui n'y voyait que du noir, du blanc et du vert, secouait de son mieux le sommeil dont elle se sentait envahir, au bout d'un quart d'heure, devant des hiéroglyphes indéchiffrables pour elle. Elle accusait bientôt un fort mal de tête et s'évadait de ce cartonnage.

Quant à son mari, il commençait généralement par se chatouiller pour se faire rire, car il n'en avait guère envie. Les premières parties étaient bruyantes et joyeuses. Il poussait des cris d'aigle lorsqu'il attrapait un quaterne, et au mot : quine ! il se jetait en hurlant sur la poule avec une âpreté feinte.

Puis, subitement, comme si on lui eût fait descendre sur la tête le voile noir des parricides, son front s'assombrissait, son œil regardait en dedans, et ce qu'il voyait au plus profond de ce for intérieur, c'était Déborah, droite dans sa victoria attelée du petit cheval gris, ou assise entre deux coussins sur sa causeuse, en désbabillé du matin.

Souvent aussi des images insurrectionnelles le hantaient tout à coup. Il la distinguait nettement se fichant de lui avec des êtres affreux, et le dos voûté du second machiniste de l'Eden s'imposait à son cerveau comme une obsession impossible à chasser.

Les 17, les 22, les 13, les 5 ou les 9 appelés à haute voix par les tenanciers tombaient dans sa rêverie sans l'en arracher. Il ne savait plus, et sa fille était constamment obligée de lui dire :

« Mais marque donc, papa ! »

Les deux jeunes gens, eux, se faisaient des niches, se prenaient leurs cartons, prétendant que tel numéro était meilleur que tel autre, et disant : quine ! quand ce n'était pas vrai.

Aussitôt c'étaient des vérifications à n'en plus finir, des disputes, des accusations de déloyauté qui faisaient tordre de rire madame Molyneux, mais dont le pasteur profitait pour s'attribuer le dessous du chandelier, qu'il prétendait ne lui avoir échappé que par suite de manœuvres frauduleuses.

Et quand il rentrait avec un bénéfice de douze sous, il disait à son fils avant d'aller se mettre au lit :

— J'ai passé une excellente soirée, et je suis sûr que cette petite femme-là te rendra heureux.

Nephtali en était sûr également et se promettait bien de partager avec son Adeline tout le bonheur qu'il attendait d'elle. Les infirmités grammaticales de sa future belle-mère l'avaient un peu effarouché au début; après quoi, il avait fini par s'y faire, comme on s'habitue à un accent étranger qu'on entend tous les jours; à ce point qu'il eût peut-être été choqué si elle avait eu, quelque jour, la fantaisie d'énoncer une phrase correcte.

D'ailleurs, certains dévouements comme certains mots spirituels ont pour effet d'emporter le morceau. Vous rencontrez une femme qui marche pieds nus dans la neige pour que son enfant ait des chaussures et qui se serre le ventre pour qu'il ait ses trois repas. Eût-elle volé aux étalages et passé à diverses reprises par Saint-Lazare, tout lui est pardonné. Madame Molyneux appartenait à la famille, plus rare qu'on ne croit, des mères d'élite. Inconsciente et incultivée comme elle était, elle eût laissé son poing brûler jusqu'à l'os dans un brasier pour épargner huit jours de fièvre à son Adeline. Elle aurait bu l'eau du ruisseau et mangé des trognons de choux ramassés sur les tas d'ordures, pour pouvoir servir à sa fille la bouteille de quinquina que le médecin ordonnait de temps en temps pour combattre l'anémie dont elle était toujours plus ou moins menacée.

Cet esclavage maternel, si gaillardement accepté, aurait fait passer le plus farouche rédacteur du Dictionnaire de l'Académie sur toutes les fautes de français supposables. La bonté s'exprime comme elle peut. Il suffit qu'elle soit la bonté pour que son langage impose le respect.

On était au 22 mai et le mariage avait été fixé au mardi 9 juin. Toutes les âmes de la villa Coindet se tendaient vers cette date. Adeline se disait, avec une émotion qui tenait de la stupeur :

— Le 10, ce sera fini, je serai sa femme. Mademoiselle Molyneux n'existera plus. Il n'y aura que Madame Coindet.

Le mariage est certainement une partie inégale entre l'homme et la femme, pour laquelle il revêt une bien autre importance. L'homme garde son nom, son état civil, son domicile, ses amis, son cercle même. La femme perd tout cela à la fois. Elle nettoie d'un coup d'éponge l'ardoise du passé. Pour elle, le mariage ressemble à une nouvelle naissance. Autres habitudes, autre milieu, autres fréquentations. Le lendemain de leurs noces, certains hommes peuvent s'imaginer qu'ils ont rencontré, la veille, une demoiselle à leur goût et qu'ils l'ont emmenée chez eux. De pareilles illusions sont interdites aux femmes, qui, le jour où elles entrent en ménage, changent de régime, de qualificatifs et de conversation. Il y a là quelque chose qui rappelle la déportation.

Il avait été provisoirement convenu que les nouveaux époux, à l'issue d'un voyage de trois semaines, reviendraient habiter la vaste maison du pasteur, de sorte qu'après avoir regardé par-dessus le mur dans le jardin de Nephtali, Adeline, par-dessus le même mur, regarderait dans le jardin de sa mère. Cette révolution d'optique figurait pour elle un dés événements les plus singuliers qui pussent marquer dans sa vie.

Comme pour l'associer déjà à sa carrière littéraire, Nephtali lui lisait les passages fraîchement éclos de son roman. Il lui demanda un jour ce qu'elle pensait d'une belle tirade qu'il avait rabotée toute l'après-midi.

— Ma foi, répondit-elle avec un grand bon sens, je ne peux pas vous dire. Je n'ai pas vécu à cette époque-là. Je ne sais pas si c'est ainsi que les gens parlaient.

Nephtali fit son profit de cette observation naïve, comprenant alors que les vrais écrivains ne répètent que ce qu'ils entendent, comme les vrais peintres ne peignent que ce qu'ils peuvent regarder. Paul Delaroche, qui nous servait des Henri III, des Élisabeth d'Angleterre et des ducs de Guise habillés chez le costumier, n'a représenté que des mascarades, de même que les personnages Louis XV des pièces écrites en 1880 ne sont que des figurants. Courbet s'écriait un jour devant une scène d'Algérie composée par Fromentin dans un atelier de la place Pigalle :

— Cet homme-là n'a donc pas de patrie, qu'il est obligé d'inventer des ciels!

Aussi Nephtali s'aperçut-il bientôt qu'il était à peu près impossible de faire dialoguer les hommes de la Révolution sans leur faire dire des bêtises dans une langue qui leur était certainement inconnue, et il lâcha peu à peu son roman, estimant qu'il y avait assez de choses à voir sans s'exténuer à rendre inexactement compte de celles qu'on n'a pas vues.

La bonne de Molière, consultée par son maître, n'était pas plus fière qu'Adeline consultée par Nephtali. Deux ou trois fois, à l'insu du pasteur, qui en aurait composé une brochure, on alla au théâtre en famille. L'opéra fatigua Adeline, qui n'avait pas été prise suffisamment jeune pour subir sans migraine quatre heures de musique. Il est des comédies et des drames qu'on trouve trop courts et à la fin desquels on voit à regret tomber le rideau. Il n'est pas d'opéras qu'on ne trouve trop longs et dont on ne voudrait hâter la fin.

Dans ce voisinage tellement étroit qu'il touchait à la promiscuité, les deux jeunes gens en arrivaient à se considérer comme deux époux qui, jusqu'à une époque déterminée, auraient décidé de faire lit à part. Ils se donnaient des conseils familiers sur leurs toilettes. Elle le consultait sur le choix de ses robes, et il discutait avec elle la coupe de ses paletots. La vie commune assurait à leur amour des assises autrement solides que les exaltations imaginatives et parfois factices provoquées par des lettres reçues ou des coups d'œil échangés de loin en loin.

Ils se levaient le matin, sachant qu'une heure après ils se rendraient l'un chez l'autre pour ne plus se quitter jusqu'au soir. Ils étaient reliés par une sorte d'attraction moléculaire à laquelle il leur aurait été impossible de se dérober. On a constaté que les mariages les moins exposés aux séparations de corps et les ménages les plus unis étaient [ceux où les époux avaient été élevés ensemble.

Madame Molyneux disait à son mari :

« Ce sera un joli couple. »

Et il répondait mentalement :

« Déborah et moi, nous étions un joli couple aussi. Pourquoi faut-il que nous ne nous soyons pas rencontrés plus tôt ? »

« Plus tôt » signifiait : avant le grand Félix, avant l'Eden et ses machinistes, avant Cotignat et son scepticisme démoralisateur. Il s'était imaginé que la Juive allait faire feu des quatre pieds pour le ramener à elle. Il était étonné de la facilité philosophique avec laquelle elle avait accepté cet abandon. Il en était même vexé, sans toutefois admettre un instant que ce silence de mort cachât une vengeance. Il y avait probablement entre les lignes de la plainte de ce Poirier quelque vile question de chantage qu'on résoudrait avec un certain nombre de billets de mille francs.

Qui sait même si le danger qu'avait couru la *Société* ne hâterait pas la venue de la haute distinction que lui avait fait espérer Cotignat ? Le ministre n'aurait jamais la cruauté ou mieux l'imprudence de laisser péricliter et finalement s'engloutir une entreprise qu'il avait si longtemps couverte de sa haute protection, ainsi que l'attestaient les notes quasi-officielles publiées par les journaux à attaches gouvernementales.

C'était sur la prochaine assemblée générale qu'il comptait pour repartir vers de nouvelles régions argentifères. Il avait convoqué les actionnaires pour la fin de mai. Il aurait dans la salle une dizaine de compères qui sauraient bien étouffer les voix hostiles. Tout s'arrangerait. Est-ce que, dans la vie, tout ne s'arrange pas! Alors il assisterait en paix au bonheur de sa fille Adeline, pour laquelle il se persuadait qu'il avait travaillé depuis quinze mois, et la victoire serait d'autant plus glorieuse que le combat avait été plus rude.

C'était le cap des tempêtes à passer, après quoi, on entrait dans le calme et dans l'azur.

Il était d'ailleurs indispensable de hâter la solution, afin de ne pas laisser au nommé Poirier le temps d'ébruiter sa plainte, non plus qu'au parquet celui de l'examiner. Cotignat fut d'avis de provoquer un éclat plutôt que de paraître le fuir. Les feuilles les plus diverses retentirent de cette annonce audacieuse :

« Messieurs les actionnaires de la *Société Africaine* sont invités à se trouver à deux heures précises, le mercredi 31 mai, dans la salle du Cirque d'Hiver. »

Le conseil de surveillance, sous l'inspiration du député de la Basse-Garonne, résolut de donner à cette réunion une solennité susceptible d'imposer au mécontentement tenté de se faire jour. On distribua les rôles entre plusieurs amis de la maison, à qui furent remis, à titre de prêt, des paquets d'acstions qu'ils montreraient à la porte, et qu'ils restitueraient après le baisser du rideau. L'un de ce embauchés avait pour mission de poser au président des questions tellement ineptes qu'elles ne pouvaient manquer de soulever des protestations dont la direction bénéficierait.

Se faire adresser des interpellations auxquelles il est facile de répondre, est le moyen le plus connu d'éviter celles devant lesquelles on resterait coi. Par exemple, un assistant, émergeant tout à coup de la foule, devait demander à Molyneux :

« Pourquoi n'avez-vous pas songé à épouser la jeune reine de Barberigan! Une fois votre femme, elle n'aurait pu vous refuser la concession de toutes les mines de nickel que renferme son île, et les ressources de la Société s'en seraient considérablement accrues. »

Une proposition aussi saugrenue était naturellement accueillie par des rires entrecoupés de hurlements sauvages. Le directeur se levait alors et répliquait, sur le ton du plus froid dédain :

« Si l'assemblée n'a pas d'autre reproche à me faire que celui de n'avoir pas épousé la reine de Barberigan, il me paraît superflu de me justifier. »

Et les bravos éclataient, à la confusion de l'interpellateur incongru.

C'est avec ces effets d'audience que Molyneux

espérait clouer ses adversaires, s'ils se présentaient. Il aurait toujours son comptable à ses côtés, mais lui-même prendrait au besoin la parole, et, dans sa résolution de vaincre, il se sentait capable de mentir tout comme un autre.

Le mercredi 31, sans avertir sa femme, ni sa fille, ni le pasteur, ni Nephtali, du danger qu'il allait braver, et comme s'il s'agissait d'un colloque sans importance, il partit pour le Cirque d'Hiver, répétant dans sa voiture l'allocution qu'il se proposait de prononcer au cas où il n'y aurait décidément pas moyen de faire autrement.

Une tribune, composée avec une table recouverte d'un drap garance et posée sur une estrade où l'on avait accès par un escalier de trois marches, avait été adossée à la porte par où entrent ordinairement les chevaux. Quelques mois plus tôt, vers la fin de l'hiver, un dompteur y avait passé dans sa cage peuplée de lions et de panthères. Les bêtes fauves que Molyneux avait à dompter s'appelaient des actionnaires, et sa vie n'était pas beaucoup moins en péril que celle du belluaire dont il avait admiré le sang-froid et les biceps en compagnie de Déborah.

Quand il entra accompagné de son personnel, la salle était encore à peu près vide, ce qui lui donna le loisir de s'affermir sur ses étriers par une promenade à travers les box, en ce moment inoccupés. Il repassait son rôle, regardant, de temps en temps, par les interstices des grandes portières qui voilaient les coulisses, si le monde commençait à venir.

Il aurait autant aimé qu'il ne vînt pas et que tout se passât en famille entre lui, son conseil de surveillance et les vingt-cinq ou trente porteurs d'actions qui, jusque-là, semblaient seuls avoir répondu à son appel. Subitement, comme à un signal, un flot pressé de public envahit la piste, se plaçant, les uns au pied de l'estrade, les autres sur les gradins, qui se garnirent d'un flot de têtes, où l'œil inquiet de Molyneux cherchait vainement à découvrir des symptômes d'hostilité ou de bienveillance.

Tous les membres du conseil, sauf le pair de France retenu chez lui pour cause de lombago, étaient venus rejoindre le directeur de la Société. Dutheil abritait sous un chapeau à larges bords son visage troublé. Chanrenard écoutait les battements du cœur de la foule, et de temps en temps venait serrer la main de Molyneux, avec cette parole plus lugubre que consolante, qu'on adresse d'ordinaire à un ami qui monte en voiture pour aller sur le pré :

« Courage ! tout marchera bien ! »

Cotignat ne paraissait pas. Signe alarmant. L'évêque de Samarcande, son chapeau à la main, afin que la ganse violette n'en fût pas remarquée, traversa l'assistance, alla saluer Molyneux, et, prétendant qu'il n'y aurait pas place sur l'estrade pour le conseil tout entier, se posta derrière l'escalier, prêt à se montrer en cas de succès, comme à se perdre dans la foule en cas de défaite.

Le comptable, ayant cubé la salle, estima à près de mille le nombre des actionnaires présents. On s'impatientait : il fallut commencer. On nomma un président, qui donna la parole à M. le directeur pour le compte rendu des dix derniers mois de sa gestion, ainsi que pour l'exposé des divers projets concernant l'avenir de la Société. Molyneux monta les degrés qui, pour lui, n'étaient pas sans quelque ressemblance avec ceux de l'échafaud. Son scribe le suivait, portant des papiers sous le bras, comme prêt à lui lire sa sentence.

Le silence qui décontenança l'ancien changeur, à son apparition à la tribune, le reporta malgré lui à l'accueil enthousiaste qu'il avait reçu lors de la première assemblée, d'où il était sorti sous les bénédictions des actionnaires reconnaissants. Avant qu'il eût ouvert la bouche, pour prier son comptable de vouloir bien détailler les comptes, afin que la réunion les apurât en connaissance de cause, un assistant, faisant une trouée, s'élança sur l'estrade et, mettant sous le nez de Molyneux un papier autographié mesurant environ huit pages in-octavo, il lui dit brusquement :

— Expliquez-nous d'abord ce que c'est que ça ?

Le directeur de la Société africaine reconnut alors avec terreur, dans ce document, le rapport de l'ingénieur qui, n'ayant pas découvert de nickel à Barberigan, l'avait avoué dans sa relation avec une si déplorable franchise.

Au moment où Molyneux allait tenter une réponse, il demeura aphone devant un spectacle inattendu. Plus de cinq cents mains se tendaient vers lui, armées du même manuscrit multiplié par l'autographie.

— Vous saviez la vérité et vous nous l'avez cachée! s'écria l'actionnaire qui avait failli, à la séance précédente, se faire expulser pour avoir exprimé une défiance aujourd'hui pleinement justifiée.

— S'il n'y avait pas de nickel dans votre île, où avez-vous pris celui que vous avez vendu? demanda quelqu'un.

— Et le conseil de surveillance! fit observer un autre, élargissant les responsabilités. Il avait une drôle de façon de gagner son argent!

— C'est lui qui aurait besoin d'être surveillé! fit un loustic.

Poirier, totalement éclipsé par le dos d'un gros monsieur derrière lequel il s'était tapi, jouissait délicieusement de son œuvre. Les frais qu'avait exigés la transcription autographique du travail de l'ingénieur ne comptaient plus en présence d'un aussi brillant résultat. De temps en temps, quand la bourrasque s'apaisait, il la déchaînait de nouveau par ce mot si difficile à réfuter :

« C'est une infamie! »

Peu à peu les récriminations étaient devenues vociférations. Les affidés, dispersés aux différents étages du cirque, perdaient leur temps et leur stratégie à tenter une diversion. Leurs observations eussent été noyées dans le torrent d'injures qui menaçait de submerger Molyneux. Celui-ci, à ces outrages de toute espèce, se contentait de riposter par cette objurgation :

— Messieurs, veuillez m'écouter !

Il avait déjà répété trente-sept fois cette formule, quand une voix de stentor, une de ces voix qui domptent les foules, jeta cette note dans la tempête :

— Laissons-le donc parler, nous verrons après.

L'accalmie se produisit presque aussitôt, et l'Auvergnat, mis en demeure de s'expliquer, commença par un « Messieurs ! » d'une accentuation qui promettait. Ce fut malheureusement tout ce qu'il put arracher à son indéfinissable émotion. Le tableau trop vivant de ces centaines de têtes tendant leurs oreilles et ouvrant leurs bouches se fondit devant ses yeux en un amas de bluettes qui lui enlevèrent toute perception et tout raisonnement.

Il recommença : « Messieurs ! » puis une écume, qu'on pourrait appeler sèche, lui barbouilla les lèvres ; d'horribles battements de cœur agitèrent ses côtes, comme les soufflets d'un accordéon. Il lui sembla que son appareil vocal se déplaçait et, de fait, le dernier « Messieurs ! » qu'il risqua sortit de son gosier comme un couac d'un cornet à piston ; à ce point que l'assemblée répondit à ce canard par un rire qui s'acheva en huée.

L'œil mort, les joues pendantes, les genoux titubants, il n'essaya plus de lutter. Quelques oranges volèrent dans la direction de la tribune ; après quoi, des boules de papier de la grosseur d'un œuf, fabriquées avec les débris du sinistre rapport qui avait avancé la catastrophe et auxquelles se mêlèrent deux petits bancs, corsèrent le sabbat.

Monseigneur Benjoin se tenait derrière l'estrade, à l'abri du bombardement, qui dégénéra en escalade. Trois orateurs prirent d'assaut la table à laquelle s'appuyait Molyneux, et par un mouvement de ressac le rejetèrent jusque sur les marches, qu'il eut toutes les peines du monde à ne pas redescendre sur les reins. A partir de ce moment, ce fut une succession de discoureurs indignés qui déblatérèrent pendant trois quarts d'heure, joutant à qui trouverait les épithètes les plus flétrissantes. L'un d'eux, qui avait fait dans son jeune temps partie de la conférence Molé, démontra que le premier dividende distribué avait été pris sur les versements des souscripteurs, puisque, le nickel manquant, la Société n'avait réalisé aucun bénéfice. On parla de filouterie, de bande d'escrocs, de travaux forcés. Enfin, un exalté qui avait en vain réclamé la parole se vengea de son abstention forcée en se précipitant sur Molyneux, qu'il saisit au collet et qu'il secoua comme pour le déboulonner.

Bien que de ses deux mains d'Auvergnat il eût cassé son agresseur comme une baguette d'osier, l'ancien marchand d'habits ne songea même pas à se défendre. Il eût été content d'en finir, fût-ce massacré, comme Jacques Clément, ou écartelé, comme Damiens. Il n'opposa à cet assaut que la force d'inertie qui, d'ailleurs, suffit à avoir raison des efforts de son farouche adversaire, lequel ne tarda pas à le lâcher.

Les vêtements compromis, la boutonnière déchirée, cette boutonnière pour laquelle il avait espéré un moment un insigne aussi glorieux qu'indélébile, Molyneux croyait toujours que les sergents de ville de service au dehors viendraient le protéger en entendant le tapage qui grandissait au dedans. Mais ces dépositaires de l'autorité n'ignoraient pas qu'il s'agissait d'une réunion d'actionnaires ; et, cachant que ces gens-là font des procès, mais non des barricades, ils ne se dérangeaient pas.

Enfin, après une série de virulences qui ressemblaient à des expectorations, on proposa plusieurs ordres du jour dénonçant à l'indignation publique, et consécutivement au parquet, la fourberie, la trahison et l'abus de confiance qui avaient présidé à la création de la *Société africaine*. Le directeur et le conseil de surveillance étaient spécialement mis hors la loi, dont, cependant, on réclamait contre eux la plus sévère application.

Le plus violent de ces réquisitoires obtint l'unanimité, car les huit ou dix amis composant la troupe de renfort, peu désireux de se faire écharper, gardèrent courageusement leurs mains dans leurs poches, au lieu de les lever à la contre-épreuve.

Deux de ces gardes du corps, aussitôt après le vote de flétrissure, se saisirent de Molyneux, inerte, et l'entraînèrent vers la porte, afin de lui épargner les dangers de la sortie en masse.

— Dois-je me brûler la cervelle? leur demanda-t-il en montant dans la voiture fermée où ils le remisèrent.

Ils l'assurèrent que sa vie était trop précieuse pour qu'il la livrât en pâture à ses impitoyables ennemis, et ce fut sans aucune difficulté qu'il se rangea à cette opinion.

XX

LE JOUR DES NOCES

'Écho répercuté de cette exécution détermina en Bourse une panique à lézarder les colonnes du temple. Les *Africaine*, qui avaient débuté à quatre cent quatre-vingt-seize francs, clôturèrent à quatorze, ce qui constituait quatre cent quatre-vingt-deux francs de baisse en une séance. Un agioteur, qui avait joué son va-tout sur cette valeur qui ne valait plus rien, se jeta par la fenêtre de son quatrième étage. Un actionnaire, que cet effondrement ruinait jusqu'aux moelles, se suicida par asphyxie. Ces tragédies firent du bruit et activèrent l'écroulement définitif de la *Société*. Le 4 juin, l'établissement de la Chaussée-d'Antin suspendit ses paiements, déjà arrêtés de fait depuis plusieurs jours.

Toutefois, la faillite n'avait pas encore été officiellement prononcée, et aucun syndic n'ayant déposé son rapport entre les mains du tribunal de commerce, Molyneux se garda de dévoiler aux habitants de la rue Perronnet, et les incidents tumultueux de la réunion du Cirque d'Hiver et la débâcle qui s'en était suivie. Il eut soin d'éplucher pendant quelque temps les journaux, afin de faire disparaître ceux qui avaient eu le mauvais goût de publier l'aventure, si bien que, dans la hâte d'un mariage prochain, ces événements échappèrent aux intéressés.

— Qu'Adeline soit d'abord Madame Coindet, se disait-il à part lui, car il avait gardé le secret à l'égard même de sa femme, dont la maladresse l'effrayait. Ensuite, nous verrons.

Ce raisonnement, qui était à la fois d'un bon père et d'un financier peu scrupuleux, lui maintint la bouche close jusqu'au 7 juin au soir, où, sur les huit heures, il reçut d'un employé une dépêche conçue en ces termes obscurs :

« Présence absolument nécessaire demain matin, dix heures. »

Or, le lendemain était le jour de la cérémonie du mariage de sa fille et du jeune Nephtali Coindet. Les invitations étaient lancées, car, depuis sa séparation d'avec Déborah, le mystère qui planait sur cette union avait fait place à une complète publicité. Toute la rue était conviée et le consistoire se réjouissait d'entendre le pasteur bénir en termes orthodoxes les épousailles auxquelles ce prêche paternel et sacerdotal enlèverait leur caractère purement civil.

Il ne restait à Molyneux qu'un moyen de faire face à tant de devoirs : profiter du brouhaha causé par les apprêts des toilettes d'Adeline et de Madame Molyneux, pour filer à l'anglaise, sur les neuf heures et demie, jusqu'au siège de la *Société*. Là, il coulerait à fond l'affaire pour laquelle on lui indiquait ce rendez-vous urgent, puis retournerait au galop à Neuilly, où, selon toute probabilité, il arriverait encore à temps pour conduire sa fille à la mairie.

Cependant, la teneur de cette dépêche nocturne le tint éveillé presque toute la nuit. Le glas de la faillite allait-il sonner? En tout cas, le mariage serait accompli avant que la mesure fût ébruitée. D'ailleurs, en présentant des déclinatoires, en allant en référé, on avait toujours, au bas mot, quatre ou cinq jours devant soi.

Nephtali et son père l'accuseraient avec véhémence de les avoir indignement trompés sur sa situation financière : mais un homme est bien fort quand il est résolu à supporter en silence toutes les invectives; la faillite du beau-père n'étant pas un de ces cas qui rendent nul le mariage du gendre.

Dès le matin, il revêtit donc la tenue de noce, et enjambant par-dessus les jupes, sous-jupes et contre-jupes qui encombraient les canapés et le parquet, il sortit à la dérobée et se jeta dans un fiacre, au cocher duquel il promit des émoluments inusités s'il savait imprimer à son cheval une allure suffisamment rapide.

Pendant qu'il trottait d'un pas accéléré sur la

route de Paris, Adeline se croisait dans les chambres avec Mme Molyneux, affairée pour elle, pour sa fille, pour tout le monde. Il avait fallu l'écarteler à plusieurs couturières pour arriver à lui confectionner une de ces robes mauves comme on n'en exhibe que les jours de révolution intérieure. Un chapeau blanc criblé de tulle, qu'on aurait cru façonné dans un moule à gaufres, s'évidait autour de sa face, où le plein air et les coups de soleil avaient plaqué çà et là des cuissons larges comme des eczémas. Ce qui la navrait dans sa toilette, c'était l'impossibilité de retrousser ses manches.

Elle s'habilla de très bonne heure, afin d'en avoir tout de suite fini avec ce fastidieux travail ; mais l'oisiveté constituant pour elle le plus dur des supplices, elle descendait constamment dans ses atours à la cuisine, d'où la vieille bonne de la maison la chassait en la menaçant de taches de graisse.

Au milieu de l'agitation maternelle, Adeline passait calme, se laissant épingler, comme à une statue qu'on habille, ses vêtements de noce, sur lesquels elle avait à peine jeté un coup d'œil indifférent. Défiez-vous des femmes qui disent à leurs petites amies :

— Vous verrez quelle longue traîne j'aurai le jour de mon mariage !

Mademoiselle Molyneux serait partie pour la mairie en peignoir du matin et en bottines de fatigue, sa seule crainte étant d'avoir la main trop tremblante pour arriver à signer l'acte qui la liait définitivement à son Nephtali. Mais la maman avait combattu cette insouciance par des programmes de toilettes variées, sur lesquelles Adeline fut bien obligée de se prononcer. Madame Molyneux opinait pour une robe blanche de moire antique, la moire antique étant une étoffe « inusable », d'une solidité de fer-blanc et dont les reflets chatoyants rappelaient, disait la bonne femme, « les vagues de la mer », que, du reste, elle n'avait jamais vue.

Mais Nephtali avait soutenu que la moire antique sentait la province à pleines narines et qu'Adeline aurait l'air d'être vêtue avec de la toile cirée. Madame Molyneux s'était contentée de répondre à cette énormité :

— Oh ! si l'on peut dire !

Et on s'était décidé pour une robe de satin blanc bien souple, qui ne laisserait perdre aucune des délicatesses de la taille ondoyante de la jeune fille. Quand, sur les dix heures et demie, le fils du pasteur vit descendre au jardin sa fiancée, sous les armes, enveloppée dans son grand voile de vestale, il eut une apparition d'autant plus céleste que peu de mariées ont assez de finesse et de transparence dans le teint pour supporter le blanc cru d'un costume de noce. Aussi les blondes ont-elles, ce jour-là, un avantage marqué sur les brunes.

A onze heures, les voitures étaient à la grille, où les gens se pressaient pour voir sortir l'épousée et apprécier ses qualités physiques. La demoiselle d'honneur, une petite cousine des Coindet, cherchait déjà si parmi les invités elle ne trouverait pas aussi son affaire. Le pasteur remaniait son allocution qui, avec sa tendance aux amplifications bibliques, allait vraisemblablement prendre les proportions d'un manifeste. Seul, Molyneux manquait. Il était cependant indispensable, tant pour signer sur le registre que pour donner le bras à sa fille.

Madame Molyneux remonta dans la maison et alla à la chambre où elle supposait son mari en lutte avec quelque boucle de pantalon ou de gilet difficile à accrocher. La chambre de Molyneux était vide ; mais comme ses vêtements de noce n'étaient plus sur le dos du fauteuil où on les avait soigneusement étalés la veille au soir, elle s'imagina qu'il était allé faire une promenade autour de la villa, afin de ne gêner ni sa femme ni sa fille dans leurs apprêts. Elle redescendit, répétant à tous :

— Mon mari va venir ; je ne comprends pas qu'il nous fasse attendre. Sa montre se sera arrêtée.

La cérémonie était pour onze heures et demie, et le maire ne pouvait décemment rester longtemps écharpe au ventre, bien qu'il fût disposé à toutes les concessions envers un homme d'église comme Coindet et un homme de finance comme Molyneux. A midi, ce dernier n'avait pas reparu. Les quatre témoins, tous choisis dans la parenté du pasteur, celle des Molyneux n'étant guère présentable, se regardaient déjà avec un mutisme inquiet dont le sens principal était :

— Est-ce que vous ne mourez pas de faim ? Si

on tarde encore, nous ne déjeunerons pas avant deux heures.

Il faisait un temps superbe, et au milieu de la rue Perronnet piétinait la noce, divisée en deux groupes, dont l'un regardait du côté de l'Orient et l'autre de l'Occident, si le retardataire n'allait pas se montrer. Comme une heure sonnait, on vit déboucher un fiacre dont le cheval au galop ne pouvait que voiturer un homme extrêmement pressé.

— C'est lui! dit madame Molyneux, en serrant la main d'Adeline, dont l'inquiétude commençait à contracter les lèvres.

La voiture s'arrêta, en effet, à la grille ; mais, au lieu de Molyneux, ce fut un jeune homme qui en descendit.

— Je voudrais parler à madame Molyneux, dit-il, en cherchant parmi les dames de la noce celle à qui ce nom s'adaptait.

La mère d'Adeline sortit des rangs, et le jeune homme, l'entraînant à quelques pas, lui remit un papier irrégulièrement coupé et maculé d'une écriture à peine lisible. D'ailleurs, elle l'eût été, que madame Molyneux ne l'en aurait pas lue davantage.

— Je suis employé à la *Société africaine*, murmura l'inconnu. Voici ce que M. le directeur m'a prié de vous porter tout de suite.

Dans son trouble, excluant toute prévoyance, elle passa l'informe demi-feuille à Nephtali, qui y lut ce fait-divers :

« En arrivant ce matin à mon bureau, j'y ai trouvé un syndic qui y apposait les scellés et un commissaire de police qui m'a arrêté — provisoirement. Ne vous tourmentez pas ; j'espère que, mon innocence étant reconnue, je serai bientôt rendu à ma famille. »

Adeline s'était avancée sous l'impulsion d'un pressentiment sinistre.

— Votre père vient d'être arrêté, lui dit Nephtali. Savez-vous pourquoi ?

— Non, répondit-elle.

Et parmi les invités et dans la foule circula presque immédiatement cette rumeur :

« Le père de la mariée vient d'être arrêté. »

Ce coup de massue dispersa la noce comme une volée de pigeons.

— Rentrons ! fit le pasteur à son fils.

Et il l'entraîna, sans saluer ni la future, ni sa mère, ni personne, comme un homme qui quitte un cercle où il s'aperçoit qu'on le vole.

Adeline était une nature renfermée, ennemie de l'éclat et des évanouissements. Elle repassa la grille et, comprenant que tout était fini, elle remonta dans sa chambre, suivie par sa mère qui, ahurie, culbutée pour ainsi dire par cet éboulement, se plongea la tête dans l'oreiller du lit, où elle se mit à sangloter.

La jeune fille ne pleura pas, les larmes constituant généralement la démonstration d'une douleur secondaire. Elle resta toute droite plantée devant la glace de sa toilette, sur laquelle elle déposa d'abord ses gants, qu'elle enleva doigt par doigt, par mouvements automatiques ; puis son voile, puis la branche d'oranger qui cachait son peigne, puis le bouquet du corsage, puis la robe de satin blanc, qui alla s'abattre dans un coin avec des amollissements de ballon dégonflé.

Le bruit de cette arrestation se répandit dans l'après-midi même et inspira de lugubres réflexions à d'autres directeurs de sociétés financières, lesquels avaient bien compté jusque-là prendre, le jour de la débâcle, le train pour Bruxelles, sans être inquiétés. Ce Molyneux était le dernier des maladroits. Son insertion à Mazas créait un précédent extrêmement fâcheux ; la fuite des banquiers prévenus d'avoir malversé ayant été, de tout temps, protégée et même organisée par les autorités compétentes.

— J'espère, avait dit le pasteur à Nephtali, que, désormais, nous n'aurons plus rien à faire avec ces gens-là.

Malgré son désespoir, le jeune homme sentait qu'une alliance avec la fille d'un inculpé, qui demain serait peut-être un condamné, était irréalisable. Il se dit :

« J'ai fait une gaffe immense en jetant les yeux sur cette jeune fille. Ce n'est plus que par l'oubli, le travail et le renoncement absolu à toutes relations entre elle et moi qu'il me sera permis de rayer de ma vie cette aventure. »

Il eut l'idée de s'engager. Car un grand nombre d'amoureux mystifiés ou déçus se figurent qu'ils écarteront l'image de leur mystificatrice en la troquant contre un fusil qu'un sergent instructeur leur ordonnera, sous les peines les plus sévères, de placer tantôt à gauche, tantôt à droite. Ce sont les anciens mélodrames qui ont inculqué cette erreur à la jeunesse. Elle croit naïvement qu'elle échange l'amour contre la gloire, et elle ne tarde pas à s'apercevoir qu'elle n'a remplacé l'amour que par la salle de police.

Cette envie de demander à l'ordinaire d'un régiment de ligne un remède à son chagrin fut, heureusement, fugitive. Il pensa qu'il n'avait besoin d'aucun auxiliaire pour s'imposer le respect de lui-même, et il abandonna presque tout de suite le projet, d'ailleurs baroque, de passer sa douleur au fil de l'épée.

Toutefois, où il reconnut que sa cuirasse de stoïcisme péchait par l'épaisseur, ce fut le jour où la justice se transporta rue Perronnet pour y saisir les meubles meublants, linge, matelas, batterie de cuisine et tout objet généralement quelconque garnissant l'habitation louée aux Molyneux par le pasteur Coindet. Afin que rien ne fût détourné de cette main-mise, le juge d'instruction fit là, comme rue de la Chaussée-d'Antin, apposer les scellés avec un tel luxe de cire à cacheter que l'odeur en montait au nez de Nephtali, qui, derrière les rideaux de sa fenêtre, assistait, le cœur dans un étau, à cette espèce d'autodafé.

La maison devenait ainsi inhabitable pour les deux femmes, et Adeline en fut particulièrement heureuse. La honte de vivre sous l'œil de celui qu'elle aimait et sur lequel elle ne se savait même plus le droit de jeter un regard, la torturait plus que toutes les brutalités des requins du Parquet. Ni elle ni sa mère ne leur disputèrent rien du petit bien-être que leur avait créé pour si peu de temps l'élévation subite du chef de la famille à des hauteurs d'où il devait tomber si tragiquement. On confisqua jusqu'au livre de cuisine, et elles n'emportèrent, outre les vêtements qu'elles avaient sur elles, que quelques bijoux appartenant incontestablement à la femme, et non au mari, lequel, malgré toute la mauvaise foi des saisisseurs, ne pouvait être soupçonné de se promener dans les rues avec des bracelets aux bras et des pendants aux oreilles.

Madame Molyneux, avec cette obstination qu'on apporte surtout dans les croyances fausses, était convaincue que son mari était victime d'une déplorable erreur et que la pureté de ses intentions ne tarderait pas à éclater aux yeux les plus prévenus. Elle proposa à sa fille d'aller loger boulevard Diderot, tout près de Mazas, pensant que, malgré les murs, cours et verrous qui les sépareraient du prisonnier, sa détention serait allégée par ce rapprochement.

En outre, il allait certainement être au premier

jour rendu à la liberté, et elle tenait à être là pour le recevoir à sa sortie. Enfin, dans son ignorance des précautions multiples prises par les abominables inventeurs du système cellulaire, elle se berçait de l'illusion qu'elle parviendrait à communiquer avec lui à l'insu de ses geôliers.

« Nous l'apercevrons peut-être de nos fenêtres, disait-elle à Adeline, et nous lui ferons des signes. »

Elles ne possédaient pas vingt francs à elles deux. La maman se souvint alors de son ancienne qualité de femme d'un prêteur sur reconnaissances et se fit conduire, pour y engager ses quelques bijoux, chez un commissionnaire au Mont-de-Piété avec lequel elle avait autrefois traité mainte affaire. Celui-ci la reconnut, et, dans son immobilité de « cul de plomb » peu initié aux événements parisiens, crut que madame Molyneux venait, comme par le passé, déposer au nom de son mari, des objets achetés la veille à un prix moindre que la somme dont l'administration pouvait consentir le prêt.

Il demanda des nouvelles de Molyneux et trouva Adeline « mincie ». Sa mère se garda de lui révéler par quelle série d'incidents dramatiques elle venait, pour son propre compte, dans un endroit où elle était allée si souvent pour le compte des autres. Elle se tint dans les généralités vis-à-vis de ce gagiste, qui offrit douze cent cinquante francs du stock de modestes joyaux dont se composait en ce moment tout l'avoir de la famille.

On loua bien, boulevard Diderot, à proximité de

la prison, deux chambres meublées d'un canapé en reps vert et d'un lit à bateau. Mais des fenêtres donnant sur Mazas on n'apercevait que le mur de ronde et la coupole de cette énorme volière où on enferme ceux qui volent

Autrement que l'oiseau,

a dit Victor Hugo.

Elles s'attendaient tous les jours à entendre frapper à leur porte, qui s'ouvrirait pour le détenu enfin libre et réhabilité. Or, non seulement la prison ne s'ouvrait pas pour lui, mais elle restait fermée pour sa femme et sa fille, à qui on avait refusé toute communication avec l'inculpé, maintenu à un secret impénétrable.

Les douze cent cinquante francs fuyaient à tire d'ailes, car il avait été indispensable d'acheter des chemises, des jupons, des robes et jusqu'à des bas. Madame Molyneux avait remis aussi cent francs au greffe, afin que son mari pût ajouter quelque viande à l'eau de vaisselle de la maison. Au bout de quinze jours, les deux femmes étaient presque à la fin de leur rouleau. Adeline, voyant sa pauvre mère lutter vainement contre les frais envahissants d'une installation nouvelle, se décida à exhiber son diplôme conquis à l'Hôtel de Ville. Grâce à ce gagne-pain, elle était à peu près sûre de conjurer l'extrême misère ; toutefois, dans quelle attitude se présenter devant une clientèle d'élèves, avec le nom de son père actuellement emprisonné pour abus de confiance? C'était malheureusement là sa seule recommandation, puisqu'elle ne connaissait personne.

Sans le spectre de la misère, qui commençait à étendre ses bras du côté de sa mère, si courageuse et si confiante, la jeune fille n'aurait probablement pas essayé de secouer la torpeur où l'avait jetée la rupture du fil qui la rattachait à l'existence. Elle aurait toujours eu assez pour vivre, attendu qu'elle ne vivait plus. Comme une comédienne qui, son rôle achevé, regarde d'un œil distrait continuer la pièce à laquelle elle a cessé de prendre part, elle se considérait comme à jamais rentrée dans la coulisse. Elle se contenterait d'être à l'avenir le guide et le soutien de sa mère, sans autre ambition que celle de remplir jusqu'au bout ce devoir de chien d'aveugle.

Quant à Nephtali, elle y pensait à peine. Il lui apparaissait à une telle hauteur et sur une cime tellement inaccessible à la honte et à l'indignité de la fille d'un failli, que l'impossibilité de le reprendre lui enlevait presque le regret de l'avoir perdu. Les deux ans de luxe relatif qu'elle avait traversés lui revenaient en mémoire comme le souvenir d'une féerie brillante, dont la rampe est éteinte et les représentations terminées. Tout, autour d'elle, avait le ton gris et terne d'un brouillard de Londres. Elle voyait sa mère et son père menacés celui-ci par la justice, celle-là par la faim. Puis plus rien.

La quatrième page d'un journal, dont elle n'avait

seulement pas lu la première, lui mit un matin sous les yeux l'avis suivant :

Une famille anglaise habitant Chantilly désirerait trouver une jeune institutrice, pour leçons de français à deux enfants. Écrire poste restante à William T...., à Chantilly.

Cette offre d'emploi la séduisit d'autant plus que, selon toutes probabilités, ce William T..., étant Anglais, s'inquiétait peu de ce qui se passait en dehors de son *home* et ignorait la tare qui pesait sur le nom de Molyneux. Elle se présenterait à cette famille, son diplôme à la main ; et comme elle remplissait les conditions de jeunesse requises par les contractants, elle avait toute chance d'être agréée.

Immédiatement, elle fit part à sa mère de la résolution où elle était de tenter une démarche, afin de tâcher d'assurer la situation qui craquait sous leurs pieds. Quitter les environs de Mazas, où gémissait son mari, semblait à madame Molyneux une sorte de séparation de corps ; mais il y avait urgence : le pain pouvait manquer tout à coup et la place était peut-être déjà prise. Adeline répondit donc sur-le-champ à l'invite de l'habitant de Chantilly par une lettre dont elle moula de son mieux les caractères, où elle énonça qu'elle avait passé ses examens à l'Hôtel de Ville de Paris, qu'elle avait dix-neuf ans et qu'elle vivait avec sa mère. Trois jours après cette série de déclarations, elle recevait l hiéroglyphe ci-dessous :

« Miss,

» You may come at my home every day from five o'clock to twelve in the morning.

» Your devoted servant,

» William TURNER, Esq.

» 3, Paris-street, Chantilly. »

L'essai de traduction dura sept heures sans aboutir, et Adeline dut se résigner à recourir aux lumières du personnel d'un magasin de lingerie, sur la porte duquel était écrite cette mention : *English spoken*. Là, on lui apprit complaisamment que la lettre signifiait littéralement :

« Mademoiselle,

» Je vous attendrai tous les jours chez moi, de cinq heures du matin à midi.

» Votre dévoué serviteur.

» William TURNER, écuyer,

» 3, rue de Paris, à Chantilly. »

Le mot écuyer offrant un tout autre sens que celui d'un homme qui fait de la haute école.

Les deux femmes se demandèrent quel métier bizarre pouvait bien exercer cet esquire qui recevait déjà à cinq heures du matin. Adeline, peu curieuse de profiter de cette latitude, prit avec sa mère le train de dix heures moins cinq, et se présenta vers onze heures rue de Paris, devant la porte du numéro 3.

Depuis l'époque où le grand Condé y recevait

18

De son roi la visite bien chère,

Chantilly a subi des transformations qui empêcheraient vraisemblablement ce général de reconnaître aujourd'hui son ancien domaine, qu'il prendrait pour quelque ville anglaise. Un habitant qui parle français y est une rareté. C'est, en effet, dans les découpures de ses quatre mille hectares de forêt que les propriétaires de chevaux de courses ont presque tous installé leurs écuries d'entraînement, dont les directeurs et les employés ont généralement passé la Manche, pour venir s'établir sur ce point qui semble une succursale de New-Market.

Le dimanche, tout travail y est aussi interdit qu'à Manchester ou à Londres, et dans la semaine, la pelouse où l'on exerce les pur-sang rappelle Hyde-Park. Les consommations des cafés, la nourriture des restaurants, tout y est britannique, et les petits *lads* (enfants chargés de soigner les chevaux) toisent en passant les étrangers — c'est-à-dire les Français — d'un œil qui a l'air de leur dire :

« Que venez-vous faire chez nous? »

Les rues où chaque entraîneur a sa maison — bâtie à l'anglaise — sont d'ailleurs d'une propreté à défier toutes les épidémies. L'art de faire gagner un poulain quand il est coté à trente contre un et de le faire perdre quand il est à égalité, constituant une industrie de luxe, la vie est naturellement hors de prix dans cette ville d'outre-Manche, où l'on ne parle guère que par livres sterling. Tous les hommes de cheval aimant à bien vivre, on y mange plantureusement et on s'y emplit de champagne.

William Turner, le correspondant de mademoiselle Molyneux, n'avait pas d'écurie, mais il vivait des écuries des autres. Il se levait à quatre heures du matin pour aller, en se faufilant sous les branches, observer le galop des *leaders* conduits à l'exercice sur la route Milliard ou sur les pistes de La Morlaye. Il avait fondé tout exprès un journal de sport pour y annoncer le résultat de ses observations, sous forme de *quasi-certitudes*. Moyennant quinze francs, le lecteur avait droit à une enveloppe soigneusement cachetée, qu'il lui suffisait d'ouvrir pour y trouver les noms des vainqueurs — probables.

Toutefois, parmi ceux de ses abonnés qu'il associait au succès de ses pronostics, lui seul avait trouvé moyen de gagner à coup sûr. Avec une probité en apparence surhumaine, il restituait à chacun de ceux qu'il avait fait perdre par un faux renseignement les quinze francs qu'il en avait reçus. Personne n'avait donc le droit de se plaindre. Il vous garantissait un cheval. Celui-ci arrivait bon dernier. Il vous renvoyait votre argent. Rien de plus loyal et de plus méritoire.

Mais voici où le génie commercial, qui a toujours distingué les natifs de la libre Angleterre, éclatait dans toute sa grandeur : au lieu de recommander à tous les demandeurs, qui lui envoyaient leurs quinze francs avec leur adresse, un seul et même cheval, il leur certifiait autant de vainqueurs qu'il y avait de chevaux engagés dans la course. Or, sur six, sept ou huit inscrits au programme, il s'en trouvait fatalement un pour arriver premier. Les quinze francs des parieurs qui avaient reçu ce nom-là lui étaient légitimement acquis, et il rendait à bureau ouvert la commission qu'il avait touchée d'avance pour les coureurs qui étaient restés en route.

Tout le monde ainsi se déclarait satisfait, lui surtout qui, en distribuant tous les noms, donnait nécessairement le vainqueur et encaissait inévitablement autant de primes qu'il avait eu d'abonnés heureux.

Cette piraterie, que le Code n'avait pas prévue, tant elle était difficile à prévoir, lui assurait un bien-être tel qu'il avait résolu de le transmettre plus tard, avec la manière de s'en servir, à son jeune héritier, en ce moment âgé de neuf ans, lequel, une fois qu'il saurait cette maudite langue française, que sa femme et lui n'avaient jamais pu apprendre, lui tiendrait lieu d'un employé. C'est pourquoi il avait fait insérer l'annonce à laquelle il devait la visite matinale de madame Molyneux et de sa fille.

La maison où l'intelligent Turner manipulait ses combinaisons sportives se composait d'un rez-de-chaussée et d'un premier où on avait établi les chambres à coucher, afin d'éviter l'humidité. Les deux femmes furent introduites dans un salon garni d'un guéridon moderne, à prétentions Louis XV, et de chaises en acajou à dossiers en forme de lyres. Un gros homme en veste de futaine, jambé de guêtres de chasse montant jusqu'aux genoux, ne tarda pas à les y rejoindre. Il était rouge de cheveux, cramoisi de visage et encore tout suant de son travail du matin. Il ne parlait pas plus la langue des visiteuses que celles-ci ne parlaient la sienne, ce qui ne l'empêcha pas de témoigner par un fort écarquillement des yeux sa surprise de ce qu'il pouvait se rencontrer sur la surface du globe deux créatures humaines étrangères à l'idiome de son pays.

On alla quérir un interprète : le patron du café voisin. Adeline lui soumit son diplôme, dont le parchemin emplit de respect ce limonadier. Turner appela les enfants : un garçon de neuf ans et une fille de huit. Le petit Turner, avec ses cheveux châtains coupés sur le front « aux enfants d'Edouard », et le col blanc de l'envergure d'une assiette qui débordait sur son costume de drap marron, était assez appétissant ; mais la fille, plaquée aux tempes d'une chevelure « queue de vache », et les joues pointillées de taches de rousseur à croire qu'un sac de son venait de s'ouvrir subitement sur sa figure, était d'autant plus répulsive qu'elle se présentait la morve au nez. Mademoiselle Molyneux caressa le garçon, et bien qu'elle s'y fût reprise à trois fois

18.

pour embrasser sa sœur, le courage lui manqua définitivement.

On convint des émoluments et on régla le travail. Deux heures de leçons ou plutôt de conversation avec les enfants le matin, et deux heures le soir. On paie bien en Angleterre. Le pronostiqueur, d'ailleurs très bon homme et qui semblait chercher à se faire pardonner par sa rondeur la façon singulière dont il menait sa vie, n'osa pas, devant ce magnifique diplôme, offrir moins de cent cinquante francs par mois. Madame Molyneux en aurait réclamé deux cents qu'elle les eût obtenus ; mais, pour si peu de travail, la somme proposée était si alléchante qu'elle se contenta de répondre avec une contraction de joie :

— Parfaitement! parfaitement!

On était au vendredi. Il fut arrêté que les leçons commenceraient le lundi suivant, afin de laisser à la jeune institutrice et à sa mère le temps de déménager pour venir s'intaller à Chantilly, à proximité de la maison Turner. Madame Molyneux, à peine de retour à Paris, s'attela toute soupirante à ses paquets et à la malle d'Adeline. Elle loua à Chantilly deux pièces qui différaient peu de celles qu'elle quittait, et abandonna définitivement le boulevard Diderot, non sans avoir envoyé de la main au prisonnier de Mazas deux gros baisers dont le mur d'enceinte, contre lequel ils s'aplatirent, ne parut pas sensiblement s'émouvoir.

XXI

LE PROCÈS.

Jeté par deux bras vigoureux dans un fiacre à stores baissés pour être écroué à Mazas, Molyneux s'était réveillé dans une cellule, comme un pendu imparfaitement asphyxié se réveillerait au pied de sa potence. Il se dit alors :

« C'est donc vrai ! Cette table vissée à la muraille, cet escabeau cloué au parquet, ce lit étroit et plat auquel ces tiges de fer creux donnent des apparences de squelette, ce trou infect et mal recouvert, qui transforme chacune des casemates de la prison en latrines cellulaires, ce guichet où l'on voit de temps à autre apparaître un œil farouche, tout cela est palpable, indéniable et tangible ! »

Il mesura d'abord du regard les parois de son tombeau, comme pour chercher la fissure par laquelle il pourrait s'enfuir. Puis, ayant constaté que l'architecte avait tout prévu, il tomba sur son siège de bois et plongea dans ses deux mains sa grosse tête qui lui semblait ballotter sur ses épaules.

Les trois premiers jours, la stupeur paralysa chez lui toute idée de révolte. Après quoi, s'installa dans son cerveau vide l'horreur de cette solitude qui vous ferait accueillir comme un ami un parricide ou même un « mouton » et qui vous pousserait à vous briser le crâne contre la porte du caveau dans le fantastique espoir de l'enfoncer.

Il n'y a guère de comparable au supplice de la cellule que celui de la promenade solitaire dans le préau, sorte de concession de cimetière en forme de cercueil, dont les planches, figurées par des murs de quatre mètres de haut, ont toujours l'air d'aspirer à se rejoindre comme pour écraser le prisonnier placé au milieu.

Le procès qui s'entama bientôt, car les faits étaient patents, fut accueilli par le failli presque à l'égal d'une distraction. On le menait deux fois par semaine chez le juge instructeur avec qui, du moins, il se déliait la langue. Il comptait toujours sur une ordonnance de non-lieu, déterminée par l'intervention plus ou moins secrète du ministre, ou par la haute influence du député Cotignat. Mais rien ne venait, si ce n'est de nouvelles plaintes dont le sommier s'échafaudait en une pile croissante.

Le juge d'instruction, qui avait conservé vis-à-vis de son client un semblant de bienveillance, tant qu'il avait pu croire l'affaire arrangeable, passa du plaisant au sévère, quand il la vit ainsi s'aggraver de jour en jour. Il lui demanda un matin :

— Quels témoins à décharge désirez-vous faire citer ?

— D'abord M. Cotignat, député de la Basse-Garonne, répondit immédiatement Molyneux.

— M. Cotignat est déjà cité comme témoin à charge, à la requête du ministère public? répliqua le juge.

C'était un coup désastreux pour le prévenu, qui avait basé toutes ses chances d'acquittement sur la déposition de ce puissant protecteur, aux conseils et aux inspirations duquel il avait simplement obéi. Autre déboire : il apprit qu'après un examen attentif du dossier et des comptes de la *Société*, le conseil de surveillance avait été mis hors de cause, sous prétexte qu'ayant très rarement siégé, il lui avait été difficile de s'opposer à des opérations que, vraisemblablement, il ignorait.

La bonne foi de Monseigneur de Samarcande, du sénateur Dutheil, du député Chanrenard et de l'honorable pair de France, dont les noms figuraient sur les affiches, avait été évidemment trompée; et trompée par qui ? Par Molyneux, d'ailleurs seul directeur-gérant et, conséquemment, seul responsable.

De sorte qu'à l'accusation d'avoir flibusté le public s'ajoutait celle d'avoir surpris la confiance des hommes éminents qui lui avaient généreusement offert le concours de leur honorabilité.

L'instruction terminée et l'ordonnance de renvoi devant la police correctionnelle dûment paraphée, Molyneux eut l'autorisation de communiquer avec sa femme et sa fille à travers deux grillages entrecoupés par les allées et venues des geôliers. Au reçu de la lettre par laquelle il leur faisait à toutes deux part de cette faveur, Adeline demanda à mistress Turner et à son mari un congé d'un jour pour aller voir à Paris un « parent » très malade.

Turner accorda, et mistress Turner, longue et faisandée, avec un front d'une hauteur exagérée et des dents comme des sabots de cheval, ne souleva aucune opposition. Madame Molyneux et sa fille partirent silencieuses, pensant chacune de son côté aux terribles changements que trois mois de captivité avaient dû produire dans la constitution du chef de la famille. Adeline ne songeait pas à d'autres changements qui s'étaient opérés en elle depuis le jour où, sur le marchepied même de la voiture de noce, elle avait dit à Nephtali un adieu auquel il n'avait même pas répondu.

Le velouté de ses joues était tombé comme un fard. Ses yeux ternis avaient presque perdu leur couleur. Sa voix même s'était altérée. L'anémie et la nervosité avaient pris, dans cette frêle enveloppe, une intensité telle que le bruit d'une porte un peu violemment fermée mettait la jeune fille en révolution.

La rigidité de la salle du greffe la suffoqua dès l'entrée. Mais la honte et le dégoût la firent presque tomber en convulsions quand on l'introduisit, en compagnie de sa mère, dans un cabinet annexe où une vieille femme aux ongles noirs pratiqua sur toutes deux l'ignoble opération qu'on appelle la « fouille ». L'horrible créature plongea ses mains obscènes dans leurs cheveux, leurs bottines et jusque dans leurs corsets, pour constater qu'elles n'apportaient au prisonnier rien de suspect, soit comme papier, soit comme armes. Madame Molyneux se soumit sans répugnance apparente à cette maculature. Mais Adeline en contracta une sorte de tremblement qui lui ôta la perception de tout ce qu'elle vit et entendit pendant le temps que dura sa visite à son père.

Celui-ci entra tout courbé dans la cage qui faisait vis-à-vis à celle où se tenaient haletantes sa femme et sa fille. Le double grillage qui leur zébrait la figure à tous les empêcha de déterminer mutuellement l'étendue des ravages que trois mois de séparation et d'inquiétudes avaient produits chez eux. Il était plein de confiance dans l'issue de son procès qui, affirma-t-il, ne faisait pas doute. Elles lui narrèrent leurs tribulations, leur départ précipité de Neuilly, et lui donnèrent des nouvelles de quelques menus objets qu'elles avaient pu sauver, et qui, par leur ancienneté dans la famille, en faisaient comme partie.

Tous trois avaient envie de pleurer, et aucun d'eux n'osait se laisser aller à un attendrissement qui aurait amené un déluge de larmes.

— Quel malheur que tu ne sois pas resté marchand d'habits ! se contenta de soupirer Madame Molyneux.

Puis elle ajouta :

— Est-ce que c'est vrai que dans ta cellule tu es couché sur la paille, avec les fers aux pieds et aux mains ?

Son mari la rassura relativement à ces traitements moyen-âge et leur fit du confortable de son nouvel intérieur un tableau passablement flatté. Adeline, pendant toute la conversation, où elle avait à peine mêlé deux ou trois mots, tenait sa mère par sa jupe, comme tremblant qu'on ne l'arrachât à ses parents pour la plonger dans quelque *in pace*. Elle ne respira que quand la voix du gardien de service les avertit que la demi-heure réglementaire était écoulée, et qu'il fallait laisser la place à d'autres.

— Maman! supplia-t-elle, en se voyant enfin dans la rue, promets-moi que nous ne retournerons jamais dans cet endroit-là !

Le procès devait se plaider en octobre. Avant de quitter le parloir, Molyneux leur avait fait jurer de ne pas assister à l'audience, leur vue n'étant bonne qu'à le déranger dans ses moyens de défense.

— Sois tranquille, lui avait répondu madame Molyneux, nous resterons à Chantilly, à t'attendre. Je te préparerai un bon dîner pour que tu aies de quoi te restaurer après ton acquittement, car tu ne mangeras rien de la journée, c'est sûr.

Cotignat, qui n'avait pas donné signe d'existence pendant la détention préventive de sa victime, se contenta de lui recommander un avocat de ses amis, de qui il n'avait conséquemment à redouter aucune attaque au cours ds sa plaidoirie. Molyneux, dans son isolement, fut touché de cette marque de sollicitude et fit à son futur défenseur un accueil empressé. Ce dernier lui recommanda de ne compromettre personne, afin de ne pas s'aliéner la bienveillance des gens au pouvoir.

— Mais, fit observer Molyneux, il faudra pourtant bien que je rappelle la conversation que j'ai eue avec le ministre et les encouragements qu'il m'a donnés.

— Ce serait dangereux, répliqua l'intelligent conseiller, vous paralyseriez ainsi toutes ses bonnes intentions ; car, s'il agissait en votre faveur, on supposerait tout de suite qu'il y a un intérêt quelconque. Donc, pas un mot, et laissez-nous faire.

Ainsi chapitré, l'accusé n'aspirait plus qu'à voir s'ouvrir les débats. La huitième chambre fit, ce jour-là, salle à peu près comble. Quand la vue de Molyneux, troublée par la majesté du tribunal, se fut un peu éclaircie, il distingua dans l'auditoire plusieurs têtes qui avaient grimacé devant lui à la réunion du Cirque d'Hiver. En revanche, pas un visage ami ne jetait sa note consolante dans ce milieu hostile. Malgré lui, il chercha des yeux Déborah. Mais, toujours pratique, elle n'avait pas jugé à propos d'aller perdre sa journée dans un prétoire où la chaleur était étouffante, et où, d'ailleurs, elle aurait risqué d'être mise aussi sur la sellette par quelque témoin trop loquace.

L'acte d'accusation lu par le greffier aurait pu porter ce sous-titre : *Toutes les herbes de la Saint-Jean*. L'accusé y était déshabillé des pieds au menton. On y démontrait qu'avant d'aborder la haute finance, il avait pratiqué l'usure comme prêteur sur gages, puis comme changeur, car cette profession n'était qu'un leurre et servait à cacher, sous une enseigne trompeuse, la ruine des jeunes gens assez fous pour jeter leur fortune à venir dans le gouffre des emprunts à intérêts illimités.

A aucune époque de sa vie, Molyneux n'avait exercé ce métier coupable. Il se leva pour protester. Son avocat le fit rasseoir. Quand le greffier arriva au méfait principal : la fondation de la *Société africaine* et l'exploitation fictive de mines qui n'existaient pas ; quand il détailla les mensonges qui avaient soutenu pendant près de deux ans cette banque imaginaire, il y eut dans la salle une rumeur de stupéfaction. La circulaire où Molyneux, qui en était pourtant bien innocent, promettait 50 pour 100 aux souscripteurs, provoqua des rires coupés d'imprécations.

L'accusé se leva de nouveau pour expliquer au tribunal qu'il n'était pour rien dans la rédaction de ce programme, que le député de la Basse-Garonne lui avait apporté tout signé. Son avocat le fit encore asseoir.

L'interrogatoire, dans lequel le président s'étudia surtout à le mettre en contradiction avec lui-même, dura longtemps et épuisa les forces de Molyneux, au point qu'il lui vint à plusieurs reprises l'envie de se laisser retomber sur son banc en refusant de répondre.

Le magistrat lui demanda avec insistance au moyen de quels subterfuges et par quelle rouerie véritablement diabolique il avait réussi à faire partager aux honorables membres dont se composait le conseil de surveillance de l'ex-Société les illusions dont un si grand nombre de malheureux actionnaires devaient ensuite être victimes.

Et comme Molyneux cherchait les arguments les plus propres à le disculper, le substitut, un jeune bellâtre qui avait commencé au 16 Mai sa carrière dans la magistrature, intervint en ces termes :

— J'ai là, dans le dossier, une lettre de Monseigneur Benjoin, évêque de Samarcande, relatant le le machiavélisme mis en œuvre par l'accusé pour intéresser l'éminent prélat à cette affaire qui lui était présentée comme susceptible de développer dans les régions africaines l'influence de nos dignes missionnaires. Cette lettre, que je demanderai tout à l'heure au tribunal la permission de lui lire, constitue une des pièces les plus instructives du procès.

— L'accusé n'est malheureusement pas le premier qui ait couvert ses escroqueries du manteau de la religion, répliqua le président avec un soupir.

Tout le monde plaignit ce pauvre évêque de Samarcande, qui, dans sa déclaration écrite — car il était obligé de partir en mission — avait négligé de mentionner ses jetons de présence; et après quelques minutes d'attendrissement, on appela les témoins.

Plusieurs d'entre eux déposèrent de la connaissance parfaite qu'avait l'accusé de la piraterie où il avait engagé tant de monde, puisqu'il avait reçu depuis longtemps déjà le rapport de l'ingénieur établissant que le nickel était à peu près inconnu à Barberigan.

— Le rapport est, en effet, au sommier, dit le président. Il est aussi concluant que possible, et ne laisse aucune échappatoire.

Une femme en châle noir et en bonnet ruché produisit dans l'assemblée une sensation profonde par sa déposition navrante. La chute de la *Société africaine* l'avait, du jour au lendemain, mise sur la paille elle et ses deux enfants, et elle retourna à son banc en se tordant les bras avec ces cris mal articulés :

— Ah ! mes pauvres petits ! mes pauvres petits !

— Contemplez votre ouvrage ! ajouta le président se tournant vers Molyneux qui, en dévisageant attentivement, de sa place, la femme au bonnet ruché, crut se rappeler l'avoir aperçue naguère dans la loge de la concierge de Déborah.

L'impression laissée par le désespoir de cette mère de famille était à peine calmée qu'on appela à la barre des témoins le desservant de la commune de Gouvieux, l'abbé auquel, en pleine déconfiture sociale, Cotignat n'avait pas hésiter à soutirer six mille francs.

A l'entrée de ce prêtre vénérable, Molyneux se crut sauvé. Tout en racontant la tentative pratiquée sur son porte-monnaie, ce brave curé allait évidemment se faire un devoir de déclarer que l'accusé ici présent n'était absolument pour rien dans cette attaque à main armée, puisqu'en présence même du déposant il avait lutté pendant près de vingt minutes contre l'avidité de Cotignat, lequel avait fini par emporter sa proie.

Malheureusement, le naufrage de ses six mille francs avait porté à l'abbé un tel coup que sa mémoire s'en ressentait. Il savait bien, en effet, qu'il avait eu affaire à deux hommes, dont l'un était l'accusé. Était-ce lui ou l'autre qui avait fini par lui échanger ses bons billets de banque contre des torchons de papier sans valeur? Voilà ce dont il ne se souvenait plus.

Il s'en serait souvenu, d'ailleurs, qu'il aurait eu tout intérêt à accumuler les responsabilités sur Molyneux, contre lequel restait peut-être quelque espoir de recours, puisqu'il était entre les mains de la justice.

Au surplus, il ne fut pas difficile d'établir, en comparant les numéros des actions, que celles qui avaient été remises au desservant de Gouvieux provenaient du paquet spécialement catalogué comme appartenant à M. le directeur.

De ce témoignage il résulta donc : 1° que l'accusé, à la veille même du prononcé de sa faillite, avait fait les plus coupables efforts pour placer des actions tombées au prix du papier ; 2° qu'il poussait la mauvaise foi jusqu'à imaginer de faire retomber sur d'autres l'initiative de cette odieuse machination.

Des murmures de commisération accompagnèrent l'ecclésiastique jusqu'à son banc, où il se réinstalla, le nez dans son bréviaire, comme pour chercher dans le sein de Dieu des consolations aux mécomptes d'ici-bas.

Le président de la huitième chambre crut devoir prendre un temps avant d'appeler le député de la Basse-Garonne. Lorsque son nom retentit dans le prétoire, Cotignat fendit allègrement la foule et se présenta, les moustaches cavalièrement retroussées, bien qu'il ne fût pas extrêmement difficile de distinguer une certaine préoccupation à travers ses allures délibérées.

Loin de charger Molyneux, sa déposition parut tendre plutôt à le disculper. Sans nier la gravité des faits, il plaida les circonstances atténuantes. Lors de la première visite que l'accusé lui avait faite pour lui montrer les échantillons de nickel trouvés à Barberigan, il lui avait semblé très sincère. Il l'était même certainement. Quant à lui, Cotignat, il n'avait cessé de le prémunir contre les dangers d'un enthousiasme irréfléchi. C'était à ses bons conseils qu'on devait l'envoi dans cette île, alors peu connue, d'un ingénieur dont le rapport, empreint de la plus grande loyauté, avait montré l'affaire sous son vrai jour.

Mon Dieu ! il reconnaissait avoir été dupe, comme tout le monde, comme l'accusé lui-même l'avait été, du moins au début. Puis, étaient venus les entraînements, le choc des passions, d'autant plus violentes et torrentielles que le directeur de la *Société africaine* sortait d'un milieu plus vulgaire. Bien que lui, député et honoré de la confiance du cabinet, n'eût voulu à aucun prix s'immiscer à un titre quelconque dans les affaires de la maison, il s'était cru permis à maintes reprises d'adresser des observations à Molyneux sur sa façon de mener la vie à grandes guides. Malheureusement, une fois pris dans l'engrenage, l'imprudent y avait passé tout entier. Mais, dans sa conviction de témoin, il y avait eu chez ce malheureux beaucoup plus d'affolement que d'improbité.

Ce certificat mixte fut attribué, par le tribunal comme par le public, à la bienveillance naturelle de Cotignat, à qui le président posa dans les formes de la plus exquise civilité un certain nombre de questions :

— Monsieur le député, dit-il notamment, l'accusé a soutenu dans l'instruction et ici même n'être pas l'auteur de la circulaire dans laquelle on promettait aux futurs souscripteurs un minimum d'intérêt montant à cinquante pour cent. Vous serait-il possible, monsieur le député, de renseigner le tribunal sur la personne qui l'aurait soit rédigée, soit inspirée?

— La circulaire que j'ai reçue, comme tout le monde, répondit négligemment Cotignat, était signée Molyneux. J'ignore s'il en a écrit le brouillon de sa main, mais il est bien évident qu'il n'y a pas apposé son nom sans l'avoir au préalable lue et approuvée.

Le calme que s'était imposé Molyneux, et auquel son avocat le conviait depuis l'ouverture de l'audience, ne tint pas devant l'aplomb du député qui, lors du dîner auquel figurait Déborah, avait, aux applaudissements de tous les convives, servi aux souscripteurs cette lettre, qu'il était allé prendre lui-même toute fraîche émoulue sur son bureau, où on en retrouverait peut-être encore la minute.

— Vous savez pourtant bien, dit-il en dardant sur lui des regards d'une fixité presque menaçante, que je n'avais pas cette circulaire sur moi quand je suis venu dîner chez vous! Or, pour que vous vinssiez nous en donner connaissance au dessert, il fallait qu'elle eût été écrite chez vous. Donc j'avais raison de dire que je n'en suis pas l'auteur.

L'argumentation était directe. Le président, qui surprit quelque embarras dans le maintien du représentant de la Basse-Garonne, se hâta de le repêcher.

— Vous devez parlez au tribunal et non au té--moin, fit-il.

Puis, il ajouta :

— Vous n'aviez pas la circulaire sur vous ce jour-là, parce que sans doute vous l'aviez fait remettre à Monsieur le député quelques jours auparavant.

— Mais, riposta l'Auvergnat, j'aurais été hors d'état d'écrire des phrases pareilles. A cette épo-que, je mettais à peine l'orthographe.

— Oh! intervint le substitut, jaloux de faire son chemin, ce qu'on ne peut pas écrire soi-même, on le fait écrire par d'autres.

Saisissant alors la balle au bond, le président s'empressa de couper court à la discussion par ces mots qui équivalaient à la clôture :

— Monsieur le député, vous n'avez pas d'autres renseignements à nous donner ?

— Non, monsieur le président.

— Vous pouvez vous retirer.

Le ministère public, qui prit ensuite la parole, n'eut pas de peine à démontrer que Molyneux était un de ces hommes qui fondent sur la société comme des bêtes de proie pour l'exploiter et la détruire. Le sens moral leur étant inconnu, rien pour eux n'est sacré.

« Écoutez l'homme qui est devant vous : c'est par ignorance, j'allais dire par innocence, qu'il a péché. Encore un peu il accuserait les députés de l'avoir encouragé dans ses fraudes. Il accuserait au besoin les ministres. Sedaine, messieurs, a fait une comédie charmante intitulée : *le Philosophe sans le savoir; le Voleur sans le savoir :* tel est le titre que je me permets de proposer aux Sedaines d'aujourd'hui. »

Le réquisitoire continua ainsi sur le ton du pamphlet pendant une heure trois quarts. Molyneux, les pommettes rouges, l'estomac creux, les yeux morts, recevait sa dégelée avec la résignation d'un malheureux qui, étant sorti sans parapluie, renonce à se sauver de l'averse. En même temps qu'il se sentait coupable, il comprenait vaguement qu'on l'avait choisi comme bouc émissaire, et il n'osait émettre la prétention de lutter à lui seul, à l'instar de Renaud de Montauban, contre toute une armée qui se ruait sur lui.

Le jurisprudent que Cotignat avait lui-même désigné pour surveiller les incartades de Molyneux avait eu déjà pas mal d'accusés tués sous lui. C'était un avocat : ce n'était pas un défenseur. Au lieu de serrer de près l'accusation, il fit un tableau des mœurs de son temps. Tout le monde voulait faire fortune en quinze jours : Molyneux, honnête par instinct, quoi qu'on eût dit, avait cédé au courant. Il avait eu la chance inespérée de rencontrer sur sa route le député de la Basse-Garonne, dont les sages avis auraient dû le maintenir dans la ligne droite. Il ne les avait pas écoutés.

« Ah! comme il devait s'en repentir maintenant ! » appuyait l'orateur, en allongeant son museau pointu.

Les magistrats français, relativement peu rémunérés, n'aiment pas qu'on remue devant eux des millions trop facilement acquis. Ils tenaient un de ces loups-cerviers de la haute banque qui leur échappaient si souvent : ils n'avaient aucune envie de le ménager. Après une réplique du ministère public et un quart d'heure de délibération, le tribunal rendit un jugement condamnant Eusèbe Molyneux, ex-directeur de la *Société africaine*, à trois années d'emprisonnement et deux mille francs d'amende.

— C'est le tarif ordinaire ! lui dit son avocat, en en lui serrant affectueusement la main.

XXII

L'ENCEINTE DU PESAGE.

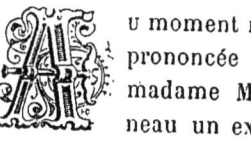u moment même où la sentence était prononcée à la huitième chambre, madame Molyneux enlevait du fourneau un excellent pot-au-feu qui mijotait depuis le matin en l'honneur de son mari, dont l'acquittement était pour elle une question résolue d'avance. Elle avait tenu à ce qu'en arrivant il se restaurât par un bon bouillon. Elle s'était enquise de l'heure des trains; et quand Adeline était revenue de chez les Turner, elle avait disposé trois couverts sur une nappe immaculée.

Bien que la confiance de sa mère dans une issue heureuse côtoyât la quasi-certitude, selon l'expression usitée à Chantilly, la jeune fille s'en était tenue simplement à l'espérance. Voir son père revenir absous, c'était le voir réhabilité. Rien alors ne s'opposait plus à un autre retour : celui de Nephtali, qui aurait eu de son côté tant de choses à se faire pardonner. Elle considérait, en tout cas, son mariage avec lui comme irrévocablement rompu ; mais elle se réservait la satisfaction de lui faire savoir qu'il ne se serait pas uni avec la fille d'un condamné.

— Je ne serai pas, mais je pourrais être sa femme ! se répétait-elle mentalement.

Il était près de huit heures du soir, un fort coup de sonnette ébranla les minces cloisons du petit logement où les deux femmes piétinaient d'angoisse depuis le matin.

— C'est lui ! fit madame Molyneux courant à la porte.

C'était un employé du télégraphe, porteur d'une dépêche qu'Adeline saisit brusquement, tout papier écrit lui revenant de droit.

Sur le bleu du télégramme se détachait en noir cette phrase concise :

« Trois ans de prison. Courage ! »

La marmite fut renversée avec le consommé qu'elle contenait. Pendant huit jours, les deux pauvres femmes errèrent, comme des ombres, dans les avenues désertes qui se croisent sur Chantilly. Le lendemain de la réception du télégramme, Adeline n'en avait pas moins été forcée de se rendre à ses devoirs de maîtresse de français et de se composer une physionomie qui éloignât tout soupçon.

Le surlendemain, un remords l'envahit : avait-elle le droit de s'introduire dans une famille, sans l'avoir préalablement renseignée sur le déshonneur qui faisait de son père un maudit! Elle eut à deux ou trois reprises cette révélation sur les lèvres; puis, elle se dit que le tribunal n'avait pas ajouté cette condamnation à l'autre. Si le pronostiqueur Turner avait jamais vent de l'affaire de la *Société africaine* et qu'il l'interrogeât à ce sujet, elle ne mentirait certainement pas. Mais elle ne se croyait décidément pas tenue d'aller au-devant de questions qu'on ne lui posait pas.

Elle n'osait se dire que Turner lui-même n'était peut-être pas exempt de quelques anciens démêlés avec la justice anglaise, pour des faits qui, pour être d'un autre ordre, n'étaient pas d'une moindre gravité.

Elle eût tout avoué à Turner que, selon toute vraisemblance, il eût accueilli cette confession par ces mots :

« Ce sont là des accidents qui peuvent tomber sur les têtes les moins préparées à les recevoir. Ainsi la justice s'aviserait de mettre le nez dans mon industrie, comme elle l'a mis dans celle de votre père, que j'irais peut-être d'ici à très peu de temps habiter à Mazas une cellule contiguë à la sienne. »

Mais elle ignorait qu'à notre époque de cataclysmes et de tremblements de terre, cette île qu'on appelle l'honneur avait, comme tant d'autres, subi des perturbations géologiques, qui avaient adouci de beaucoup l'escarpement de ses bords;

si bien que, lorsqu'on en était dehors, rien n'était devenu facile comme d'y rentrer.

Il lui semblait lire par-dessus l'épaule de Nephtali les journaux relatant avec des commentaires poignants la condamnation infamante qui la classait, elle et sa famille, parmi les réprouvés. Si encore son père avait été jugé par contumace, il ne supporterait que l'humiliation morale de sa peine; mais songer qu'il allait endosser la veste du réclusionnaire et fabriquer des abat-jour dans un atelier de prison où il coudoierait du gibier de bagne et se verrait tutoyer par des êtres innommables qui, plus tard, lui tendraient la main dans la rue !

On fit trois parts des appointements d'Adeline : cent francs pour la mère et la fille, cinquante francs pour le père. Trente sous par jour pour un détenu en font un rentier. Tous les mois on lui envoyait son prêt au greffe de Mazas; car il avait obtenu de faire son temps dans sa cellule, au lieu d'être dirigé sur une maison centrale. Cette marque de distinction était due à Cotignat qui, sans doute, aimait autant savoir son ancien protégé bien et dûment garanti, par un isolement complet, contre des démangeaisons de langue de nature à éclairer quelques points restés obscurs dans l'affaire de la *Société africaine*.

Madame Molyneux accomplissait avec ses cent francs des miracles d'économie, dans lesquels la sobriété d'Adeline entrait pour quelque chose; car ce qu'elle absorbait par jour aurait pu tenir dans un dé à coudre. Souvent Turner et sa femme la retenaient à déjeuner, afin qu'elle apprît aux enfants les noms des choses les plus indispensables à la vie, surtout à la vie des Anglais, qui sont gros mangeurs. Elle passait tout le repas à montrer à ses deux élèves les divers objets qui garnissaient la table, en leur répétant :

« Salière, pot de moutarde, assiette, couteau, soupière, fourchette, etc. »

Les enfants reprenaient les mots en chœur; et quand ils étaient arrivés à en balbutier quelques-uns sans en trop vicier la prononciation, c'était de la part du père des enthousiasmes et des rires qui lui cramoisissaient la face.

Étrange retournement du cœur humain : bien que la petite Turner parût affligée d'une morve au nez à peu près inextinguible, Adeline avait fini par s'intéresser à elle et par la préférer à son frère.

— Elle sera laide, se disait-elle, et elle aimera peut-être un homme qui la repoussera. Hélas! si encore c'était pour ma figure que Nephtali se sauve de moi!

Le petit garçon, qui commandait en maître au logis, en vertu du droit d'aînesse, trouvait son institutrice tellement différente des femmes d'entraîneurs et de bookmakers qui venaient prendre le thé chez sa maman, qu'il lui obéissait comme à une fée. Deux ou trois fois, on dut préparer à la jeune fille un lit dans la chambre du garçonnet, qui refusait de s'endormir si sa maîtresse de français ne passait pas la nuit à côté de lui.

On tient les père et mère quand on tient les enfants. Pendant la semaine des courses de Chantilly, le pronostiqueur, désireux d'inspirer à sa progéniture l'amour du cheval, avait souvent prié Adeline d'accompagner ses deux petits élèves jusque dans le pesage, où une surveillance attentive était nécessaire, à cause du danger des ruades et de la foule. Aller promener sa petite robe de lasting noir au milieu des toilettes de chez Worth et de chez Pingat, qui émaillaient les tribunes, avait peu souri à mademoiselle Molyneux. En outre, bien qu'elle ne fît aucune différence entre les jambes de tel ou tel cheval, comme entre les couleurs de telle ou telle casaque, se montrer là où l'on s'amuse, même pour ne s'y pas amuser, lui semblait un acte anti-filial.

Cependant, pour ne pas désobliger les Turner constamment aux petits soins pour elle et dont elle commençait à comprendre le jargon, elle prit deux fois part à ces fêtes hippiques, qui se traduisirent pour elle par des hurrahs dénués de motifs et des bousculades où l'on se précipitait sur un jockey soit pour le porter en triomphe, soit pour le rouer de coups.

Le jeudi du Derby, elle menait au buffet les enfants — qui ne voyaient dans l'amélioration de la race chevaline qu'une occasion de dévorer un peu plus de gâteaux que l'habitude — lorsqu'en passant le long du ring qui se tient sous un arbre, elle fut légèrement heurtée par un grand jeune homme qui courait pour voir sortir les chevaux, entraînant par la main une petite boulotte, laquelle s'arrêtait de temps en temps, comme essoufflée par ce train rapide.

Adeline se retourna au moment où le jeune homme revenait en riant vers sa compagne, qu'il craignait de laisser en route. C'était Nephtali.

La fille de Molyneux, qui croyait, en son âme et conscience, avoir vidé tous les calices, s'aperçut qu'elle avait dans sa nomenclature oublié celui de la jalousie. Elle avait, dans ses rêves méditatifs, revu son ancien fiancé la maudissant, l'insultant même. Elle ne l'avait pas soupçonné — ce qui était pourtant bien soupçonnable — se consolant avec une petite boulevardière qu'il emmenait au théâtre, aux courses, et au café quand elle avait soif.

La douleur l'emporta sur la honte. Adeline rebroussa chemin et vint se planter en face de son Nephtali, de celui qui, n'ayant pu être à elle, ne devait être à personne. Comme la jeune boulotte courait après lui et qu'il courait après elle, mademoiselle Molyneux entra pour ainsi dire dans leur jeu, tenant de chaque main un des petits Turner. Le jeune Coindet jeta machinalement les yeux sur elle et ne la reconnut pas, tant il était loin de se figurer sa blonde voisine au pesage de Chantilly, avec deux mioches à ses côtés. Il rejoignit la petite femme, lui prit le bras, qu'il mit sous le sien et, du même pas accéléré, gagna une tribune où il se perdit dans les masses profondes du public.

— Miss! miss! on va courir! cria alors le petit garçon, qui avait vu hisser le drapeau du départ.

Elle se laissa conduire jusqu'à la première marche d'un escalier de pierre, où elle monta dans la plus parfaite inconscience de ce qui se passait autour d'elle. Elle devina, aux trépignements de ses élèves, que la course était finie. Elle retrouva les Turner devant les box, où on s'était donné rendez-vous, et sous prétexte que sa mère, un peu souffrante, l'avais priée de rentrer de bonne heure, elle leur repassa les deux enfants, qui réclamèrent énergiquement la séance de buffet qu'on leur avait escamotée.

— Comme tu as mauvaise mise! s'exclama madame Molyneux, en la voyant rentrer les yeux cernés jusqu'aux pommettes.

— Ce n'est rien... c'est une peur que j'ai eue... murmura-t-elle au hasard.

Puis, elle ajouta sourdement :

— Je crois que j'ai un peu de fièvre. Je voudrais bien me coucher.

Pendant que sa mère lui préparait maternellement son lit, Adeline s'était plantée debout, accoudée contre le dossier d'une chaise, se demandant si Nephtali l'avait oubliée au point de ne se rappeler même plus ses traits, ou si elle lui inspirait un tel mépris qu'il dédaignait de la saluer en passant près d'elle. Ces deux hypothèses également lamentables roulaient dans son cerveau, l'une poussant l'autre, et revenaient frapper les parois de son crâne comme avec le marteau de la maigraine.

Elle resta huit jours sous le coup de cet état de langueur dans lequel elle semblait vouloir s'éteindre, où ce qu'on voit n'a plus de contours, où ce qu'on mange n'a plus de saveur. Cependant, les fonds baissaient et les Turner craignaient que les enfants ne profitassent de cette lacune d'une semaine pour se débarrasser du peu de français qu'ils avaient emmagasiné. Adeline trembla de perdre ce gagne-pain, et, tout en se tenant aux meubles, essaya de faire quelques pas dans sa chambre. Après quoi, elle se cramponna au bras de sa mère et se traîna jusqu'à la rue de Paris, où le pronostiqueur ne crut pouvoir mieux lui témoigner la joie de son retour à la santé qu'en lui servant un verre de sherry-brandy.

Mais le ver était dans la pomme. Elle mit encore trois mois de courage au service de sa mère, qui n'avait plus ni bottines, ni linge, et qui se privait souvent de la viande nécessaire à ses capacités stomacales. On en arriva à se contenter de pommes de terre bouillies, afin de ne pas laisser pâtir celui qui était « là-bas ». Adeline ne songeait guère à se plaindre de cet ordinaire, encore trop plantureux pour elle. Malheureusement si l'on peut se serrer le ventre, on ne peut pas se serrer le cœur.

C'était cet organe-là qui manquait de nourriture, et se mourait d'inanition.

Après ce trimestre de résignation et de lutte, il fallut capituler. Elle eut d'abord des rechutes intermittentes, manquant deux leçons sur quatre. Enfin, elle s'alita de nouveau, et, au bout de trois semaines de patience, les Turner se décidèrent à prendre une autre institutrice.

C'est à ce moment qu'apparut la misère implacable, la misère « bleue », comme disent les ouvriers sans travail. Pendant qu'Adeline, durant des journées entières, promenait tout autour de la chambre ses yeux d'une grandeur envahissante, sa mère courait Chantilly, s'offrant pour faire des ménages et laver la vaisselle. Elle s'assura ainsi à peu près quarante sous par jour, que Turner, bon enfant malgré tout, augmentait de temps à autre d'une petite aumône qu'il cachait à sa femme et que madame Molyneux cachait à sa fille.

Le plus directement atteint par ces révolutions intérieures fut Molyneux, privé désormais des subsides de sa famille, et réduit à la portion d'eau chaude réglementaire, sur laquelle tout le monde spécule et dont les cantiniers de prison ont successivement retiré les choux, puis les carottes, puis la graisse, puis le sel.

XXIII

LA CLEF DES CHAMPS.

ix mois de ce régime aquatique avaient rétréci d'un tiers l'ossature auvergnate de l'ancien directeur de la *Société africaine*. Comme chez les gens minés par le diabète, sa charpente avait presque changé de forme. Depuis qu'il ne touchait plus ses trente sous par jour, la faim faisait chez lui des ravages visibles. Ses cheveux, si noirs et si drus, commencèrent à blanchir aux tempes. On lui avait accordé la faveur de les soustraire au ciseau du coiffeur de la maison, ce qui lui permit de s'apercevoir un matin que le sommet du crâne s'argentait comme le reste. Sa coquetterie n'en souffrit pas, et il aurait volontiers donné tout ce qui lui restait de cheveux noirs pour un morceau de pain blanc, de pain riche, comme on dit dans les restaurants qu'il fréquentait jadis avec Déborah.

Bien qu'il n'eût jamais été gourmand, il éprouvait devant sa boule de son et sa gamelle puante des velléités féeriques de se payer un de ces repas dont l'eau lui venait à la bouche. Il se rappelait les perdreaux qu'il gâchait en cabinet particulier comme on se rappelle une femme qu'on a aimée et qui en a épousé un autre. L'image d'une demi-bouteille de bon vin et d'une jolie côtelette saignante le poursuivait le jour et la nuit, quand les hurlements de ses intestins le réveillaient en sursaut.

Il atteignit ainsi, les dents longues et le cœur sur les lèvres, le quinzième mois de sa détention. On était en novembre, six heures du soir venaient de sonner. Il réfléchissait, assis sur son escabeau, qu'il avait déjà fourni la moitié de sa peine, et se demandait s'il aurait la force d'aller jusqu'au bout, car les privations matérielles avaient supprimé chez lui presque toute douleur morale, quand le directeur de la prison, après avoir contemplé un nstant le détenu à travers le guichet de sa cellule, s'en fit ouvrir la porte et entra en lui disant :

« Votre grâce vient de m'être communiquée à l'instant. Préparez-vous au départ. Je n'ai plus le droit de vous garder. »

L'abasourdissement où cette nouvelle jeta Molyneux l'empêcha de saisir toutes les beautés de la cérémonie appelée « la levée de l'écrou », par laquelle on rend à la société un prisonnier qui a cessé de plaire. Subitement, il constata qu'il était dans la rue, par une pluie battante, dans les loques d'un paletot sale et d'un pantalon réduit en [la nières.

Puis le sentiment de la liberté reconquise lui délia les jambes au point que, sans se demander où il allait, et pour l'unique besoin de marcher, il fila droit devant lui jusqu'à la Bastille. Était-ce possible? Il ne passerait pas la nuit bouclé dans le sépulcre où il gisait depuis plus un an! Et personne n'avait plus le droit de le repincer. Il était libre non seulement comme un oiseau dont on a ouvert la cage, mais comme un débiteur qui a dans sa poche l'acquit de son créancier.

Le seul inconvénient momentané de cette rentrée en possession de lui-même, c'était le complet dénuement qui l'accompagnait. Les détenus ordinaires, à l'expiration de leur peine, sortent de prison avec une masse plus ou moins copieuse, économisée sur les centimes dont on rémunère leur travail obligatoire. Molyneux, qui, ayant fait son temps dans la maison d'arrêt, avait été dispensé des humiliations du labeur en commun, n'avait eu, en revanche, aucune cagnotte à toucher au moment de sa libération. Il était conséquemment sans un centime, les envois de Chantilly ayant totalement cessé depuis assez longtemps déjà.

Sa grâce lui était précisément tombée à l'heure où l'ont sert aux pensionnaires de l'établissement leur eau chaude du soir. Le vide de ses poches et le vide de son estomac se faisaient donc concurrence. Or, ce grand air qu'il respirait tout à coup à pleins poumons produisit bientôt sur ses organes délabrés l'effet du plus violent apéritif. Sa première pensée, en entendant la sinistre porte de Mazas se refermer derrière lui, avait été de courir chez sa femme et sa fille et de leur crier :

— Me voilà !

Mais à ceux qui manquent de l'argent nécessaire pour prendre le train, il n'est pas plus permis d'aller à Chantilly qu'à Corinthe. Bah ! ses jambes le conduiraient bien jusqu'auprès de sa famille. Le département de l'Oise n'était pas si loin. Seize ou dix-sept lieues sont bien vite avalées, surtout quand on s'est reposé pendant quinze mois.

Mais il était à peu près impossible, par la pluie et la boue où l'on pataugeait, d'entreprendre ce voyage sans s'être lesté, fût-ce d'un petit pain d'un sou et d'un cervelas.

Il longeait les boulevards, dardant d'impérieuses convoitises sur les étalages des charcutiers, et à chaque kilomètre le délabrement s'accentuait. Il ne pouvait cependant espérer rencontrer sur sa route une invitation à dîner. Ceux qui l'avaient fréquenté autrefois n'auraient aucune envie de renouer connaissance, et ceux qui ne le connaissaient pas seraient difficilement disposés à ouvrir leur table à un monsieur qui s'y présenterait dans un costume aussi peu engageant.

Deux heures durant il battit le macadam ou plutôt les flaques d'eau qui y creusaient des lacs irréguliers. La faim qui le talonnait rendait pour lui la température plus intense, car on grelotte de misère comme de froid. Il eut l'idée de retourner à Mazas et de dire au directeur : « Remettez-moi le restant du pain que mon gardien m'a apporté ce matin. C'est pour le donner à un pauvre. »

Le pauvre, c'était lui. Mais il était déjà à la hauteur du faubourg Montmartre : et d'ailleurs cette étrange réclamation l'eût probablement fait passer pour un aliéné dont la liberté avait développé la folie.

Il pensa à mendier. Deux sous l'auraient sauvé des horribles crampes qui le tordaient. Oui ; et s'il allait être reluqué par quelque sergent de ville, qui l'appréhenderait et le fourrerait au poste? Après avoir été incarcéré pour abus de confiance, l'être pour mendicité, non : il sortait positivement d'en prendre. Puis, quelle honte presque égale à celle qu'il avait déjà subie, que de lire dans les journaux du lendemain ce fait-divers :

« Le banquier Molyneux, ex-directeur de la *Société africaine*, tout récemment sorti de Mazas, a été ramassé, hier, sur la voie publique, au moment où il demandait l'aumône aux passants. »

Ces combats entre l'estomac qui implore et la main qui repousse, le menèrent jusqu'à l'entrée de la rue du Helder, dont un bec de gaz lui éclaira le nom, car il ne reconnaissait plus la topographie de Paris, qui lui semblait avoir essuyé pendant sa détention les changements les plus étranges dans l'alignement de ses édifices.

Là, seulement, il se reconnut complètement. Il avait si souvent, pimpant et vainqueur, dans une voiture de maître, tourné, côte à côte avec Déborah, le coin de cette rue pleine de souvenirs! Mais la fringale est un antiaphrodisiaque. Sa belle juive, pour laquelle il se serait naguère mis sur la paille, ne lui apparut à ce moment que comme la seule branche de salut à laquelle on rêve de se suspendre.

Tant pis! il n'y a que les honteux qui perdent. Il avait dépensé plus d'un million pour elle, comment lui refuserait-elle un morceau de pain? Il n'osait élever ses prétentions jusqu'à un morceau de viande; mais quelle fête si elle y ajoutait ce réconfortant!

Elle ne pouvait ignorer que s'il avait sombré sur les récifs judiciaires, elle avait sa part de responsabilité dans le naufrage. Bien qu'ils se fussent quittés en ennemis, sa rancune ne pouvait persister après quinze mois des tortures qu'il avait subies. N'était-elle pas, d'ailleurs, entièrement vengée?

Ça lui était égal : il serait vil, il serait plat et bas, quitte à reprendre tout son amour-propre quand il aurait mangé. Il se lança dans la rue du Helder d'un pas frénétique. Il égouttait la pluie, et la boue s'était amassée dans les torsades de son pantalon. Bah! il n'avait pas l'intention de lui plaire; et plus il se présenterait à elle sous un aspect misérable, plus il avait de chances de faire vibrer ce qui restait de sensibilité chez cette femme au cœur vagabond.

Il demeura, malgré tout, en méditation devant la maison dont la porte cochère, il y avait quelques mois à peine, s'ouvrait à deux battants à l'appel du cocher pour son coupé ou sa victoria. Et maintenant, il n'osait même pas tirer la sonnette dont le fil aboutissait à la loge de la concierge. Au moment de risquer le paquet, une inquiétude le saisit. Si Déborah n'était pas chez elle ! Si elle avait dîné en ville ! Les domestiques, dont elle avait dû renouveler le personnel, ne s'imagineraient jamais ce qu'il avait été à leur maîtresse et refuseraient de donner passage à un homme fait comme un voleur — qu'il était, à peu de chose près, du reste.

Il sonna brusquement pour en finir, et, par la porte qui s'entre-bâilla, il alla frapper au carreau de la concierge qu'il reconnut, qui ne le reconnut pas, et à côté de laquelle devisait amicalement la femme en bonnet ruché qui avait déposé dans son procès, avec force gémissements sur l'état de misère où la faillite de la *Société africaine* réduisait ses enfants.

— Madame Déborah est-elle chez elle ? demanda-t-il d'une voix grêle.

— Madame Déborah ! fit la portière avec étonnement. Il y a beau temps qu'elle a quitté d'ici. Elle habite maintenant son hôtel du boulevard Malesherbes.

— Ah ! elle a un hôtel, boulevard Males... ! murmura-t-il. Et pourriez-vous me dire à quel numéro ?

— Au numéro 96, répondit la femme au bonnet ruché, qui paraissait très au courant.

Molyneux rentra dans l'ombre de la voûte et repassa la porte. Un hôtel à elle : quel genre ! On voyait bien que tout le monde n'avait pas perdu à la catastrophe qui avait emporté l'établissement de la rue de la Chaussée-d'Antin. Un hôtel ! et lui n'avait pas seulement un biscuit de mer à se mettre sous la dent, et sa fille, malade à Chantilly, manquait sans doute des médicaments les plus nécessaires à sa guérison ! Un instant, serré à la gorge par une jalousie noire, il médita d'arrêter là ses démarches. Puis, des potages et des plats de légumes se mirent à danser devant son cerveau halluciné, et sous la pluie, redevenue plus torrentielle, il cingla vers le boulevard Malesherbes.

Il constata à l'horloge d'une station de voitures qu'il était neuf heures dix minutes. Il avait quitté Mazas à six heures. Depuis trois heures déjà il arpentait Paris.

Après tout, il était peut-être heureux pour lui qu'elle eût atteint ce summum de la vie galante qui se traduit par un pignon sur rue. Le bonheur rend l'âme si bonne, prétend Béranger ! Elle proportionnerait sa générosité à son opulence. Il entrevoyait déjà une pièce de cent sous, qu'il lui emprunterait pour prendre le chemin de fer du Nord jusqu'à Chantilly, et que, sur son honneur de détenu fraîchement libéré, il lui renverrait le lendemain.

Il était à tordre quand il atteignit le 96 du boulevard Malesherbes. Le gaz ayant la spécialité de rendre l'obscurité plus dense, il se heurta au tablier de fer d'une grille, dont la hauteur lui échappa, mais dont la largeur le remplit de timidité. Une logette en pierre de taille précédait le bâtiment principal situé au fond d'une vaste cour et aux fenêtres duquel il voyait briller un embrasement de lumières indiquant qu'on devait, dans cette maison princière, brûler les chandelles par tous les bouts.

Tant de luxe l'anéantit. En quelle langue sublimée oserait-il adresser la parole à cette propriétaire quand il se sentait à peine la force de parler au portier! Dans son dénûment et sa chétivité, il eut pourtant un éclair d'orgueil en songeant que la princesse pour laquelle avait été bâti ce palais fulgurant, il l'avait tenue sous son sceptre, et qu'elle l'avait pendant une année et plus accepté pour son maître. Il aurait pu la retrouver dans le ruisseau; il la retrouvait dans les pierres de taille. Sa vanité d'ancien occupant en était, dans une certaine mesure, agréablement chatouillée.

Il ne faisait pas un temps à délibérer dehors. Il sonna et entra par une coquette petite porte contiguë à la grille. Le concierge, qui confinait au suisse, se leva vivement de son fauteuil, à l'entrée dans sa loge de cet individu ruisselant et dépenaillé.

— Que demandez-vous? lui dit-il.

— Madame Déborah est-elle chez elle? fit humblement Molyneux.

— Il n'y a pas de madame Déborah ici, riposta le gardien en toisant l'Auvergnat, comme surpris qu'un type aussi singulièrement tourné se permît d'appeler la patronne par son petit nom. Il n'y que madame de Nevers.

— Où diable a-t-elle pris ce nom-là? dans les *Huguenots?* se dit Molyneux, marchant dans un rêve de plus en plus étoilé.

Il balbutia alors, craignant de se briser à un obstacle dès le début de la visite :

— Oui, je l'appelle madame Déborah par habitude.

Ce fut au tour du suisse d'être surpris, au point qu'un soupçon lui vint :

« C'est peut-être son père, » pensa-t-il. Et, s'attachant à cette idée, il reprit d'une voix moins rogue :

— Madame reçoit ce soir, et je ne crois pas qu'elle sera visible avant demain.

— C'est que j'ai absolument besoin de la voir aujourd'hui... tout de suite, insista le libéré presque à bout de forces.

— En effet, vous êtes rudement trempé, dit le gardien. Approchez-vous toujours du feu. Je vais appeler un domestique.

— Oui, je suis mouillé, j'arrive de loin, répondit Molyneux en s'accroupissant les mains en éventail devant un superbe feu de bois qui empourprait toute une loge.

L'eau qui l'avait traversé jusqu'aux doublures se volatilisa à la chaleur, l'ensevelissant dans une buée humide, comme un cheval qui rentre au pesage après une course de cinq mille mètres. Sur un signe du suisse un domestique en livrée bleu barbeau, souliers à boucles et culotte courte, traversa la cour à l'abri d'un parapluie et vint demander à ce visiteur nocturne de quelle part il se présentait.

— Dites à Madame que c'est de la part de M. Molyneux, répondit-il.

Le domestique le conduisit jusqu'au perron abrité par une riche marquise vitrée qui s'arrondissait en un immense parasol. Une grande porte en glaces ouvrait sur le vestibule éclairé par une suspension gigantesque. Au fond, le grand escalier, à rampe historiée et damasquinée, montait aux appartements en se divisant à la hauteur du premier, comme un fleuve qui se partage en deux.

— Vous dites : de la part de... ? redemanda le valet de pied.

— De M. Molyneux, répéta-t-il mystérieusement. Mais, si Madame a du monde, ne prononcez pas le nom tout haut.

Cinq minutes plus tard, apparut, au sommet de l'escalier, Déborah de Nevers, dans une robe de velours noir à traîne, portant aux oreilles des saphirs gros comme des boutons de manchettes, passablement engraissée, et décolletée en cœur jusqu'au sternum.

Elle jeta de sa hauteur et de celle de son escalier

un regard hautain, quoique curieux, sur l'être grelottant qui attendait sur les dalles du vestibule. Elle avait évidemment laissé sa société en gaieté, car on entendait des rires filtrer de la salle à manger par la porte restée entr'ouverte.

Quand elle fut tout au bas des marches, elle tendit la main comme pour prendre la lettre que ce commissionnaire lui apportait.

— M. Molyneux vous a remis quelque chose pour moi? dit-elle.

— Molyneux! mais c'est moi! fit le libéré. Vous ne me remettez donc pas?

En effet, Déborah ne l'avait pas « remis ». Elle joignit les mains avec stupéfaction devant ce débris fangeux de ses anciennes amours.

— Ah! bah! c'est lui, s'écria-t-elle. Oui, ma foi, c'est bien lui. Pauvre cher homme! Est-il possible! Et comment êtes-vous ici? Vous vous êtes donc évadé de Mazas?

— Non, dit Molyneux, jai eu ma grâce, mon temps est fini. Je suis sorti de prison ce soir même. Alors je suis venu tout de suite chez vous parce que...

Il n'osait achever : « parce que j'ai faim. » Elle se trompa sans doute sur l'intention, car elle reprit en riant :

« Comment! vous pensez encore à moi! Eh bien! mon cher, maintenant que vous m'avez vu, il faut partir. Je ne serais pas très flattée que mes convives nous surprennent ensemble. Allons, adieu

C'est égal : ça ne conserve pas, la prison. » Et tout en ayant soin que la traîne de sa robe ne frôlât pas le pantalon juteux de son ancien amant, elle fit demi-tour pour remonter vers ses convives.

— Déborah! madame Déborah! supplia Molyneux, ne sachant sous quel qualificatif la désigner désormais, c'est que..., il est déjà près de dix heures et je n'ai pas encore dîné.

— Ah! vraiment! dit-elle, sans creuser autrement cet aveu. Allez-y vite alors, il n'est que temps..

— Je ne demanderais pas mieux, répliqua-t-il, s'efforçant de sourire; malheureusement, vous savez, je n'ai rien gagné depuis quinze mois... et...

— Est-il Dieu permis! s'exclama-t-elle, voyant enfin clair dans cette visite ténébreuse, vous seriez bas percé à ce point-là! Quoi! pas seulement un sou pour manger!

Et elle ajouta sur un ton de joyeux reproche :

— Je vous le disais toujours que je vous portais bonheur. Vous avez voulu me quitter, et voilà où vous êtes tombé. Tant pis! mon cher, vous n'avez que ce que vous méritez. Quant à moi, vous pouvez voir que je n'ai pas eu beaucoup de peine à trouver mieux que vous.

Cette prétention spéciale à Déborah de porter bonheur à ceux qu'elle ruinait, était pour elle un truc en même temps qu'un dada. Molyneux n'était guère en état de discuter la valeur du talisman qu'elle s'attribuait.

— Ne parlons plus de tout cela ! interrompit-il. Je suis très malheureux. Voilà tout. Vous ne vous douterez jamais de ce que j'ai souffert. Regardez : mes cheveux sont devenus complètement blancs !

— Parbleu ! de mon temps, vous vous les teigniez ! Vous croyez donc que je ne m'en suis pas aperçue !

Il dédaigna de relever cette calomnie et reprit :

— Je ne vous demande qu'un morceau de pain. C'est pour aller rejoindre ma femme et ma fille qui est malade, très malade à Chantilly.

Il se détourna pour avaler un sanglot qui lui serrait la gorge.

Cette introduction de sa famille dans le débat n'eut d'ailleurs aucun succès auprès de Déborah qui, naturellement, considérait mademoiselle Molyneux comme une ennemie.

— Ah ! oui, au fait, dit-elle en ricanant, parlons-en, de votre fille ; il paraît que son mariage ne s'est pas plus arrangé que le mien. La voilà condamnée à coiffer sainte Catherine. Qui diable maintenant pourrait vouloir d'elle ?

A ce coup de poignard, il riposta d'une voix sombre :

— Ça suffit ! c'est moi qui ai eu tort de venir ici. Bonsoir !

Et il ouvrit d'une main délibérée la porte du vestibule qui était chauffé par un vaste calorifère et dans lequel entra une rafale d'air glacé.

Mais Déborah, le trouvant sans doute assez

écrasé, après la satisfaction de l'injure, voulut se donner le plaisir de l'aumône.

— S'il est vrai que vous ayez faim, dit-elle en changeant de ton, vous ne pouvez vous en aller sans rien dans l'estomac. Un de mes domestiques va vous conduire à la cuisine.

Il ouvrit la bouche pour répondre :

— Non, merci !

Mais la cruelle nature, la nature qui est le grand obstacle et qui, en nous donnant la vie, nous donne aussi la mort, puisque la première nous quitte si nous n'avons soin de l'entretenir par l'allaitement quand on est petit et au minimum trois repas par jour quand on est grand, la nature, dont nous sommes les forçats, écarta d'un revers de main la dignité un instant triomphante du misérable, qui ne sut que balbutier :

— Je veux bien, car, réellement, je ne peux plus tenir debout.

Ayant ainsi donné à la pose et à la scélératesse tout ce que ces deux vertus féminines avaient raisonnablement le droit de réclamer, Déborah redevint presque fille et presque bonne fille. Seulement, au lieu de s'informer des misères qu'il avait endurées dans ses quinze mois de cellule, elle lui parla tout le temps d'elle. Elle était riche, maintenant. Elle avait son avenir assuré. La seule douleur vraie qui eût traversé sa vie, depuis leur séparation, c'était la mort de Follette, empoisonnée par ce monstre de Mikaëlle, qui avait trouvé moyen de faire passer une boulette à sa pauvre chienne.

Elle l'avait fait empailler ou plutôt embaumer; et au moment où un des aides-cuisiniers montait pour venir chercher Molyneux afin de le conduire à l'office, elle dit à ce marmiton:

— Allez donc prier la femme de chambre de descendre Follette avec son coussin.

Et avant de prendre aucune nourriture, Molyneux fut obligé de subir l'exhibition du cadavre de la bête, reconstituée à plat-ventre sur un oreiller de velours, les pattes de devant croisées en tailleur, avec des yeux de verre qui lui sortaient de la tête.

— Pauvre chérie! soupira Déborah en l'embrassant sur le dos, voilà tout ce qui me reste d'elle.

Molyneux trouvait que c'était encore trop pour lui, dont le diaphragme se déchirait. Il suivit le marmiton par un escalier en colimaçon descendant aux cuisines, et deux minutes plus tard il était à table jusqu'au menton devant un potage aux pâtes d'Italie, un morceau de bouilli froid qu'on n'avait pas servi aux invités et un restant de fricassée de poulet dont il aurait voulu emporter les os dans un journal.

XXIV

LA DERNIÈRE ÉTAPE.

Si les domestiques l'avaient soupçonné d'avoir été autrefois le maître de la maison, peut-être auraient-ils craché à tour de rôle dans sa soupe. Ils ne virent en lui qu'un pauvre, un ancien serviteur comme eux probablement, tombé, à la suite de maladie, dans une pénurie profonde, et tous s'évertuèrent à le restaurer du mieux possible. Molyneux engloutissait des morceaux de bœuf qui ressemblaient à des rochers, et qui disparaissaient dans son œsophage comme dans un puits sans fond.

— C'est effrayant tout ce qu'il cache! disait un un petit gâte-sauce en le regardant.

La fricassée de poulet, descendue à la cuisine dans le plat où elle avait été servie aux dîneurs d'en haut, y passa tout entière. On entendait craquer la carcasse sous les dents demeurées intactes de l'ex-réclusionnaire : il s'en était si peu servi depuis quinze mois ! Ce fut ensuite le tour de la sauce qu'il épongea à coups de mie de pain jusqu'à la dernière tache. Il avait, afin de n'en rien perdre, attiré jusqu'à lui le plat, qu'il reconnut pour être en argent. Mais les larmes lui vinrent aux yeux quand le lac de sauce, en se desséchant, eut mis à nu son propre chiffre gravé en plein métal et enlacé avec celui de la juive, pour laquelle il avait autrefois acheté cette vaisselle plate.

Il resta si longtemps en contemplation devant les initiales E. D. (Eusèbe-Déborah) qui semblaient s'embrasser comme deux amants, que les domestiques eurent un moment la crainte qu'après avoir absorbé le contenu, il ne fourrât le contenant sous son paletot. Il n'eût pourtant fait là que récupérer son bien, ou plutôt celui de ses actionnaires.

Avant de se lever pour aller reprendre le vieux chapeau, plus que mou, qu'il avait jeté dans un coin en entrant, il ne put s'empêcher de risquer une question.

— C'est bien beau ici, dit-il tout haut en promenant ses yeux autour de lui. On se croirait dans un château. Qui donc en a fait cadeau à Madame ?

— C'est le comte, fit le chef d'office. Il l'a fait construire et meubler tout exprès pour elle, à condition qu'elle quitterait le baron.

— Ah ! oui, fit Molyneux, faisant semblant de se reconnaître dans cette gentilhommerie. Puis, après un moment de méditation, il reprit :

— Et M. Félix va-t-il toujours bien ?

— Oh! celui-là, répondit le chef en riant, on n'en parle pas.

Molyneux comprit que ses successeurs n'avaient pas été mieux traités que lui.

Il salua tout le personnel de la cuisine en disant :

— Vous remercierez mille fois Madame pour moi !

Puis, toujours sans un sou dans la poche, mais gavé jusqu'aux sourcils, il reprit sa route, bien résolu à mettre le cap sur Chantilly, qu'il était désormais sûr d'atteindre.

Il marcha d'abord d'une allure pimpante et ragaillardie. Il y a à peu près 50 kilomètres entre Paris et Chantilly. A 5 kilomètres par heure, il en avait pour ses dix heures de voyage.

Il serait donc auprès des siens vers les neuf heures du matin. Quelle surprise et quels embrassements! Il faudrait se remettre à piocher ; mais après tout, il n'avait rien perdu de ses forces et de sa dureté au travail. Il revendrait des paletots comme à ses débuts. Ce qui était, en tout cas, absolument certain, c'est qu'il ne retoucherait de sa vie à une affaire de banque. Adeline se marierait, dans son milieu, avec quelque commerçant de son espèce et non avec un de ces fils de propriétaire qui, sous prétexte d'honneur et de considération, épluchent avec une indiscrétion révoltante la famille de la future.

En sa qualité d'homme qui sortait d'un souper princier, il voyait tout en rose. Le rose, après quatre heures de marche, commença à se teinter de gris.

La pluie avait subitement cessé, mais la nuit était si profonde qu'il suivait la grande route sans aucun indice du nom des villages qu'il côtoyait. Il n'avait pas peur, étant dans une toilette à faire plutôt peur aux autres. Cependant, il n'eût pas été fâché de trouver quelqu'un avec qui faire un bout de causette.

Il vit, il entendit plutôt passer quelques voituriers, auxquels il aurait volontiers demandé de le prendre sur leurs charrettes. Mais, s'ils avaient poussé la défiance au point de l'interroger sur les motifs qui l'obligeaient à arpenter les chemins, dans cette crotte liquide, à des heures aussi indues, ils ne se seraient sans doute pas payés de ses explications confuses, et l'auraient déposé au coin du bois le plus prochain.

Il se résigna donc à trotter sur les bas côtés. L'aube commençait à dessiner les cimes de la forêt de Chantilly quand il y entra, vers sept heures. Les pieds enflés et les tibias rompus, il s'assit sur une souche encore toute spongieuse de l'inondation de la veille. Il se croyait presque arrivé, mais un garde lui apprit, en le regardant de travers, qu'entre la ville et la forêt la distance était considérable pour un piéton.

N'importe : il avait atteint la dernière station. Il songea alors que se présenter ainsi à l'improviste devant sa femme et sa fille, comme un naufragé qui aurait pendant la traversée sombré dans un océan de macadam, détruirait pour elles presque toute la joie du retour.

Il apercevait déjà les clochers de Chantilly, qu'il cherchait encore par quel moyen il préviendrait Adeline et sa mère, et de sa libération et de son arrivée. Il n'osait s'engager dans les rues si propres et si coquettes de la ville, où sa mise de galvaudeux allait sans doute faire désagréablement sensation. Il ignorait que les Anglais s'occupent généralement d'eux-mêmes beaucoup plus que des passants, et que, n'ayant pas été présenté aux entraîneurs qui, à cette heure, ramenaient les chevaux de l'exercice, il ne risquait guère de provoquer leur attention.

Il filait le long des maisons dans son costume de rôdeur de nuit, la gorge séchée par ses dix heures de marche. A l'angle d'une rue qui menait à la ruelle où les deux femmes s'étaient blotties, il se heurta presque à une table de café, où, à côté d'une demi-tasse vide, étaient restés un verre et une carafe pleine.

Au moment où un garçon du café s'approchait de la table pour desservir, Molyneux, que l'émotion gagnait, lui demanda humblement :

— Voulez-vous me permettre de boire un peu d'eau ? Je meurs de soif.

Il est convenu qu'un verre d'eau ne se refuse pas ; à ce point que, pour exprimer le manque absolu d'hospitalité chez un être humain, on dit d'ordinaire :

« Il ne vous offrirait seulement pas un verre d'eau ! »

Aussi le garçon se hâta-t-il de répondre :

— Buvez, mon brave homme!

Molyneux redoubla. Puis, profitant des aimables dispositions du garçon, il reprit :

— Maintenant, si vous aviez seulement un crayon et un bout de papier blanc, vous me feriez joliment plaisir. C'est pour écrire à ma femme et à ma fille qui ne m'ont pas vu depuis longtemps, et comme la petite est malade, j'ai peur de trop la surprendre.

Le garçon, apitoyé, lui tendit le crayon avec lequel il « composait » ses additions, plus le second feuillet d'une lettre dont le premier seul était noirci, et, lui avançant une chaise, il l'installa à la table.

— Oui, mais c'est que je n'ai personne pour porter mon billet, fit observer Molyneux, qui n'osait ajouter : « et pas un centime pour celui qui le portera. »

— Ne vous inquiétez de rien, se hâta de dire le garçon, qui avait flairé une misère inavouée. Nous avons ici un gamin qui fera la commission. Ça lui dégourdira les jambes.

D'une main tremblante, avec un crayon trop dur qui faisait des trous dans le papier, Molyneux écrivit, dessina plutôt ces quelques mots d'introduction destinés à former tampon entre l'annonce de sa délivrance et son apparition subite :

« *Dans un instant je serai auprès de vous, ne vous tourmentez pas. Nous allons nous retrouver ensemble pour ne plus jamais nous quitter.* »

Il allait signer, mais il craignit d'apposer son nom réprouvé sur ce papier, sans enveloppe, et le glissa tel quel au-garçon, qui en chargea le petit chasseur de la maison, avec ordre de le remettre à l'une des deux dames, et non au concierge, qui l'aurait peut-être oublié sur sa cheminée.

Quand le petit bonhomme frappa à sa porte, madame Molyneux était à sa place ordinaire, c'est-à-dire auprès du lit où gisait Adeline, dont la consomption s'était définitivement et scientifiquement tournée en maladie de cœur.

La pauvre jeune fille, à qui le médecin défendait de se coucher sur le côté gauche, non plus que sur le côté droit, en était réduite à se tenir étendue raide dans ses draps, les yeux au plafond, comme une statue sur une tombe. Elle était souvent affectée d'une sorte de délire méditatif, pendant lequel elle marmottait des tronçons de phrases, que sa mère n'entendait même pas et auxquelles elle n'aurait probablement rien compris, si elle les eût entendues.

Un peu de bouillon, qu'on lui versait quatre ou cinq fois par jour dans la bouche, composait toute sa nourriture. Et encore suppliait-elle sa maman de lui épargner le plus possible cette question du bouillon, comparable à la question de l'eau, appliquée par les anciens tortionnaires.

Quand madame Molyneux eut pris de la main du petit chasseur le carré de papier plié en deux, son premier soin fut de l'apporter à Adeline, seule de force à le déchiffrer.

La malade l'approcha de ses yeux qui s'affaiblissaient comme le reste, et tout à coup elle se dressa sur son séant, regardant sa mère avec des yeux de folle :

— Qui t'a remis ça? dit-elle d'une voix creuse et forte.

— Un enfant que je ne connais pas, répondit madame Molyneux. Je n'ai rien pu lui demander, il est reparti tout de suite.

— Mais c'est de lui ! reprit la jeune fille. Il nous écrit qu'il sera ici tout à l'heure.

— Lui! qui lui? fit la mère, croyant que sa fille délirait encore.

— Nephtali ! s'écria Adeline. Nephtali Coindet. Il nous revient. Il a eu peur de me tuer en se montrant tout de suite. Lis plutôt... Ah ! non, c'est vrai... que je suis bête! dit-elle, se rappelant l'infirmité grammaticale de sa mère. Écoute, ajouta-t-elle.

Et elle relut, en pesant chaque mot, le billet de Molyneux :

« Dans un instant, je serai auprès de vous... Nous allons nous retrouver ensemble... pour ne plus jamais nous quitter! »

A travers ces caractères presque informes, écrits au crayon d'une main fatiguée, avec l'armature d'une table vacillante pour point d'appui, elle n'avait distingué l'écriture de personne; mais quel autre que Nephtali pouvait leur adresser ce billet? Il l'avait parfaitement reconnue aux courses de Chantilly, et, à force de supplications, il avait enfin obtenu de sa famille que tout fût oublié. Adeline, qui l'aurait accepté pour mari même si le pasteur son père avait passé au bagne la moitié de sa vie, ne voyait rien d'anormal dans le repentir de son ancien fiancé revenant à elle malgré la tache qui couvrait le nom de Molyneux. Est-ce que l'amour s'arrête à ces détails d'organisation sociale, et en quoi la faillite de la *Société africaine* les empêchait-elle de continuer à s'aimer ?

Quant au détenu de Mazas, elle n'avait pas un instant supposé que ce crayonnage émanât de lui. Elle le savait condamné à trois ans de prison, et, tout en comptant les jours, elle ne pouvait s'attendre à le voir reparaître sans avertissement, et sans un tas de formalités préalables.

— Vite ! vite ! dit-elle à sa mère ahurie, mes jupons ! ma robe ! ma robe neuve ! que je me lève ! Il est peut-être dans l'escalier.

Et de ses deux mains elle ramenait sur sa tête ses cheveux épars, avec la précipitation d'une femme qui craint de n'avoir pas achevé sa toilette pour la visite annoncée. Madame Molyneux essaya de la raisonner :

— Voilà huit jours que tu ne prends que du bouillon, lui répétait-elle. Tu es trop faible. Tu n'iras pas au bout de la chambre sans te trouver mal.

Mais Adeline n'écoutait rien. Elle se coula en bas du lit, enfonça les pieds dans ses pantoufles et se mit à semer autour d'elle tous les vêtements qui lui tombaient sous la main, jusqu'à ce qu'elle eût choisi ceux qui devaient l'avantager le plus aux yeux de son Nephtali.

Quand sa mère, qui ne la quittait pas du regard, prête à la retenir au cas où elle faiblirait, eut constaté sa ferme volonté de recevoir debout M. Coindet fils, elle prit le parti de lui épargner le plus de fatigue possible en l'aidant de son mieux à s'habiller.

Tout enfiévrée, Adeline se hâtait, s'impatientant d'une agrafe qui sautait et d'une épingle à cheveux plantée de travers. Elle se regardait dans la glace, essayant de minauder pour corriger l'aspect rigide de son visage amaigri. Cependant, malgré ses efforts pour tenir bon, ses jambes tremblaient et ses yeux s'emplissaient d'obscurité :

— Je sens bien que je vais m'évanouir, pensait-elle ; mais, tant mieux ! si c'est dans ses bras.

En effet, retentit un de ces coups de sonnette dont la violence est comme le signal de quelque grand événement. Elle profita des dernières forces qu'elle tenait en réserve pour se jeter sur la porte, qu'elle ouvrit toute grande, comme un temple, afin de livrer passage au Maître.

En se trouvant devant un inconnu à la tête blanche, à la barbe détrempée, drapé dans un paletot en guenilles et chaussé de souliers tellement maculés qu'on ne savait au juste s'il ne marchait pas pieds nus dans un amas de boue, elle recula jusqu'au fond de la pièce, en criant :

— Maman ! maman !

— Comment ! Adeline ! tu ne me reconnais pas ? dit Molyneux en lui tendant les bras.

— C'est lui, c'est ton père! fit madame Molyneux, que ce déguisement de la misère n'avait pas trompée. Ah! quel bonheur! Tu es donc libre?

Et la bonne femme se jeta au cou de son mari qu'elle couvrit des embrassades les plus chaudes, oubliant Nephtali, oubliant presque sa fille, qu'elle supposait, d'ailleurs, aussi heureuse qu'elle de cette incroyable surprise.

— Oui, c'est moi! J'ai eu ma grâce, disait Molyneux qui les avait prises toutes les deux par la taille et les embrassait alternativement... Ah çà! vous n'avez donc pas reçu mon petit mot?

— Si fait! si fait! répondit madame Molyneux; mais figure-toi qu'Adeline s'est imaginé qu'il s'agissait de... l'autre..., tu sais? du fils de notre ancien propriétaire.

Et elle riait de l'erreur de sa fille, considérant le retour de son mari comme autrement enchanteur que celui du jeune homme.

Tout à coup Molyneux s'aperçut qu'Adeline pesait davantage sur son bras droit qui la supportait. Il la regarda : elle était pâle comme la mort même, et de petites gouttes de sueur traversaient comme une rosée son front jusqu'aux tempes.

— J'en étais sûre : elle a voulu se lever malgré moi. Vite! couchons-la, dit madame Molyneux en la portant tout habillée sur son lit.

Et, se tournant vers Molyneux :

— Pense que voilà cinq semaines qu'elle est alitée.

— C'est l'émotion, fit-il; pauvre petite chatte!

Ce fut seulement après toutes sortes de frictions « dans le creux des mains » qu'elle rouvrit les yeux, qu'elle aurait pu aussi utilement laisser fermés, car ils semblaient ne plus voir. Madame Molyneux, effrayée, courut chez le médecin de Chantilly qui la soignait, un peu au hasard, car ce docteur pour jockeys avait surtout l'habitude des côtes défoncées, des clavicules brisées, et ne connaissait pas grand'chose aux maladies qui tourmentent les jeunes filles.

Il prit le bras d'Adeline.

— Le pouls file son nœud d'une rude façon, dit-il; car il ne se gênait pas avec ces pauvres.

Puis, remarquant que la malade était complètement vêtue :

— Pourquoi lui avez-vous permis de sortir de son lit? demanda-t-il. Je vous l'avais expressément défendu, cependant.

— C'est elle qu'a voulu! c'est elle qu'a voulu! s'exclamait madame Molyneux en sanglotant. Quand elle veut quelque chose, allez donc l'en empêcher!

Elle essaya alors de déshabiller sa fille; mais celle-ci fit signe de la main qu'on la laissât tranquille. Ce fut son dernier signe de vie. Elle pencha la tête sur l'épaule gauche, et, après une dizaine de soupirs qui ressemblaient à une lutte contre l'étouffement, elle expira. Il y avait moins d'une heure que son père était arrivé.

Bien que le médecin eût prononcé la sentence : « C'est fini! » madame Molyneux soutenait que son

Adeline était encore vivante; qu'elle le jurait; que tout à l'heure encore, leurs deux mains s'étaient serrées.

Puis, quand elle vit la bouche se tordre, les narines se pincer et les pommettes saillir étrangement, elle se planta devant le cadavre pour exhaler cette plainte, qui résumait sa destinée, la destinée de son enfant, et celle, hélas! de beaucoup d'autres :

— Je n'ai pourtant rien fait pour être malheureuse comme ça!

Car c'est une croyance généralement répandue dans le peuple, que si l'on est malheureux, c'est parce qu'on le mérite.

FIN.

TABLE

Chapitre Ier.	— Le député d'affaires..................	1
—	II. — Galerie d'Orléans..................	13
—	III. — Déborah..........................	24
—	IV. — Le conseil de surveillance...........	34
—	V. — Banquet officiel....................	45
—	VI. — Amour et finance..................	61
—	VII. — Détournement de majeur...........	74
—	VIII. — Coindet père.....................	87
—	IX. — Coindet fils......................	102
—	X. — Un grand projet...................	123
—	XI. — Propositions déshonnêtes...........	136
—	XII. — Tout est rompu...................	150
—	XIII. — L'enquête........................	166
—	XIV. — Le recenseur.....................	193
—	XV. — Le retour........................	200
—	XVI. — Illusions perdues.................	209
—	XVII. — La recherche de l'inconnu..........	224
—	XVIII. — L'homme d'affaires...............	253
—	XIX. — L'exécution......................	280
—	XX. — Le jour des noces.................	298
—	XXI. — Le procès.......................	319
—	XXII. — L'enceinte du pesage..............	336
—	XXIII. — La clef des champs...............	346
—	XXIV. — La dernière étape................	362

3037-85 — Corbeil. Typ. et stér. Crété

www.ingramcontent.com/pod-product-compliance
Lightning Source LLC
Chambersburg PA
CBHW050536170426

43201CB00011B/1452